# EAP咨询师
# 企业的心灵教练

立业先立命
立命先立心
越注重员工健康与幸福的企业
越能吸引最优秀的人才
也越具有竞争优势

EAP助力提升企业健康水平
帮助员工达成身心健康和全然幸福

# EAP咨询师和你说的悄悄话

当你问：怎样才能获得真正的幸福？

咨询师：把目光从远方撤回来吧，放到自己身上，放在那些日常生活中真正带给你满足和快乐的东西、人和事情上。

当你问：怎样在有限的人生里让生命更丰富？

咨询师：丰富的人生就是所做的事情不一定多，但一定体验得深！

当你问：应该听从自己的内心召唤，还是用理智牢牢控制自己？

咨询师：内心的召唤不是无法控制的过山车，而是可以冲浪的潮汐。

当你问：人生那么多苦难，一定得乐观面对吗？

咨询师：理想的状态是一方面意识到可能发生了不好的事情，另一方面心怀感激、具有韧性和反弹力，并在两者之间找到平衡。

中央财经大学本科教学工程专业综合改变项目资助

# 员工帮助计划

## EAP 咨询师手册

修订版

赵　然◎著

科 学 出 版 社

北　京

## 内 容 简 介

本书是第一本在中国内地出版的 EAP 咨询师的专业书籍，内容涵盖 EAP 咨询的核心技术、咨询师的资质、EAP 咨询工作内容、EAP 提供的危机干预服务、EAP 咨询的经典案例等。有志于从事 EAP 咨询师职业的人士，不仅可通过本书了解 EAP 心理咨询的理论及核心技术，还能了解 EAP 咨询师培训、认证的有关要求和程序，非常实用。

本书可供 EAP 公司从业人员、心理咨询师、企业 HR、管理咨询者、高校和心理研究机构的教师/研究员参考，也可以作为心理系、社工系、商学院、管理学院等院系本科生、研究生的 EAP 教材和参考书。

**图书在版编目（CIP）数据**

员工帮助计划：EAP 咨询师手册/赵然著．—修订本．—北京：科学出版社，2015.6

ISBN 978-7-03-044503-2

Ⅰ．①员… Ⅱ．①赵… Ⅲ．①企业管理-人事管理-管理心理学 Ⅳ．①F272.92

中国版本图书馆 CIP 数据核字（2015）第 117649 号

责任编辑：付　艳 / 责任校对：张怡君 / 插图绘制：水天阳

责任印制：赵　博 / 封面设计：铭轩堂

编辑部电话：010-64033934

E-mail：fuyan@mail.sciencep.com

科学出版社 出版

北京东黄城根北街 16 号

邮政编码：100717

http://www.sciencep.com

北京虎彩文化传播有限公司 印刷

科学出版社发行　各地新华书店经销

*

2015 年 6 月第 二 版　　开本：720×1000　1/16

2024 年 1 月第十次印刷　　印张：21　插页：1

字数：400 000

**定价：49.80 元**

# 序言

## 企业心灵教练

员工帮助计划（EAP）作为一项组织给予员工的精神福利，引入中国已超过10年。在这短短的10余年里，EAP获得了长足的发展，架起了组织与员工之间的心灵之桥。前后有一些跨国公司、大型国企、政府部门、军队等机构或引入EAP服务或设立了专门的员工心理帮助部门。经过一段较长时间的尝试，那些敢于“吃螃蟹”的组织和员工都切实体会到了EAP这场心灵的饕餮盛宴带给他们心理资本提升的喜悦：EAP使员工体验到更多的幸福感，员工的离职率、病假率等降低，对组织的满意度提高；相应的，组织的运营成本有明显下降。一句话，EAP让员工和组织的绩效在不知不觉中迈向了更高的台阶。

在EAP提供的各项服务中，心理咨询作为一项个人化最强的服务，以其有效性、专业性和深度而深受政府、军队、企业管理者和员工的欢迎，EAP咨询师也成为遭遇困境、压力和挑战的员工极其宝贵的社会支持资源。但是，如果没有具备各类组织工作背景的心理咨询师，或是缺乏心理学背景的组织管理者在做这项服务时，EAP心理咨询就会因缺乏针对性或缺乏心理知识的支撑，达不到预想的效果。众所周知，优秀的运动教练可以让运动员掌握运动的要领并实现自我超越。从这个意义上说，EAP 咨询师也成为企业的心灵教练，不仅引导员工更加健康和谐地生活，而且还可以使组织更加高效和“幸福”。

我觉得“企业心灵教练”是对 EAP 心理咨询师颇为恰当的定位和评价。

据统计，世界《财富》500 强中有 90%左右的企业为员工提供了 EAP 服务。随着全球化进程的加快，中国的组织、企业、机构越来越意识到，通过关心员工的心理健康水平，帮助他们解决内心的苦恼和困惑，可以提高组织的绩效。中国的组织、政府机关及各级企业对 EAP 的需求日益增加，并形成潜在的巨大的服务需求。目前，EAP 服务机构正在以每两天一家的速度增长，将来还会发展得更快。在这样的情形下，积极探索并勇于尝试中国本土化的 EAP 实践之路便成为每一个关注 EAP、愿意为 EAP 不懈努力的心理学和管理学工作者责无旁贷的社会责任和历史使命。

我在多年的理论研究和实践中深深体会到，EAP 事业急需大批兼有心理学和管理学知识背景的 EAP 咨询师，他们的成长与成功将是中国 EAP 成功之钥。

虽然 EAP 的理论和实践的模式在中国还没有形成本土化的体系，EAP 从业人员的专业化和职业化建设亟待提上日程。但还是有很多像赵然博士这样的 EAP 人在为 EAP 的发展努力着。赵然博士一直投身于中国 EAP 的理论与实践工作，有很深的理论造诣，并积累了大量的一手经验和资料。《员工帮助计划：EAP 咨询师手册》就是在这样的背景下诞生的，它凝聚了赵然博士多年的心血。EAP 在中国虽然发展迅速，但是相关理论著作却寥寥无几。可以说，赵然博士的这本书是对中国 EAP 心理咨询师的职业化规范做了一项崭新的尝试，也必将对 EAP 咨询师的职业化建设产生巨大的推动作用。

我在欣喜之余认真地看完全稿，全书脉络清晰、贴近实际、体系完整，全方位概括了优秀的 EAP 心理咨询师所应具备的理论知识、实操经验和专业素养，是一本集专业性、趣味性和深刻性于一身的 EAP 心理咨询师指导用书。该书将组织的特殊性与心理咨询师的专业性相结合，是组织中 EAP 心理咨询师的行动指南，也有助于进一步提升 EAP 心理咨询服务的针对性和有效性。

赵然博士为EAP在中国的发展做出了自己的努力，也将影响更多的有识之士投身到EAP的理论建设和实践推行中来，我相信中国EAP的未来必将繁荣昌盛。

最后，我谨代表国内EAP同仁感谢赵然博士，同时希望国内EAP同仁继续努力，并将成果无私奉献，共同促进中国EAP的健康、专业发展。希望有更多、更好的EAP专业书籍问世。

**张西超 博士**

北京师范大学心理学院教授

2010年6月

# 再版前言

《员工帮助计划：EAP咨询师手册》2010年首次出版，倏忽间岁月飞速过去四年。这是一本写给EAP服务一线专业人员的书，也是写给所有从事组织发展相关工作，关注绩效、关注员工福祉的人士的书。本书初版应EAP发展的需要仓促成文，没想到这本被我定义为“中国EAP大厦一块砖头”的书，受到广大读者的喜爱，出版后多次印刷，发行量以数万计。在短短四年里，中国的EAP事业也应验了这样一句话，“一飞冲天”。

2013年6月，EAPA中国分会成立；翌年，中国心理学会员工心理援助工作委员会成立。EAP在落地中国内地十几年后，终于有了自己的组织和平台，这是具有历史意义的巨大进步。2014年10月，中国分会在美国奥兰多EAPA年会上获得了“杰出分会奖”（Outstanding Branch Award）。

EAP行业的快速发展，企业客户的需求越来越高、越来越多元，对EAP咨询师的服务也提出新的要求。恰好就在决定对书稿进行修订前，我听到一个非常有意思的故事。有一位经验丰富的企业CEO，因为公司经营绩效显著下降，与董事会发生冲突，被要求必须面见企业的咨询师，否则有可能被解雇。而CEO从根本上认为有问题的是董事会，而不是自己。当他怒气冲冲、不情不愿地走进咨询室时，咨询师问他的第一个问题居然是：“你希望我如何和你一起工作，就可以使你今后再也不必来见我？”因此，我也问自己一个问题：对这本书进行修订时，读者朋友最希望看到的部分是什么？EAP服务一直强调“客户中心”精神，这个理念也应该体现在这次的修订目标中。

因此，本书的修订在保留了初版结构的基础上，新增加了如下内容：

(1) 聚焦解决教练技术（第四章第八节）。教练技术的目标旨在服务高功能人群，让管理者/员工看到了通向“什么是有效的”途径，而不是只关注“问题是怎么发生的”。通过聚焦解决方案而非分析问题，可以快速帮助管理者/员工取得巨大进展。知名的聚焦解决教练 Peter Szabo 认为，教练是“带领一位重要的人物从他/她目前所在的地方去到他/她想要去的地方”。而教练技术在 EAP 服务中的应用，是核心技术的体现。

(2) EAP 电话中心的服务流程（第五章）。EAP 服务中 7×24 小时的电话中心服务号称“绿色生命线”。第五章重点介绍了电话中心的岗位设置及部门经理、督导、主管、咨询师的岗位职责，电话中心初诊咨询师的工作流程（包括评估、流程、转介、质量追踪等）、技巧及危机个案的应对，以及相应的保密制度、档案管理。

(3) 应大型企业培养内部 EAP 专业团队的要求，增加了 EAP 内部专员团体培训的内容（第七章第四节）。包括内部 EAP 专员培训目标的设置、培训课程内容设计举例、经典 EAP 团体辅导训练活动，以及 EAP 项目的实施手册。

(4) EAP 服务有双重客户的理念，即组织和组织中的个体都是 EAP 的服务对象。但是，当组织利益与员工个体利益发生冲突时，当组织诉求与心理服务保密原则发生冲突时，伦理问题是每一位 EAP 咨询师必须面对的挑战。本书选择 EAP 服务中伦理方面的典型案例进行分析，并提供 7 个阶段的伦理决策步骤（第十一章第三节）。

任何事物都有一个从启蒙到快速发展的过程。EAP 进入中国的时日不算长，但中国 EAP 事业未来有可能引领世界趋势，而 EAP 咨询师是这样一个时代的中坚力量。本书只是大家在 EAP 道路上的启程之作，我鼓励咨询师朋友们不断创造和创新。

**赵　然　博士**

中央财经大学心理学系主任、教授

EAPA 中国分会副主席

中国心理学会员工心理援助工作委员会副主任

2015 年 5 月

# 前言

2005年那个美丽的秋天，一行7位致力于未来在中国内地开展EAP事业的朋友在芝加哥O'Hare国际机场降落，开始了EAP“探险”之旅。那是我第一次近距离、全面地了解和见证在美国有70余年历史的EAP服务的标准与流程，并由此对EAP的理念有了感性、直接和生动的理解。自2000年EAP进入到中国内地，短短10年的时间，EAP有了长足的发展。在这些年里，我有幸参与到这个富有魅力、充满激情同时也布满艰辛与坎坷的事业中，更有幸结识了一批优秀的、志同道合的同事和朋友，大家相互提携、共同成长。

EAP是为所有工作着的人们提供的一种心理健康援助服务，其服务对象涵盖18～60岁的工作人群，数量巨大，范围广泛。在EAP的服务中，心理问题涉及婚姻情感、情绪障碍、职场人际关系、工作绩效、职业生涯辅导、工作生活平衡、亲子教育、家庭问题、物质依赖、哀伤辅导、临床心理障碍、自杀及危机干预等多个方面。另外，管理层的咨询需求巨大。同时，EAP也为企业或组织本身提供建议和意见。当一个社会发展迅速，在经济增长加快、物质丰富、竞争激烈的情况下，人们的精神需求呈现多样化发展；追求成功的动机有多强烈，内心的矛盾冲突就有多复杂，渴望倾听、理解和帮助的愿望就越强烈。EAP可帮助员工排解心理方面的困扰，解决问题，提高心理健康水平，增加主观幸福感，从而提高其工作绩效。可以说，EAP的帮助对于员工和企业来说，犹如久旱逢甘霖，滋润心田。

随着EAP事业的迅速发展，社会需求的急剧增加，EAP咨询师的素质能力培养也提到议事日程上来。在从事EAP咨询师督导和培训的5年中，我越来越发现EAP咨询与传统的心理咨询有其不同之处。我一直试图从EAP服务对象的特殊性、EAP服务理念的原则性、EAP咨询技术的独特性、EAP服务工作的系统性和优秀EAP咨询师应具备的人格、知识和技能等几个方面对EAP咨询的独特性进行探讨。期待在EAP本土化的过程中，寻找一条中国EAP咨询师的成长之路，这是本书成文的最原始动机。

本书共有十章。第一章和第二章在回顾EAP历史和发展的基础上，探讨EAP咨询师的素质能力内涵结构；第三章主要总结在EAP咨询服务过程中遇到的常见问题、表现和类型；第四章是根据EAPA的推荐和在中国内地EAP服务的经验，重点介绍EAP常用咨询技术和流派；第五章至第七章，内容涵盖EAP的组织咨询、管理咨询，以及EAP服务中的心理健康教育培训和EAP危机干预，重点介绍EAP咨询师在服务管理层和组织过程中的工作内容和类型；第八章着重对EAP的典型案例进行分析和总结；第九章和第十章介绍EAP咨询师资格认证与督导以及EAP咨询的注意事项。

在本书的撰写过程中，我的学生岑鸿羽、王丛丛、杨焕英、陈其晖、吴梦、刘稳儒、张蕾、刘旭东、崔璀、陶旭、武颖、任怡、陈晓菲、周飞、水天阳、张健、邬晓丹参与了资料收集、组织和稿件校对工作，在此表示感谢。尤其要感谢美国精神科医生、EAP医务总监张道龙博士和EAP咨询师高伟给予的宝贵意见，还要感谢心理咨询师陈幼红在翻译方面提供的帮助。

在此要特别感谢北京盛心阳光国际企业咨询有限公司的总裁张捷女士、董事长苏晓明先生，美国Chestnut Health System的Russell J. Hagen和Matthew S. Mollenhauer先生在EAP实务工作中给予的大力支持。特别感谢本书的责任编辑、科学出版社的付艳女士，两年来，没有她杰出的职业精神、敬业的工作态度和宝贵的建议，就不会有今天本书顺利付梓。感谢张西超博士在百忙之中为本书作序。最后，感谢我的家人，无数个夜晚和清晨，在我给员工做电话咨询时，他们为我创造了良好的工作环境；还常在晨曦中送我去机场，踏上心理危机干预的旅程。

《员工帮助计划：EAP 咨询师手册》是一本给 EAP 咨询师使用的工具书。它适用于在 EAP 领域工作的心理咨询师，EAP 企业管理者，EAP 项目经理，企业人力资源、劳动、健康、卫生保健、福利、医疗、工会、HSE 等专业人士，心理健康服务行业工作者，企业管理咨询从业人员，心理学教学与研究人员参阅。《员工帮助计划：EAP 咨询师手册》又不仅仅是一本给 EAP 专业人士使用的工具书。任何一位生活在职场中、关注自身生活质量的读者均可从中有所裨益，学得一两招，以为自己清除生活上、心灵上的负面因素，营造适意的工作、家庭及心灵环境。

关于中国的 EAP 事业，我更愿意用这样的比喻：一支雏鹰等待着一飞冲天！雏鹰的成长有赖于大自然的关爱，EAP 事业的发展有赖于热爱 EAP 事业的同仁们的共同努力和热诚付出。拙作权作一块砖石，期待能为中国 EAP 事业的大厦增添一分高度。

**赵 然**

2010 年 6 月 6 日

于北京师范大学丽泽 7 号楼

# 目录

# 第一章

# 拨云见日：EAP 的过去、现在和未来

# 导　读

2013年，国际EAP协会在美国亚利桑那州凤凰城比尔特摩酒店举行了主题为“EAP行业升温：幸福蓬勃地迈向未来”的年会。会后，我和EAPA中国分会的其他4位专家应邀与John（EAPA创始人）、Brenda（国际知名EAP培训专家）讨论中国本土化的EAP培训的课程设计，以及职业资格认证的未来发展。我们一行人从棕榈树摇曳的咖啡厅被带入一间充满埃及风格雕塑和壁画的古老的房间，John神秘地说：“这是比尔特摩酒店最古老的房间，有100多年历史了。在这里和大家一起讨论中国EAP的发展，是我们精心安排的。请大家抬头看看天花板，是不是非常特别?”我们不约而同地抬起头，天花板是一面巨大的镜子，虽经岁月流逝，依然晶莹光洁。

John说：“70多年前，有一批企业主工作之余沉醉于饮酒作乐和赌博，他们害怕被警察抓住，就造了这个神秘的房间。一旦有人告密，警车光临，镜子可以提前反射出车灯的光芒，他们就可以即刻离开房间。警察接到线报，但每次都扑空，不知道是什么原因。”“其实，EAP就开始于70多年前的职业戒酒计划，脱胎于AA协会。那时候的先驱大概不会想到，这样的一个运动，今天会发展成为超过82%的美国大型企业（规模在5000人以上）都在使用的项目”，Brenda说。

目前，EAP已覆盖全世界70多个国家，惠及成千上万为家庭带来幸福、为社会创造巨大价值的企业员工。

# 第一节　海外EAP的发展历史

## 一、EAP的定义

员工帮助计划（Employee Assistance Program，EAP）起源于美国，最初用于解决员工酗酒、吸毒和不良药物影响带来的心理障碍。在发展过程中，学者们对于员工帮助计划的概念内涵并未形成一致的共识。

### 1. EAPA关于EAP的定义

国际员工帮助计划协会（Employee Assistance Program Association，EA-PA）于2003年6月审核通过的EAP的定义为："员工帮助（EA）是企业可以利用的资源，它通过核心技术，预防、识别和解决个人及生产率问题，增强员工和工作场所的有效性。"

### 2. 相关学者关于EAP的定义

（1）国外学者：Dessler（1994）认为，EAP是企业内部正式的系统的项目，通过项目实施与推动，为面临情绪、压力、酗酒、赌博等问题的员工提供咨询、引导及有效的治疗措施，帮助他们渡过困难的过程。Arthur（2000）认为，EAP主要是针对存在心理问题的员工及其家属，提供相应的心理评估、咨询辅导与治疗服务及家庭、法律、医疗与财务等方面援助的过程。1994年，Gloria提出，EAP是由管理者，或由工会团体、员工协会与咨询顾问公司、社会团体、心理健康服务机构或个人签约，为员工提供援助服务的总称。

在20世纪80年代，Goodings等认为，EAP是企业通过合理的干预方法，积极主动地去了解、评估、诊断及解决影响员工工作表现及绩效问题的过程；1992年，Bohlander和Sherman提出，EAP是企业通过为员工提供诊断、辅导、咨询等服务，解决员工在社会、心理、经济与健康等方面的问题，消除员工各方面的困扰，最终达到预防问题的产生，提高员工工作生活质量的目的。

（2）2003年，国内学者方隆彰提出，EAP是工作人员运用适当的知识和方法，在企业内提供相关的服务，以协助员工处理个人、家庭与工作上的困扰或问题。这里所谓的知识与方法包括：心理学、跨文化管理等相关知识，以及会谈沟通、团体辅导、活动策划与执行、调查、评估、压力放松、转介等实务技术。2004年，罗业勤提出，EAP是组织基于对员工的关切，在劳资双方的支持下，由组织提供资源及时间，经由特定人员及程序，以接纳的态度帮助员工处理有关酗酒、情绪、家庭等问题，以及其他组织内部有关人际关系的问题，例如主管部属、同事、男女情感，或者工作问题，例如绩效、晋升、待遇、惩戒等更广泛的内容。

从以上定义可以得知，EAP是由企业为员工设置的一套系统、长期的福利与支持项目。通过专业人员对组织的诊断、建议和对员工及其直属亲人提供的专业指导、培训和咨询，旨在帮助解决员工及其家庭成员的各种心理和行为问题，提高员工在企业中的工作绩效。

## 二、EAP的发展历史

### 1. AA——EAP的前身

19世纪中期，在西方，酒精依赖是一种极为普遍的现象。工作场所的酗酒，不仅损害员工的身体健康，也会给企业带来一系列问题，如旷工、怠工、离职和工作事故频发等。一些管理者、农场主和雇主开始试图控制酒精依赖对工作场所的影响。到20世纪初，随着政府的参与、泰勒制生产模式的应用和工人抚恤金的发放，禁酒运动出现前所未有的高潮。

在这种情况下，酗酒者匿名团体（Alcoholics Anonymous，AA）于1935年6月10日，由美国人Bill Wilson在美国俄亥俄州成立。它是一个互助戒酒组织，其活动是由戒酒者帮助酗酒者彻底戒酒，重新过正常的生活。在活动中，戒酒者互相分享各自的经历和希望，以达到戒酒的目的，保证自己不再嗜酒，同时也帮助其他人戒酒。此外，所有成员对外亦均保持匿名。AA成为EAP项目的最初形式。

### 2. OAP——EAP的雏形

早在20世纪初期，美国企业就意识到来源于员工个人生活的问题如酗酒、吸毒等其他药物滥用问题影响着员工的工作和企业的绩效，并开始提供相关援助和支持。到了20世纪三四十年代，EAP在美国得到初步发展。AA小组数量不断增加，成员数持续扩大。越来越多的人在AA的帮助下戒除酒瘾，重新过正常的生活，为社会和企业不断创造出新的财富。

这些方案逐步得到了企业的支持，企业开始聘请专家帮助员工解决嗜酒问题，在企业内部形成了公开的“职业戒酒方案”（Occupational Alcoholism Program，OAP），诞生了EAP的雏形。

在此期间，有两个人对于OAP项目的推动比较大，一位是大卫，他独自在雷明顿武器公司进行着坚持不懈的努力。另一位是耶鲁酒精研究中心的拉尔夫·亨德森，他从1948年起就以工业咨询师的身份，向企业推荐戒酒方案，足迹遍布整个美国。这两个人有一个共同特征，都曾饱受酗酒的困扰，并执著地帮助那些目前仍受酗酒困扰的同胞。另外，两位工业医疗专家也分别为杜邦公司和伊斯曼柯达公司的OAP项目作了巨大贡献，使这两个OAP项目成为当时最有影响的职业戒酒项目。这两位工业医疗专家分别是：乔治·葛荷曼医生和约翰·诺里斯医生。

从20世纪40年代中期到50年代结束，国家酒精中毒委员会（NCA）下设的劳动管理委员会与许多公司、工会及政府机构合作，建立酗酒治疗项目。不断进行探索性的工作，产生了一些有意义的重大进步并导致了酗酒方案的正规化，使其在商业环境中变得更加容易被接受。到了20世纪六七十年代，由于美国社会的剧烈变动，药物滥用、工作压力、家庭暴力、离婚、疾病、法律纠纷、亲人伤亡等个人问题越来越影响到企业员工的情绪和工作表现。在此阶段，OAP工作中考虑的只是员工酗酒问题本身，缺乏对酗酒问题背后的深层次原因的思考。组织者并没有触及导致员工工作效率不高的社会背景、工作环境问题和心理问题。随着社会需求的变化，EAP项目逐渐多起来，一些项目也扩大了服务范围，把服务对象扩展到员工家属，项目增多，内容也更丰富，此时的EAP项目以解决与绩效相关的员工个人问题为主。

1971年，美国洛杉矶成立了EAP专业组织，即现在国际EAP协会（EAPA）前身。1991年，EAPA正式成立。截至2002年9月，EAPA已经有6200多名会员和103个分会。大部分分会都在美国境内，还有一些在英国、澳大利亚、智利和其他国家。2000年，日本分会也成立了，这是国际EAP协会在亚洲的第一个代表组织。20世纪80年代，EAP组织又建立了CEAP（Certified Employee Assistance Professional，国际注册员工咨询师，即EAP认证咨询师）协会，开创了EAP咨询师这一职业。2013年EAPA中国分会（CEAPA）成立。从2007年至今，EAPA专家和中国本土的EAP专家一起，进行了10期EAP咨询师培训，近1000名EAP从业人员接受了系统训练，部分学员接受EAP专业督导，做好参加EAPA的资格认证考试的准备，他们成为第一批在中国内地参加培训并通过考试的 EAPA 认证的中国 EAP 咨询师。

3. EEP——EAP 的发展

20 世纪 80 年代开始，EAP 发展至 EEP（Employee Enhancement Program，员工增强计划），它强调压力管理、全面健康生活形态、工作生活质量、人际关系管理等问题，致力于改善工作中和未来工作中可能引发健康问题的行为。EEP 所关注的员工健康问题不再只局限于单一的躯体健康，而是关注员工各个方面的整体健康，包括员工的压力管理，以及其他更为广泛的成瘾问题，比如吸烟、暴食等，以帮助个体保持良好的状态。EEP 的服务方向不同于 OAP，它已经由应对转为预防。EEP 注重从根本上解决员工的压力问题。系统性、全面性、灵活性、前瞻性是其特点。

自 20 世纪 80 年代以来，随着社会进步、企业壮大、管理思想的革新，企业心理服务得到蓬勃发展。不仅在美国，在英国、加拿大等其他发达国家和地区，都出现了大量的 EAP 项目。

总之，EAP 在美国非常盛行，在企业、政府部门和军队都有广泛应用。据统计，美国 1/4 的企业为员工提供常年的 EAP 服务；员工人数超过 500 人的企业目前都有 EAP，员工人数为 100～499 人的企业 70%以上也有 EAP。在英国，全部员工中有近 10%能够得到 EAP 服务。在日本，政府每隔五年进行一次压力普查。日本的爱抚管理模式就是 EAP 内容的翻版，一些企业设立了放松室、发泄室、茶室，来缓解员工的紧张情绪，或制定员工健康研修计划和增进健康的方案，帮助员工克服身心方面的疾病。到 20 世纪 90 年代末时，《财富》500 强企业中，大约 90%的企业建立了 EAP 项目。一些国家的政府对 EAP 的态度越来越积极，认为 EAP 不仅给企业带来收益，也给社会带来好处，因而 EAP 在政府部门、军队得到广泛应用。一些政府在立法方面加强了对 EAP 的监管，有助于 EAP 得到更多关注、尊重、规范和传播。

目前在我国的香港和台湾地区，成立了一些专业的企业心理服务机构。在中国内地，EAP 的引进较晚，许多企业还没有意识到 EAP 的作用以及它会给企业带来什么收益。在我国企业中还存在着根深蒂固的物质情结，认为在所有的资本中，人不是最重要的资源，所以企业对员工心理的关注意识还比较淡薄。但是，这种现状正在快速改变，一年一度的 CCTV-2 “中国年度最佳雇主调查”活动显示，越来越多的企业认识到员工是企业最大的资本，而维护员工的身心健康也将成为企业必须认真对待和谨慎处理的重要工作。

# 第二节　中国 EAP 的现状

国外 EAP 的发展包括职业戒酒计划、员工帮助计划、员工增强计划等几个方面的内容。虽然 EAP 在国外有着长久的历史，但是其在国内的发展尚处于萌芽阶段。

## 一、EAP 在中国的起源

随着中国改革开放、经济全球化的进程加快，越来越多的国外知名企业看中了中国这块资源丰富、劳动力廉价的土地。与此同时，国内企业也展现出勃勃生机。随着联想对 IBM 个人电脑及其相关业务的收购，坐落在中国这片土地上的企业不单只有中国文化背景的员工，越来越多不同文化背景下的人才在中国云集。他们中的很多职业经理人曾经长期接受 EAP 服务，外派到中国后，由于缺乏心理健康专业机构提供的心理帮助服务，造成他们心理上的不适，再加上工作、人际交往、环境适应上的压力，严重影响他们的工作绩效。除此之外，越来越激烈的竞争也给本土员工带来很大的压力，这些压力可能来自工作，也可能来自人际交往、家庭成员关系等各个方面。

从企业的角度出发，员工是企业最宝贵的资源和企业价值的最终创造者，他们的情绪直接影响工作绩效，最终影响企业的盈利能力。通过关心员工的心理健康水平并为他们解决内心的烦恼来提高企业的绩效显得尤为重要。总之，中国的组织、企业、机构对 EAP 的需求越来越凸显出来，并形成了潜在的巨大服务需求。

## 二、EAP 在中国的发展

尽管国内有传统的思想政治工作，但真正的 EAP 概念和相关活动最早是由跨国公司和心理学家引入国内的。目前，中国 EAP 的发展尚未成熟。

**1. 国内 EAP 发展的特点**

（1）引入时间较晚，企业界了解、接受程度不高。目前在我国，EAP 的研究和应用尚处于起步阶段。由于EAP在中国市场推广不够、认识度不高，国内的大多数企业并没有接纳这种形式的服务。直到2001年3月，国内才诞生第一个完整的EAP项目——联想客户服务部门的EAP。目前更多使用EAP服务的还是一些跨国公司的分支机构以及少数的国内知名大企业，如中国国家开发银行、上海大众集团和联想集团等企业实施了EAP服务。

（2）实施的范围领域逐步扩大。我国EAP应用范围逐步由最初的外资企业发展到政府部门、军队等其他领域。2000年，深圳市公安局建立了心理服务中心，为警察提供心理咨询和其他服务；解放军某部也建立了心理咨询服务机制。2004年7月，上海市徐汇区区政府启动的一项EAP项目包括了人际规划、恋爱婚姻等10项服务内容。在此之后，中国联合工程公司成为第一个全套引进EAP的国有企业。这标志着过去外企重视的员工及其家属的心理健康服务，逐渐被国企和政府、事业单位管理者所重视。除此之外，对某些特殊行业和企业的特殊部门，如酒店等服务行业或企业客服部门、航空业、远洋业及对安全有特殊要求的行业（核电站及化工、石油开采等），EAP尤其能显示其使用价值。

（3）逐步向商业化和专业化方向发展。国内企业早期与EAP相关的活动，大多是与医院心理门诊、精神科或高校心理咨询中心合作开展。企业为了得到更全面更有效的服务，开始寻找专业的EAP机构合作。在此需求的推动下，国外的EAP服务机构开始进入中国市场。另外，一些本土的专业化EAP公司和EAP服务机构开始在北京、上海等大城市陆续成立。2005年6月，首届“中国企业心理服务（EAP）国际论坛”在北京召开，标志着中国的EAP发展逐渐向专业化和商业化的道路迈进。

（4）EAP项目内容不断拓展。中国最早关于EAP的服务，偏重于员工的心理咨询和心理辅导，解决员工工作中的压力、情绪困扰、组织公平感等问题，而很少涉及与员工个人生活有关的服务项目。随着EAP在中国的普及和企业以人为本观念的加强，中国EAP计划的服务项目开始更关注员工的个人生活：法律援助、健康生活方式、理财、饮食习惯、情感困扰等方方面面的问题。随着国内企业对员工关怀的日益加强和各类专业服务机构的推动，以及来自高校和研究单位的支持，中国的EAP项目正在成为向企业员工提供的一种普及的心理健康援助服务。

EAP几乎适用于所有组织机构，正如诺基亚中国有限公司为自己的EAP项目取的一个特殊名字“Live Life Assist”一样，它是员工生活的助手，这种助

手的作用不仅反映在对员工提供的帮助，同时也体现在对公司带来的收益上。EAP 是企业和员工间的桥梁。目前，由于对心理健康服务的偏见和对接受心理帮助服务的禁忌观念，以及相关专业人员匮乏等因素的影响，EAP 在实施过程中面临诸多挑战。

2. EAP 在我国企业实施中面临的挑战

（1）传统观念难以转变。与发达国家不同，我国居民心理健康意识还比较落后，虽然受大众传媒的影响，越来越多的国人已经意识到心理健康问题的存在，但是当面临实际问题时，仍旧难以启齿，并对接受心理健康服务的人存在歧视和偏见。因此从根本上改变人们对心理咨询的态度，使大家接受并认为心理咨询是件很普通的事情，是 EAP 面临的一项挑战，这种态度的改变需要较长的时间。

（2）EAP 专家或专业从业人员的缺乏。我国心理学和心理服务的发展还处于一个较低水平，在我国大约500万人中只有35个心理医生或心理学专家，而美国每千人中就有10名心理学专家。EAP的从业人员更是少之又少，这一差异也成为限制EAP发展的主要因素。

(3) 中国国情的特殊性。中国是个较为传统保守的国家，发达国家员工存在的酗酒、药物滥用、物质成瘾等问题在我国并不普遍。由此需要的EAP服务重点也有所不同。因此，EAP在我国能否得到广泛的开展，根本上还取决于EAP本土化的程度和社会对心理健康服务的认识提高的进程。

(4) 管理层意识落后，缺乏长远考虑。中国企业的大部分员工没有像发达国家的员工一样享受到EAP提供的服务，这与管理层的意识有相当关系。如果管理层没有意识到EAP服务的重要性，或是只局限于眼前利益的得失，不愿为此投资，不去考虑这部分投资可带来的回报率，这也会使EAP的实施陷入困境。

**3. 国内企业使用EAP的状况**

2001年3月，国内诞生了第一个完整的EAP项目——联想客户服务部的EAP。通过访谈、座谈、制作卡片/海报、网上宣传教育、组建专业咨询小组等各种形式完成EAP的实施，得到了较为理想的效果。2002年“5·7”大连空难112人不幸遇难，其中西安杨森公司的三名女性员工身列其中。这个消息像是投下了一枚重磅炸弹，公司员工一下子陷入到一种压抑、焦虑的氛围中，很多人不思饮食、失眠、沮丧。针对此现象，公司管理层与北京大学精神卫生研究所的心理专家在大连和北京分别举行了三次集体心理援助，对个别创伤严重的员工还进行个别的心理援助，让他们宣泄空难引起的抑郁、焦虑等负性情绪。为了巩固这些心理援助的效果，专家们还举办了一个特色追悼会。援助以后，整个气氛改观了很多，笑容重新展现在员工的脸上，员工慢慢恢复到正常的工作状态。这是中国EAP使用的开端。

目前，中国知名EAP公司，如天力亚太企业管理顾问有限公司、北京盛心阳光国际企业咨询有限公司、北京易普斯咨询有限责任公司等，为亚太地区多家知名公司/企业的超过40万名员工提供完整或部分的EAP服务，这些公司/企业包括联想、IBM、国家开发银行、卡特、建设银行、西门子、东软、神华、思科、通用电气、三星、东芝、ABB等。另外，新诞生的EAP公司如雨后春笋般不断出现，像EAP专家张西超博士在一次采访中所说的，目前中国的EAP公司正在以每两天诞生一家的速度在发展。以目前中国EAP发展的现状，这种情形值得我们思考中国EAP的未来发展及方向。

# 第三节　探索中国EAP的发展方向

我国企业中存在着较重的物质情结，人力资源在所有资本中仍然没有得到足够的重视。受中国传统思想影响，人们内心趋于保守，员工自身并未对心理问题产生足够的重视。除此之外，EAP在中国的发展仅短短10余年，而完整意义上的EAP则刚刚起步不久，研究和实践积累不足，相关人才匮乏，再加上中国国情的特殊性，完全复制外国的EAP的实施和操作并不可行。也正是因为上述因素的存在，才使得中国的EAP服务走自己的道路显得尤为重要。

## 一、EAP的必要性和先进性

与其他形式的投资不同，EAP的投资回报是隐性的，它主要体现在企业运营成本，特别是人力成本的降低和由于工作效率提高而带来的盈利能力的提高。它的优势主要体现在以下三个方面。

第一，企业通过EAP，维持员工的身心健康，减少企业医疗保险费用的支出，降低离职缺勤率，节省招聘费用，从而降低成本。据英国专家研究显示，每年由于压力造成的健康问题通过直接的医疗费用和间接的工作缺勤等形式造成的损失竟达该国GDP的10%。

第二，企业通过EAP提供健康咨询活动及各种健康服务，培养员工积极健康的生活方式，提高了员工满意度和劳动生产率。EAP服务提倡关心人、爱护人、激励人、安慰人，为员工创造一个和谐的工作环境，从而满足员工的尊重需要，激发员工的工作积极性，提高组织的工作效率。

第三，EAP服务有助于建立“以人为本”积极健康的企业文化。EAP不仅重视员工的心理因素，而且把全面关心员工的身心健康作为目标，不只是把员工看成是管理的对象，更重要的是作为伙伴和朋友，强调采用体贴、关怀的方式构筑健康的企业文化，促进和谐社会的构建和发展。

这些关怀和帮助有助于消除员工职务分析中的盲区，从根本上解决员工自我定位的盲目、岗位认识的缺乏、发展空间不明确、对企业认同感缺乏等诸多挫伤员工积极性的问题，同时有助于消除广大员工普遍存在的工作压力，帮助员工处理工作中、生活中的人际关系问题，改善员工的家庭关系。

## 二、探索中国 EAP 的服务模式

### 1. EAP 服务模式简介

（1）内部模式。在这种模式中，员工帮助项目与组织内部其他的部门一样，是组织的一个组成部分。美国 EAP 发展的早期，采取的就是这种模式。目前西方国家一些大型组织的 EAP 依然在沿用这种模式。早期从事员工帮助工作的人多是组织内部一些有过酗酒历史，但已经成功戒酒的员工，他们自愿兼职帮助其他有类似问题的人。现在，随着员工帮助的内容越来越广泛，组织通常会雇用专业人员来提供服务。

（2）EAP 服务中心模式。根据 Don Philips 和 Harry Older 博士的分类，在这种模式中，EAP 服务中心是个独立的组织，它只负责对工作组织中的员工和主管进行 EAP 有关事宜的培训、宣传、短期的个体咨询、问题评估和诊断、转介、跟踪和反馈，并不提供直接的治疗和看护。

（3）依托治疗机构或者社会服务机构模式。这种模式区别于服务中心模式之处在于，提供 EAP 服务的机构不是自主的、独立的组织，而是一些隶属于可以直接提供治疗的机构，如医院、心理健康中心，或者社会服务机构，如戒酒治疗中心的社区组织。

（4）依托工会模式。这种模式中的员工帮助项目是完全由工会来运作的，只向会员及其家属提供服务，因此又被称为“会员帮助项目”（Member Assistance Program）。因为有些员工的工作地点不固定，其主管人员经常发生变化，如果这些员工的工作表现有问题，主管人员可能无法在与之一起工作的短期时间内发现这一事实。但由于这类会员更多是在工会的管理之下，因此这种会员帮助项目就会更加有效。

### 2. EAP 服务中心模式及其优势

不同的组织由于对 EAP 在本组织中的服务定位不同，因此上述四种模式在西方国家中都有所发展。然而，近年来，西方国家中有越来越多的中小型企业愿意采用“EAP 服务中心”的模式来为本企业的员工提供 EAP 服务。这和这种模式所具有的优势是分不开的。

EAP 服务中心是指由不属于任何提供治疗或护理服务的机构的 EAP 专业人

员发起并发展的一个自由的、独立的资源，向不同的工作组织提供 EAP 服务。这种模式最早于 20 世纪 70 年代初期在美国出现。因为美国当时有超过 60% 的劳动力所工作的组织是员工总数少于 500 人的中小型企业，所以，国家酒精滥用和酒精中毒学会（NIAAA）资助各种类型的组织来寻找适合于中小型企业的 EAP 服务模式。在这种模式中，EAP 服务中心的主要角色就是为每个客户组织设计、执行和维持适合他们的 EAP 项目。在项目执行中所开展的具体工作包括：对客户组织中的员工和主管进行 EAP 有关事宜的培训、宣传、短期的个体咨询，对员工的问题进行评估和诊断、转介、跟踪和反馈。EAP 服务中心不直接提供治疗或护理。当治疗和护理是必需的时，服务中心会将其转介到适当的治疗或护理机构。

EAP 服务中心模式具有突出的优点：

（1）节省客户组织的成本。西方国家的经验表明，要在一个员工人数少于 5000 人的公司开展 EAP 项目，EAP 服务中心的模式要比内部 EAP 模式所需的费用要低。这是因为 EAP 服务中心有统一的行政管理，可在保证服务中心高效运作的同时也为客户组织节省了项目管理的成本。这一模式减轻了中国中小企业人力资源运营成本，为中小企业引进 EAP 服务降低了门槛，有助于企业和员工获得双赢。

（2）更好的保密性。在这种模式中，由于提供 EAP 服务的人员在行政上不隶属于客户组织，因此能更好地坚持自己的职业守则。另一方面，对员工咨询的场所一般设在远离客户组织的地点，并且有严格的预约制度以保证来咨询的员工之间不会碰面。所有这些都能减轻员工的顾虑，因此会相对提高对 EAP 的利用率。同时更好的保密性有利于相对保守的中国员工接受并享受这一服务，只有自己的信息安全得到充分保证时，人们的言行才可能更开放。

（3）更有效地利用治疗资源。EAP 服务中心就像是一座连接在员工和社区治疗资源之间的桥梁。在需要时，可以根据具体情况将员工转介到合适的、企业负担得起的治疗机构中。针对中国居民的具体情况，并非所有人都需要心理治疗的介入，更多人只需要心理咨询师的帮助。这一模式有利于减少不必要的开支，同时享受必需的服务。EAP 服务中心模式的这些优势，使得其越来越有吸引力，并且已经被证明是西方国家中小型企业向员工及员工的家属提供 EAP 服务的一种有效的方式。中国中小企业云集，竞争激烈，EAP 服务必不可少，这种模式的 EAP 服务具有成本低、效率高的优势，可被大众广泛接受和使用。

目前，中国知名 EAP 公司提供的大部分完整 EAP 服务为 EAP 服务中心模式。

## 三、中国进一步发展和使用EAP的建议和措施

根据中国国情和国内EAP发展的特点，针对今后我国EAP的发展，需要注意以下问题：

第一，保证EAP实施过程的保密性，保障员工的隐私权，增强员工的安全感，消除顾虑和抵触情绪。

第二，保证EAP服务的专业性和权威性，使员工信服，并愿意参加到该计划中来。

第三，确保EAP计划的完善性及可及性，结合企业的发展战略选用适当的EAP模式和员工真正需要的服务内容。同时明确目标，制订完善的实施计划，进行可行性分析。EAP所提供服务的方便和可及性是EAP服务质量的关键因素之一。

第四，实施过程中的有效沟通，取得客户公司的信任，让客户公司了解到EAP不仅是为公司利益着想，而且也为员工的利益考虑，是一种双赢的方式。

第五，对实施结果进行追踪与评估。对接受过服务的员工进行追踪以了解处理成效和后续情况。将实施前后进行对比才可准确获取EAP服务的效果，员工离职率、缺勤率、生产率、工作满意度等均可作为评估效果的变量。

## 四、职业健康心理学——EAP关注的新方向

职业健康心理学（occupational health psychology，OHP）指对工作环境中存在的物理、化学及其他危险的识别和控制，以建立和维持安全和健康的工作环境。这些危险包括：化学试剂和溶剂，铅、汞等重金属，噪声、振动等物理环境，电、危险机械等物理危险。1986年起，美国国家职业安全与健康研究所（National Institute for Occupational Safety and Health，NIOSH）开始支持这种培训和教育，以保护员工和他们的工作环境，防止他们遭受危险排出物和化学反应中的有毒物质的危害。该计划包括受危险排出物影响的员工安全和健康培训、综合培训和居住在重污染工厂附近的居民的环境恢复培训。

NIOSH强调职业健康心理学应该把预防压力、职业疾病、工作伤害等组织危险因素作为特别的和首要的关注对象。因此NIOSH和APA（American Psychological Association，美国心理学协会）提出的OHP的定义为："主要研究心理学在提高工作者工作生活的品质，保护和促进工作者的安全、健康和幸

福等方面的应用。”其中的“保护”主要是指在工作环境中尽量避免工作者暴露在工作场所的危险里，“促进”主要是指训练工作者掌握知识和资源来提高他们自身的健康水平以及抵抗工作环境危害的能力。

本章第一节将 EAP 定义为由企业为员工设置的一套系统的、长期的福利与支持项目，通过专业人员对组织的诊断、建议和对员工及其直属亲人提供的专业指导、培训和咨询，来帮助解决员工及其家庭成员的各种心理和行为问题，提高员工在企业中的工作绩效。而 OHP 的终极目标是：提升工作场所中工作者身体（如安全、健康）、心理（如满意、幸福）、精神（如成长、归属）的平衡，去除工作场所中可能威胁到工作者身心的危险因素（如不安全的工作环境、不当的工作流程、不适的管理方式、模糊的角色设计等），达到工作者与企业双赢的目标。对于工作者而言，OHP 给他们带来的是在健康的工作场所发挥潜能、创造卓越绩效、对工作满足进而享受幸福人生。

由此可见，OHP与EAP有非常密切的关系，但是研究的侧重点与EAP有着很大的差别。如果说EAP是帮助员工如何进行“快乐工作”，那么OHP就是员工“健康工作”的前提；EAP更侧重于解决因员工情绪等内部因素而影响工作绩效的问题，而OHP更倾向于研究外部环境因素对员工健康的作用。有关工作压力、工作倦怠、工作-家庭关系、工作场所暴力以及实证研究中所涉及的个体、组织和环境因素等方面的研究，始终是相关研究者、特别是心理学背景的研究者长期关注的焦点。

OHP具有广泛的实践和研究价值。在研究效标的选择方面重视其社会效益和价值，这也是所谓的OHP研究的“短期经济收益”。目前关于职业健康的研究，其效标大都集中在主观态度的测量上，如工作满意度、主观幸福感、家庭满意度、社交障碍、失眠和焦虑、沮丧、工作压力等。选择这些软性效标，既符合心理学家的研究思路又满足了工作者的切实需要，却无法与提升企业的绩效产生密切联系，也无法突显OHP的经济收益，因而加大了与职业健康心理相关的学术研究与实践的难度。因此，为了满足企业短期经济收益的要求以及OHP跨领域研究的内在要求，硬性效标的选用，如疾病发生率、意外发生率、离职率、旷工率、损失工时、劳保给付、保险支出等，显得格外重要。OHP学术研究与实践的开展，必须兼顾个人与企业双方的利益和平衡，通过慎重选用某些硬性效标，突显出OHP的价值和效益，以方便在企业中深入推广职业健康的理念。当然，在照顾企业利益和方便自身研究之外，更要通过选择软性效标来促进工作者的心理健康服务，从而达到理论与实践并进，企业与个人共赢的境界。

# 第二章

# 密码破解：
## EAP 咨询师的素质能力探究

# 导 读

地铁站人流如织。值班的班组长老张这几天总感觉地铁司机王瑞看人的眼神不对，说话也总是词不达意，神思恍惚。考虑到地铁是公众服务的窗口，安全是第一要素，老张决定把自己的观察和担心告诉公司内部的EAP咨询师小倩，看看这种情况应该怎么办。小倩迅速赶到工作现场，见到了王瑞并与之进行了交谈。之后，王瑞被转介到医院进行临床评估和诊断。医生确认王瑞属于精神分裂症早期发作，幸运的是他得到了及时的护理和治疗。同时，地铁公司也及时杜绝了一场可能发生的安全事故。

在EAP服务的队伍中，有像老张这样的管理者，接受心理健康相关培训后，成为内部EAP专员；也有小倩这样在企业内部专门从事EAP工作的专职人员，还有具有丰富临床咨询经验的EAP咨询师，以及具有医学背景和治疗经验的医务总监和临床督导。

EAP是一个大家庭，不同层次、不同岗位、不同职责的从事相关工作的人员，如何才能知道自己是否具备EAP服务的能力呢？EAPA关于EAP专员人员的定义是：职场的人类行为专家！

EAP自1917年在美国企业中首先开始应用。近百年来，EAP在个人层面，可以帮助员工解决心理上的困扰，帮助他们更好地适应工作环境，提高个人绩效；EAP在组织层面，可以帮助管理者进行管理，处理危机事件，提高组织绩效。尽管不同学者对EAP提供服务的内容的界定不一，例如：Lewis和Lewis（1986）认为EAP的内容包括个体咨询、团体咨询、心理咨询服务、教育培训、职业生涯规划、特别服务、研究工作、紧急服务八个方面；张西超（2006a）认为EAP项目包括企业调查研究及建议、宣传推广、教育培训和心理咨询与治疗四个方面。但是，我们可以看到，心理咨询是EAP服务中一个极为重要的内容。因此，有必要对EAP咨询师的能力结构及素质内涵进行探索，以期提高EAP服务的质量，为EAP咨询师的发展提供参考。

# 第一节　EAP咨询与EAP咨询师

## 一、心理咨询与EAP咨询

什么是心理咨询？人本主义心理学家罗杰斯认为，心理咨询是通过与个体持续、直接的接触，向其提供心理帮助并力图促使其行为态度发生变化的过程。美国心理学家卡尔纳对咨询的定义是：心理咨询是指一种专门向他人提供帮助与寻求这种帮助的人们之间的关系。陈仲庚认为，心理咨询就是帮助人们去探索和研究问题，使他们能决定自己应做什么。在《国家职业资格培训教程心理咨询师·基础知识》中，心理咨询的定义是：心理咨询师协助求助者解决心理问题的过程。

心理咨询是EAP服务的一个重要环节，但有别于一般的心理咨询。EAP咨询的对象主要是企业管理者、企业员工以及员工的家人。台湾学者郑意儒（2006c）认为，企业咨询（workplace counseling）是指企业组织聘用专业人员，有计划、有组织地实施咨询服务，除了提供专业的咨询服务外，还包括筹划教育训练、宣传咨询服务、协调组织处理问题、咨询、沟通、调查研究等服务内容。

我们认为，EAP咨询是指在EAP实施过程中，专业心理咨询人员有计划、有组织地为企业员工及其家庭成员提供心理咨询服务。除此之外，还提供心理健康教育、管理层咨询、宣传并促进EAP项目实施、企业人力资源顾问、危机管理等服务。

EAP咨询师是指组织机构实施EAP项目过程中，进行EAP咨询服务的专业心理健康工作者。根据其工作类型和隶属关系分为两类：①EAP专职心理咨询师，隶属于EAP公司的全职心理咨询服务专业人员。②EAP签约心理咨询师（affiliate counselor）。专业EAP公司与成熟的、具有良好咨询技能的心理咨询师签署服务合同，由其为EAP公司的合同单位员工提供心理咨询服务，EAP公司支付其咨询劳务报酬。双方只是签约关系，称其为签约咨询师。

## 二、EAP咨询目标

在明确了EAP咨询的定义后，下面来看EAP咨询师在EAP服务中的工作目标。本书把目标分为三个方面，即员工方面、组织方面、组织与员工之间。

**1. 员工方面**

(1) 促进员工的身心健康；

(2) 提高员工的人际交往能力；

(3) 帮助员工解决情绪、压力等问题；

(4) 帮助员工发现并发挥自己的潜能；

(5) 协助员工解决职业中的问题，如职业发展、工作关系问题等；

(6) 协助员工及其家人解决家庭关系问题，如夫妻关系、子女教育等问题；

(7) 帮助员工解决烟酒成瘾和药物依赖等问题。

**2. 组织方面**

(1) 建设、塑造和发展组织的企业文化；

(2) 增进工作环境中关系的融洽；

(3) 协助企业优化人力资源管理；

(4) 提高企业绩效；

(5) 提高组织的整体满意度；

(6) 协助企业解决危机事件。

**3. 组织与员工之间**

(1) 协调组织与员工之间的关系；

(2) 促进组织与员工之间的交流。

## 三、EAP 咨询师与一般心理咨询师的区别

### 1. 服务对象

一般的心理咨询师的服务对象是有心理帮助需求的个体或者团体，为他们提供个体咨询和团体咨询服务。EAP 咨询师的服务对象除了员工及其家属外，还包括组织和管理层。因此，在服务中他除了要对员工负责，还要对企业管理层以及客户公司组织负责。EAP 咨询师要具备多重客户的重要理念。

### 2. 咨询目标

一般的心理咨询师的咨询目标是帮助来访者促进自我的身心健康，帮助来访者实现自我成长。因为 EAP 咨询师是为组织机构服务，所以除了以上目标外，还应对帮助组织机构建立组织文化、协调组织内部的关系、提高组织整体的健康水平，最重要的是提高组织的绩效水平等负有责任。

### 3. 咨询设置

一般的心理咨询包括短程和长程咨询，咨询设置会根据来访者的情况和要求有所不同。短程咨询可能 1 次就会结束，而长程咨询可能会延续 12 个月甚至几年的时间。EAP 服务因为合同的要求和限制，EAP 咨询师往往采用短程疗法（在相应的章节中会提及），咨询次数为 2～12 次，通常为 6 次，即来访者每个问题有 6 次咨询的机会［来访者可以就自己的多个问题（$N$）寻求 EAP 的咨询服务，即每个来访者每年可以得到 $N\times6$ 次服务］，如果超过合同规定的设置咨询没有完成，则需要将来访者转介到其他咨询机构接受服务。EAP 咨询师应具备良好的评估能力，将需要进行长程咨询服务的员工尽早进行转介服务。

### 4. 问题的侧重点

一般的心理咨询根据来访者的需求确定咨询重点。EAP 咨询问题的侧重点是在员工的职场身心健康上，包括家庭问题和工作平衡、压力管理和个人职业发展等问题（详见第三章）。

### 5. 咨询的付费方

一般的心理咨询的付费方是来访者。EAP 咨询的付费方是组织机构，机构为员工买单，EAP 服务是员工的一种福利。

### 6. 角色定位

EAP 咨询师和一般心理咨询师的角色定位有所不同。EAP 咨询师除了是心理健康的宣传者和心理咨询师之外，还会参与一些 EAP 服务客户公司需要的管理咨询，如人才的招聘、危机事件的处理等。因此，作为一名 EAP 咨询师，在能力要求上有别于心理咨询师。

2010 年，中国 EAP 服务中心负责人朱晓平博士在访谈中指出，EAP 咨询师可以认为是心理咨询师和顾问的总和。一方面是咨询（counsel），辅导咨询就是 counselling，咨询师就是 counsellor；另一方面是顾问（consulting）。EAP 咨询师的角色定位更多的是顾问，在做企业和人力管理顾问时，更多的要去了解组织和企业的问题，然后提供改善的建议，以及通过一些培训提升管理者的服务。counselling 更多的是面向个体的，而 consulting 更多的是面向机构的。

# 第二节　EAP 咨询师能力内涵

## 一、能力的定义

人们在完成活动中表现出来的能力有所不同。能力，是一种心理状态，是指顺利完成某一活动所必需的主观条件或者心理条件，直接影响活动效率。能力总是和人完成一定的活动相联系在一起的，离开了具体活动即不能表现人的能力。例如，一名运动员，只有在他擅长的体育项目上才能体现出他的能力。

能力不等于知识与技能。知识是人脑对客观事物的主观表现，是人类社会历史经验的总结和概括，人们可以用知识来指导活动，是能力中的一个不可缺少的部分。而技能是通过练习获得和巩固下来的、完成活动的动作方式和动作系统，它控制着动作程序的执行，是活动调节机制的又一重要组成，也是能力结构的基本组成成分。知识和技能是能力的基础。能力一般可以分为一般能力和特殊能力，模仿能力和创造能力，认知能力、操作能力和社交能力，等等。任何职业的从业者必须掌握相应的能力，才能胜任这份职业，才能促进职业的发展。

在已有的研究文献中，学者多会从认知能力、操作能力和社交能力这三个方面来探讨心理咨询师的能力。认知能力从咨询师掌握的知识储备来考察，操

作能力从他们的咨询技能方面来考察，社交能力就是考察他们的人际交往能力。这样的分类有助于更好地去探讨我国EAP咨询师能力需求。

## 二、EAP咨询师能力的相关研究

目前，关于咨询师能力内涵的研究较少，大多数的研究关注的是咨询师的咨询技能，或者是咨询师的压力和职业枯竭等情况，很少有涉及咨询师能力、人格方面的研究，而对EAP咨询师能力的研究也就更少了。在此，我们先了解国外和我国台湾地区的有关企业咨询人员能力要求的研究。

### 1. Megranahan的观点

Megranahan（1989）提出，一个有效能的企业咨询人员所需的能力和知识应为：

（1）处理短期咨询（6次或者少于6次）；

（2）处理危机咨询；

（3）评估心理健康的能力或妥善处理技巧；

（4）评估药物、酒精依赖，并提供干预和改善方案；

(5) 促进组织内部的咨询实施；

(6) 发展公司和 EAP 项目政策；

(7) 处理专案评估；

(8) 财务咨询技巧；

(9) 训练与公开演说能力；

(10) 书写技巧；

(11) 咨询技巧；

(12) 个人时间管理与组织技巧；

(13) 熟悉组织结构、工作说明、工作绩效期望和培训程序；

(14) 熟悉产业关系和工会代表；

(15) 熟悉员工利益；

(16) 熟悉社会福利单位和健康护理系统；

(17) 专业伦理与法律责任的知识；

(18) 合法和非法药物的知识。

**2. Carroll 和 Walton 的观点**

Carroll 和 Walton（1997）指出，接受过两年认证专业培训的企业咨询人员必须具有：

(1) 咨询理论与应用在工作上的特定知识，包括：①咨询理论知识，包括：短期咨询，员工帮助方案的发展史和理论；②咨询程序的知识，包括：评估企业咨询，建立、维持和结束企业中的咨询关系，咨询的阶段，管理咨询程序，组织咨询；③人格发展理论知识；④心理问题和工作相关问题的知识；⑤组织文化如何影响咨询服务提供的知识，包括：识别组织的类型特质，评估不同的工作场所的文化如何影响咨询；⑥如何对企业组织介绍咨询的知识包括：了解咨询与整个员工帮助的关系，联系咨询有关的工作（如咨询和诊断），了解员工帮助系统；⑦如何评估企业的咨询的知识；⑧企业咨询的伦理抉择问题。

(2) 技能部分，包括：①个别咨询；②与组织协商；③伦理专业问题的抉择；④有效运用督导；⑤开设短期培训课程与训练课程；⑥熟悉福利与社会工作；⑦在组织内推广和实行 EAP 咨询；⑧团体的建立与冲突解决；⑨推动和呈现咨询服务；⑩评估与统计；⑪撰写 EAP 相关文章、解决方案与咨询报告；⑫维持在多元角色中的界限。

### 3. 美国国家雇佣咨询协会的观点

美国国家雇佣咨询协会（1975）要求在工作场所实施专业咨询者应具备的能力有：

(1) 建立咨访关系的能力，包括：与员工建立信任、开放和有效的良好关系的能力，精确了解员工的谈话内容和感受，并能恰当回应这些信息，以辅助咨询辅导的需要。

(2) 个人及团体评价技术能力：提供对个人及团体持续的评估，包括对被咨询者的需要、特质、能力、个别差异等评估。

(3) 团体咨询技术，应用团体动力和领导角色基本原则，以有效且持久的方式帮助团体成员了解他们的问题，并采取处理措施。

(4) 发展并使用与职业生涯有关的资讯，即发展和使用教育、职业和劳动力市场资料的能力，以帮助被咨询者做决定及形成职业计划。

(5) 发展和执行职业计划：帮助被咨询者设计出适当求职计划，使求职者能在现有条件基础上经有关训练，获得新职业。

(6) 安置技术，包括：能够与雇主沟通、了解与确定其人事要求，能够做有效工作发展安排，能够帮助被咨询者在雇主前面表现所需能力。

(7) 良好社会人际交往技巧：能维持良好的咨询关系，运用重要资源以帮助被咨询者获得所需服务。

(8) 内部管理协调能力：在工作负荷及不同方案间能保持平衡，并且在机构间及机构内协调行政管理。

(9) 专业发展能力：这种能力是基于对未来专业发展、兴趣及责任，参加某些增进个人专业领域活动，以提升专业工作品质。①

## 三、我国 EAP 咨询师能力要求

EAP 进入我国的时间不长，在我国的早期应用也是在外资企业中。2001 年 3 月才开始进行我国企业的第一个完整的 EAP 项目——联想客户服务。国外的 EAP 服务体系较为完善，但并不一定适合我国企业的发展。同样，中国本土化的 EAP 咨询需要时间的磨炼，才能形成自己的本土化体系。

随着 EAP 的发展，本土化的 EAP 咨询师需求旺盛，培养一支适应我国本

① 转引自：郑意儒．2006．企业心理咨商人员能力内涵之研究．辅导与咨商学报，(1)：73～94

土化的EAP咨询师队伍迫在眉睫。2007年，CEAP这一EAP从业人员的专业认证体系被正式引入中国，但是中国本土的EAP认证体系还没有出台，对EAP咨询师能力内涵没有明确的要求。目前的EAP咨询师多为心理咨询从业者，他们在企业咨询和EAP服务的方面经验不足。

我们在郑意儒（2006b）提出的企业咨询人员能力内涵的基础上，总结国内EAP专家的访谈实录，提出我国EAP咨询师能力要求。这里所指的EAP咨询师的能力部分包括3个方面的能力：知识储备、专业技能和人际交往能力。

**1. 知识储备部分**

1）EAP咨询专业知识

任何行业都会具有各自的基础知识，从业者掌握这些基础，才能在这些基础上去了解更多、更深的知识，更好地掌握专业技能。作为一名EAP咨询师，必须对EAP有深刻的了解，包括EAP的发展历史、当前的发展情况和各国的服务模式等。EAP咨询师是EAP服务中的一个重要从业者，他还要明确自己的角色及其与一般的心理咨询师的区别。

EAP咨询师面对的服务对象在工作场所中，工作场所中员工的身心健康知识是他必须掌握的。目前，随着我国加入WTO的过渡阶段已经完成，跨国企业在我国快速成长着，文化差异是其中的员工与一般的本土企业员工相比一个较为鲜明突出的压力源。作为一名在企业中服务的心理健康工作人员，应该了解跨文化方面的咨询知识。

因此，在这方面我国EAP咨询师应具备以下知识：

（1）能深入地了解EAP咨询人员的专业角色；

（2）具有从事EAP咨询的相关专业资格证明；

（3）了解并提高对EAP咨询相关理论的认识；

（4）具备职场行为相关的专业知识；

（5）具有跨文化咨询的相关知识；

（6）能够分辨组织内咨询和组织外咨询的差异。

2）与组织有关的知识

前面已经指出，EAP咨询师和一般咨询师的主要区别在于他们的服务对象，组织是EAP咨询师一个重要的服务对象。除了要为员工服务，EAP咨询师还应熟悉服务组织机构的结构、文化和企业特质，如了解各部门的关系结构、人员组成、领导者的风格等。团体动力学和组织行为学的知识可以帮助EAP咨询师分析组织氛围，了解组织，然后根据该组织的特点为其制定合适的服务方案。

个人意识对EAP咨询师的工作效果影响是巨大的，如果咨询师对所要服务的行业不感兴趣，则不利于开展EAP服务。

因此，在这方面我国EAP咨询师应具备以下的知识：

（1）熟悉组织结构；

（2）熟悉组织文化；

（3）熟悉企业特质；

（4）具有团体动力学方面的知识；

（5）具有组织心理学方面的知识；

（6）了解组织文化、结构与员工个人问题的相互影响。

3）组织和员工健康的知识

如何有效地帮助员工促进身心健康、维持家庭工作平衡、进行压力管理和干预，EAP咨询师要了解员工的压力源所在，那么就要深入了解员工的福利政策和相应的健康方面的知识，如饮食健康、烟酒以及药物依赖的问题。

心理咨询面向的是心理正常但是暂时处于压力或困境中的来访者，EAP咨询师应具备评估能力并能够区分哪些员工应接受心理咨询，哪些员工应该接受更为系统、长期的心理治疗，并协助有关机构让他们得到帮助。

因此，在这部分我国EAP咨询师应具备以下的知识：

（1）熟悉员工福利政策；

（2）了解药物滥用的情况；

（3）具有压力管理的相关知识；

（4）了解正常和不正常行为的理论基础；

（5）了解如何协助组织进行心理健康与咨询转介。

4）教育培训知识

EAP咨询师在企业中除了为员工做心理咨询外，更大的可能是会为员工提供一对多的教育培训。EAP健康教育培训与团体咨询是有区别的，它更多侧重在教育这方面。在进行教育培训时，EAP咨询师要：

（1）具有设计、规划和实施训练课程的基本知识；

（2）了解短期咨询培训课程的实施步骤；

（3）了解短期培训课程的评估方法。

5）研究调查知识

EAP咨询师要向EAP项目负责组织机构和接受服务的组织机构提供服务结

构反馈、报告。EAP 咨询师需对服务进行调查评估，因此应具备如下知识：

(1) 具有 EAP 有关的研究方法的知识；

(2) 具有评估方面的知识；

(3) 具有绩效测评的知识；

(4) 了解报告撰写及呈现方式。

6) 相关的法规知识

EAP 咨询师是服务的提供者，需要在法律法规的限制内进行工作。此外，每个企业都有自己的规章制度，这些规章制度有时候会限制 EAP 咨询师的工作范围。了解法律法规会让 EAP 咨询师的服务少走弯路。

咨询服务会涉及员工个人隐私，有时还会涉及组织机构的商业机密，咨询师熟悉并掌握隐私相关的法律条例并遵守是得到员工组织信任的先前条件。因此，这就要求 EAP 咨询师：

(1) 熟悉企业的规章制度；

(2) 熟悉 EAP 咨询的规章制度；

(3) 了解隐私权相关的法律；

(4) 熟悉心理咨询师的国家职业标准。

7) 时事知识

感同身受，是有效咨询的前提。员工和组织是社会中的一部分，社会环境的变化会给他们带来很多的影响。了解社会环境的变化，以及国家相应政策和行业信息，有利于 EAP 咨询师为员工和组织机构提供更好的服务。因此，这就要求 EAP 咨询师：

(1) 关注外部大环境的变化（包括经济和社会）；

(2) 了解国家政策的变化；

(3) 了解企业所在行业的变化。

**2. 专业技能部分**

1) 个体咨询技能

个体咨询技能是 EAP 咨询师应该掌握的最基本的技能。其中包括：

(1) 咨询师深入学习和掌握一个或多个咨询流派的理论、技术和方法；

(2) 运用个体咨询的技巧，建立、持续和结束咨询关系；

(3) 对来访者及其问题形成某种判断评估，以拟定咨询目标、决策与技术；

（4）察觉并恰当处理影响咨询行为的个人因素；

（5）遵守咨询专业伦理；

（6）察觉并恰当处理影响咨询行为的组织因素。

需要指出的是，EAP咨询秉承的是短程咨询的理念。因此，EAP咨询师应根据自己的教育和训练背景，结合EAP服务工作的要求，在EAP合同规定的期限内最大限度地服务来访者，满足来访者的需求，提高EAP咨询的服务质量。

2）团体咨询技能

团体咨询有效率高、有利于提高员工的人际交往能力、个体可从团体中得到社会支持等优点。要想团体咨询有效，作为领导者的EAP咨询师就要在进行团体咨询前做好准备，掌握领导团体的技能，巧妙地运用团体咨询的技巧，引导员工进入这个团体，适应团体，处理团体中员工之间的冲突，帮助他们和团体一起成长，并在团体结束后做好团体咨询的总结，帮助员工在现实生活中运用在团体活动中学到的知识。为此，EAP咨询师应该：

（1）具有团体咨询进行前的准备技能；

（2）具有团体咨询过程中的领导技能；

（3）遵守团体咨询专业伦理；

（4）能够熟练运用团体咨询的主要技巧、策略和方法。

3）测验评估技能

心理测验工具可以帮助EAP咨询师了解组织企业员工的心理状况，通过分析给组织一个反馈，为进一步进行EAP咨询提供依据。同时，其结果可以帮助组织建立起合理的组织结构，并协助管理工作的进行。要注意的是，EAP咨询师要注意心理测验的局限性，正确运用心理测验，不能夸大其作用。

评估是EAP服务不可缺少的部分。一方面，这是对接受EAP服务的反馈；另一方面，评估可以让EAP咨询师了解咨询、教育培训等服务的效果，明白以后要进行哪些改进来促进EAP服务的完善。为此，EAP咨询师应该：

（1）按照需求来选择适当有效的测量工具；

（2）能够正确实施测量；

（3）能够正确分析测量的结果；

（4）能够正确运用测量的结果；

（5）能够正确运用EAP咨询评估方法。

4）沟通与协调技能

工作中的工作结构、工作环境等都可能是某位员工较大的压力源，要改变

这些，EAP 咨询人员就需要和组织进行交流沟通，在员工和组织中建立起相互信任友好的氛围。可以说 EAP 咨询师是员工和组织沟通的润滑剂，有效的沟通能协调组织的运作，提高组织效率。为此，EAP 咨询师应该：

(1) 在工作中和同伴有效地交流；

(2) 与组织进行协商；

(3) 与员工建立一个信任、开放和有效的良好环境；

(4) 了解对方的感觉并能很好地传递、掌握和回复这些信息；

(5) 建立组织与员工间的沟通渠道；

(6) 了解并创造组织和员工双赢的机会；

(7) 有较好的言语沟通技巧。

5) 宣传技能

虽然这几年我国居民心理健康的意识有了很大的提高，并且也开始正确认识心理咨询这个职业，但是，人们在面临急需解决的心理问题时还是会顾及周围人是如何看待自己的。因此，在 EAP 进入组织机构后，应在分析了解组织机构的特点的基础上，根据其特点设计出合适的 EAP 宣传方案，推广 EAP 服务，宣传心理卫生健康。这是EAP服务工作的一个重要阶段，因为宣传工作的好坏会影响到员工组织对EAP服务的印象，从而影响以后咨询培训教育的开展。为此，EAP咨询师应该：

（1）分析组织文化如何影响咨询服务与服务的提供；

（2）对EAP服务的推广策略；

（3）宣传心理卫生健康的能力。

6）顾问咨询技能

前面我们已经提到，EAP咨询师除了是一名心理咨询师外，还是组织的一名顾问。作为一名顾问应协助管理层进行一些管理活动，协调各个部门的运作等。为此，EAP咨询师应该：

（1）协助管理层处理问题；

（2）为管理者提供意见与咨询；

（3）组织各部门建立良好的公共关系。

7）人力资源管理技能

EAP咨询师和组织的人力资源部门的接触是比较密切的。EAP咨询师会涉及员工职业生涯方面的问题，如协助人力资源部门帮助新员工适应新工作环境、处理裁员等。从人力资源部门，EAP咨询师可以了解到员工的教育背景、生活状态、人格类型等资料，协助员工咨询的进行。为此，EAP咨询师应该：

（1）收集、整理和分析员工的资料；

（2）设计员工职业生涯规划。

8）激励技能

如何用最低的成本得到最大限度的工作绩效往往是管理层最关心的话题。激励员工也是EAP的一个重要部分，为企业提供一个恰当的激励方案，提高企业绩效是EAP咨询师在企业中工作的价值体现。

### 3. 人际交往能力

1）有效表达的能力

EAP咨询师的职业特点要求他们具备较好的表达能力，并且能巧妙地运用语言表达和非语言表达去影响员工和组织。在语言表达方面，有学者提出适时、适量、适度三方面的要求。一要适时，说在该说时，止在该止处。二要适量，适量的社交口才还包括声音大小适量。三要适度，主要是指根据不同对象把握言谈的深浅度，根据不同场合把握言谈的得体度，根据自己的身份把握言谈的分寸度。另外，体态语也要恰到好处。

2）人际关系理解和共情能力

EAP 咨询师面对的员工或组织的问题往往是较为复杂多变的，这就要求咨询师要站在员工或组织的角度来探讨他们的问题，和他们一起共同面对问题，有系统地找出问题的成因，对症下药，以最有效率的方式解决问题。

3）人际融合适应能力

要理解一个人或一个团体，就必须先要融入个体或团体的生活环境。首先，要融入现在生活的社会。人际融合适应能力也是一个人综合素质的反映。人际融合能力的强弱与一个人的思想品德、知识技能、活动能力、创造能力、处理人际关系能力及健康状况等密切相连。一般来说，一个素质比较高、各方面能力比较强、身心健康的 EAP 咨询师，能够很快适应环境、适应工作，即使是在比较困难的条件下和比较差的环境中，也能变不利因素为有利因素，通过自己的努力取得好的成绩。

4）人际敏感性

人际敏感性指的是对人际交往性质和发展趋势的洞察力和预见力，并善于把握人际交往间的逻辑关系。注意员工和组织的微小行为有利于 EAP 咨询师发现隐藏在问题背后的真正原因，抓住重点，解决问题。

5）观察倾听能力

"听比说更重要"是每位心理咨询师应牢记的准则。倾听也是种有效的治疗方法，但是要有效地倾听，这意味着倾听者要能够抓住讲话人所表达的主要内容和意图，也意味着倾听者要能够对对方所说的话加以区别并正确表达自己的观点，及时给予员工或组织反馈。

## 第三节　EAP 咨询师的人格特质

有专家指出：有效的咨询更依赖的是咨询师本人的人格特质，而不仅仅是知识和技巧。2001 年，霍大同提出，想成为一个好的心理咨询师乃至心理治疗学家的一个先决条件或者基本要求，是需要一定的学历或者说应具备大学本科的学历，除此之外还要有对一般文化知识技能的掌握，同时要看这个人是否具有某种适合的、由先天素质与后天教养混合而成的人格特质。

人格特质往往在互动中影响一个人，最有效的咨询者往往就是能将个人特质和知识技能融合在一起的人。EAP咨询要求进入员工的内心世界进行工作，作为一名EAP咨询师，以下的人格特质是非常必要的。

## 一、了解自我方面

只有先对自己有较为深刻的了解，才能去理解别人。EAP咨询师要在工作和生活中进行自我探索与察觉，提高自我的认同，接受现实的改变，端正咨询态度，不断学习。

情绪的成熟和稳定有利于EAP咨询师在EAP服务中保持冷静、稳定的情绪状态，为工作提供适度的激活水平。EAP咨询师的人格应该能够承受人性中所有破坏性的力量，如愤怒、嫉妒、敌意和攻击性等。在EAP服务中，EAP咨询师常常会遇到这样那样的挫折，冷静分析，总结过错，是EAP咨询师得以进步的要求。

EAP咨询师的服务对象的特点要求其在处理事情方面要有全局观，整体地去看一个问题。有时候解决了一个局部问题，但是对于员工来说，其实他可能关注的不是这个问题。咨询师的角度不能仅仅停留在表面，还要深入挖掘员工真正的问题，应从员工的角度去关注他们所关注的问题，在咨询师的能力范围内真正地帮助他们解决问题。

咨询师要自我了解应做到以下几方面：

(1) 自我探索与察觉；

(2) 自我认同；

(3) 面对改变持开放的态度；

(4) 能够不断提升自己的咨询态度；

(5) 维持情绪的稳定；

(6) 坚持不断学习；

(7) 有忍耐力；

(8) 不畏挫折；

(9) 有全局观。

## 二、对待他人方面

在与人交往中，EAP 咨询师应体现出以下人格品质：

（1）具有人格的吸引力。

（2）安全感。有安全感的人往往有足够的亲和力，而这也明显会影响员工对 EAP 咨询师的接受态度。一个有安全感的 EAP 咨询师往往能让员工体验到没有伤害的人际关系，而这样的人际关系是员工放下防御机制的有效方法，可以让 EAP 咨询师准确地发现员工的问题所在。

（3）宽容。人无完人，来求助的员工往往是遇到失败的，甚至可能有犯罪行为，有着这样那样的坏习惯，有的不善于表达，有的多次自杀未遂。面对各种各样的人，咨询师要以一颗宽容的心去接纳他们，用心帮助他们成长。

（4）影响力。EAP 咨询有时候像歌手在舞台上唱歌，除了专业知识以外，还需要调动听众的情绪。没有影响力的咨询师，其咨询过程中无法充满活力和感染力，而咨询过程中咨询师的影响力往往会推动咨询的进展。

（5）责任感。对于来求助的员工，咨询师要具备一种帮助他们的责任感，而且要遵循 EAP 咨询的相关原理。

（6）真诚地对待他人。这是 EAP 咨询得以有效进行的重要条件，咨询师不应因员工的性别、家庭出身、教育背景等歧视员工。

总之，EAP 咨询师是 EAP 服务的核心，他们除了为员工及其家属提供心理咨询服务，还提供心理健康教育、管理层咨询、宣传并促进 EAP 项目实施、企业人力资源顾问、危机管理等服务。社会对 EAP 咨询师的要求有别于其他职业。同时，由于 EAP 咨询师这个职业的特殊性，作为一名合格的乃至优秀的 EAP 咨询师，必须满足一定的能力要求。具备适合的人格特质能促进 EAP 咨询师在 EAP 咨询过程的顺利进行，帮助员工提高其身心健康水平，从而提高员工的绩效以及组织绩效。

# 第三章

# 职场“高压锅”：EAP 咨询中的常见问题

# 导　读

2007～2009 年，我们对接受 EAP 咨询服务的员工问题进行了统计调查。参照国外的经验，我们把 EAP 咨询问题分为八类：职场问题（人际关系、工作压力、上下级关系、职业发展、工作任务压力、绩效评价、工作生活平衡）；情绪/心理问题（焦虑、抑郁、哀伤、自信心缺乏、进食障碍、愤怒管理等）；恋爱婚姻问题（恋爱婚姻中关系障碍、离婚、择偶、婚外恋）；亲子教育问题（18 岁以下子女教育、亲子关系问题）；家庭问题（与配偶、子女以外的家庭成员间的关系问题，如兄弟姊妹相关问题、婆媳关系等）；职业生涯发展（离职、跳槽、升职、外派）；成瘾问题（戒烟、药物成瘾、成人网瘾、赌博等）；其他（所有不能归入以上项目的个案，如身心健康问题、自杀、危机事件等）。

研究发现，恋爱婚姻问题占咨询问题总数 1/3，其次是职场问题，再次是情绪问题和亲子教育问题。本章试图对中国 EAP 咨询服务领域中的常见问题做出分析和解读。

人生 18～60 岁的主要时间都是在工作中度过的。职场中风云变幻，有时是战场，有时是颁奖台，有时又是赛场。我们在职场中摸爬滚打，哭过、崩溃过、绝望过，也笑过、洋洋自得过。工作问题和生活问题常常会相互影响。EAP 咨询通常把员工自我转介时寻求帮助的问题类型分为七大类。毫无疑问，不管什么问题都会影响工作绩效，如果这些问题长期得不到解决，还会导致工作胜任出现问题，家庭和谐受到影响，幸福感下降，甚至出现身心健康障碍。以终为始，EAP 咨询师只有深刻了解常见职场问题，才能够和来访者一起构建更为有效的解决之道。

## 第一节　职场问题

企业员工的心理状态不佳，便会失去工作热情、工作情绪低下，进而工作效率、工作满意度、客户服务质量降低。常见的职场问题有三个方面。

### 一、工作压力

压力指的是个人与环境之间的一种特殊关系。当环境要求超过个人能力及可利用资源，并危及其心理平衡与生活步调的和谐与完整时，个体就会产生压力。对于上班一族来说，一定程度的压力能够激发自己奋勇前进，有助于自己更敏捷地思考、更勤奋地工作。然而，如果压力超过一定限度，就会使人们心力衰竭，行为混乱，甚至会造成危害，使整个人垮掉。这样的事情在现实生活中几乎每天都在发生着。

现代生活使人们面临的职业压力越来越大。根据美国国家职业安全健康机构目前的一项研究表明，美国超过半数的劳动者将职业压力看成是他们生活中面临的主要问题，这一数字比 20 世纪 90 年代增加了 1 倍多。随着我国经济的飞速发展，关于职业压力的问题也提上了人们的议事日程。2003 年国务院发展研究中心公布的《中国企业经营者成长与发展专题调查报告》显示，中国企业家群体的身心健康问题不容乐观。调查表明，87.4%的企业经营者感到“压力很大”，与工作压力相关的一系列生理与心理症状在不少企业经营者的身上出

现。职业压力在我国已成为不容忽视的问题。据英国的有关专家研究显示，每年由于压力造成的健康问题通过直接的医疗费用和间接的工作缺勤等形式造成的损失竟达整个该国 GDP 的 10%。正是在这种情况下，企业纷纷寻找出路，通过 EAP 维持员工的身心健康，以此抑制医疗费的增加。

**1. 职业压力产生的原因**

职业压力的产生与社会、经济、民族文化等因素紧密相连，不同的国家和地域呈现不同的特点。现代工业社会中，压力产生的原因有以下几个方面。

(1) 工业化和工业文明。工业化社会要求分工和效率，讲究团队协作，这使得个人的工作成为群体工作的一部分。巨大的工作压力和个人成就感的消失，很容易使人产生生理和心理方面的各种问题，进而引发各种疾病，如心血管疾病、抑郁症、偏头痛等。这些症状对职业者身体和精神的损害是显而易见的。这是职业心理压力产生的工作环境因素。

(2) 都市化。都市化对人产生的压力可以从四个方面进行概括：① 居住空间狭窄，导致人的心情不舒畅；② 人口过密，每个人的自由和安全空间有限，人与人之间关系不容易处理；③ 公共设施不足，自然环境恶化，城市交通阻塞、空气污染等环境因素的影响；④治安不良，人们常常感到生命和财产安全受到威胁。从更广的层面上看，都市化从根本上改变了以往乡村社会以血缘关系为纽带的生存网络，不可避免地对人的精神家园产生压迫。这是职业压力产生的生活环境因素。

（3）信息现代化。职业人士每天都要接触和吸收很多信息，这些庞大杂乱的信息也成为工作和生活中压力的来源。信息的多样化使得人们在日常生活中扮演着不同的角色，无形中增加了人们特别是职业人士的心理压力。过大的信息量也意味着人们自我关注的时间越来越少，心理负担过重。这是职业压力产生的心理因素。

对我国而言，除了上述原因之外，社会转型期面临的经济社会转轨、道德制度变更，应是心理压力产生的根源所在。据不完全统计，我国近年因为心理问题而使企业遭受的经济损失每年都达几十亿元人民币，由此引发的各种社会问题所造成的损失更是无法估量。

**2. 职业压力对个人的影响**

上班族在社会上所扮演的角色，就像婴儿一样，需要经过一定的训练，才能适应既定的工作模式，找到个人生存之道。在这段时间内，他们会模仿和学习别人的处事方式，建立一套自己的生活态度。上班族尤其是初入职场的人，对文化和社会规范的认识往往异常粗浅，因此，要加入竞争激烈的职场中，摆脱过度的压力对个人的影响，成为优秀的职业人士，对他们来说是一个极具挑战性的转变。

心理学家指出，工作压力过度引起的紧张症状可以分为生理症状、心理症状和行为症状。

（1）生理症状。当一个人感觉压力过大时，最容易引起注意的就是生理方面的症状，这主要包括新陈代谢紊乱、心跳加快、呼吸加快、血压升高、头痛、易患心脏病等。

（2）心理症状。对于上班人员来说，过度工作压力最简单、最明显的心理影响后果是工作满意度下降。当个人工作繁杂，工作方式过于单调，绩效反馈机构和机制不健全，对工作缺乏控制感，又常常伴随角色混乱以及角色冲突时，压力感和不满意感都会随之而来，进而对工作丧失兴趣。除了工作满意度下降外，还有发生其他心理症状如紧张、焦虑、易怒、情绪低落等。

（3）行为症状。有些上班族面对沉重的压力，在行为方面也会发生相应的改变，包括工作效率不高、缺勤、离职、饮食习惯改变、嗜烟酒、睡眠失调等。

面对以上压力对员工产生的各种消极影响，如果不采取一定的措施，员工就会严重受挫，企业也将会因丧失人力资本而蒙受重大损失。因此，帮助组织成员克服职业压力和心理方面的困难，成为我国企业必须解决的难题，在国外，长期以来企业使用的心理健康援助服务——EAP就承担了这样的任务。

## 二、工作场所人际关系

和谐社会需要和谐的人际关系，在工作和生活中人与人之间的交往不可避免，当其间关系因为某些因素发生变化、引发矛盾时，往往会影响员工情绪，导致企业内部不融洽，降低工作效率，影响企业内部和谐与发展。

在当今企业中，既要求竞争和多元化，又要求协调合作，沟通和人际关系比以往任何时候都重要，而且企业与客户之间、企业内部有大量的接触和交流。企业中员工的人际关系包括如下三方面，一是与客户的关系，二是同事之间的关系，三是上下级之间的关系。这三方面都很关键和重要。但是现实的情况是，企业中存在大量的人际交往冲突和沟通障碍。

企业中的人际关系问题表现在人际冲突和交往厌烦两个方面。人际冲突是企业中常见的情况，人们对它的危害也有较清楚的认识。但交往厌烦却没有引起人们足够的重视。人的机体作为一个信息加工和综合性的需要系统，不仅需要使自己接收到的刺激总量保持最佳水平，也需要保持各种刺激总量的匹配和平衡。人际交往对员工来说很重要，但同时人们对它的需要总是有一定限度的，超过这个限度就会产生交往厌烦，这也是现代很多企业员工面临的问题。

总之，企业的人际关系直接关系到客户服务质量、企业信息传递的速度和质量、组织气氛和企业文化的健康，因此与组织运行的效率是息息相关的。另外，人际关系还成为影响员工压力的主要因素之一。

## 三、工作/生活平衡问题

工作/生活关系是影响员工职业生涯发展与个人生活幸福的重要因素。随着经济全球化，越来越多的国家的劳动者开始面临如何平衡工作和生活的挑战，相关的学术和实践研究在很多国家和地区开展起来。工作/生活平衡已经在世界范围被越来越多地讨论。事实上，在中国的很多外企已经在实践中推出了“工作/生活平衡计划”，希望可以达到提高员工平衡工作和生活的能力的效果，如微软（中国）、摩托罗拉（中国）、惠普（中国）、宝洁（中国）等都有自己的工作/生活平衡计划。

但是，工作与生活的平衡还未引起很多国企的足够重视。一方面是因为几千年的传统文化，尤其是儒家文化使中国人具有高度的“工作优先”观念的影响；另一方面由于我国的独生子女政策和老龄化问题，使中国员工对于沉重的生活压力更具有忍耐性。事实上，中国员工的总体工作满意度和总体可感知的健康程度都偏低，37%的中国人对自己的工作并不满意，70%的职场人士出现了不同程度的工作倦怠，我国白领阶层普遍存在工作/家庭冲突问题，中国员工的“工作/生活平衡”状况不容乐观。

工作/生活平衡已经成为现代企业与员工竞相追逐的目标。对企业组织而言，工作/生活平衡计划能够提高员工的工作效率，改善员工的参与意识，增加企业的吸引力，并留住员工，减少与健康相关的成本（如缺勤、病假），提升客户体验，打造更具激励性和满足感的工作团队，特别是在保留员工方面已经成为一个有竞争力的工具；对企业员工而言，克服心灵混乱，追求内心平静也是非常重要的。因此，制订工作/生活平衡计划，寻求工作/生活平衡，已经成为企业与员工必须面对的重要课题。

## 第二节 情绪/心理问题

人非草木，孰能无情？人的行为总是受其情绪、情感和心理的影响，它渗透到人们生活的各个方面，有时是人们工作的巨大推动力，有时又是巨大的抑制力。良好的情绪和心理有助于提高员工的工作效率，从而有助于提高企业绩效。

### 一、焦　虑

#### 1. 焦虑的含义

焦虑是指一种缺乏明显客观原因的内心不安或无根据的恐惧，是人们预感到不利情景的出现而产生的一种担忧、紧张、不安、恐惧、不愉快等的综合情绪体验，表现为持续性精神紧张（紧张、担忧、不安全感）或发作性惊恐状态（运动性不安、小动作增多、坐卧不宁、激动哭泣），常伴有自主神经功能失调表现（口干、胸闷、心悸、出冷汗、双手震颤、厌食、便秘等）。

焦虑时一定会有不合理的思维存在，正是不合理的思维维持着精神的紧张和身体的不正常反应。也可以说，不合理思维是焦虑的本质。

焦虑是人们对情境中的一些特殊刺激而产生的正常心理反应，只是每个人经历的时间长短不一或程度不同。只有当焦虑原因不存在或不明显，焦虑症状很突出而其他症状不突出，焦虑的持续时间及程度均超过一定的范围，以致影响正常的生活、学习、工作时，才可以认为患了焦虑症，又称为焦虑性神经症。

**2. 焦虑的表现**

（1）惊恐发作。这是一类急性发作的强烈焦虑，它会使人突然感到危机或威胁即将来临或死亡迫在眉睫，体验到强烈的恐惧，并产生立即逃离的冲动；同时出现各种躯体症状和认知症状，如心悸、出汗、震颤或摇晃、呼吸困难或窒息感、堵塞感、胸痛或不适、恶心或胃不适、头昏或感到头重脚轻、现实解体、人格解体、害怕失去控制或会“发疯”、濒死感、感觉异常、寒战、发热等。常见于惊恐障碍或各种恐惧症。

（2）广泛性焦虑。这是一类没有原因的不限于特殊场景的广泛而持久的焦虑。个体预感到存在迫在眉睫，而且几乎是不可避免的危险，但是又说不清楚危险来自哪里；同时，个体又怀疑自己是否有应对这种即将来临的危险的能力。个体表现为警觉性增高，运动性不安和躯体症状，如心跳加快、窒息感、胸部堵塞感或不适、恶心或胃部不适、出汗、面色潮红或苍白、震颤等。

（3）预期焦虑。焦虑障碍患者预期再次面临害怕的场合或情境时出现的焦虑，如惊恐障碍患者对惊恐再次发作的担心，社交恐惧症患者对即将来临的社交场合的担心。

（4）忧虑性期待。由患者过分担心自己或亲友会发生不幸的事情或会发生非现实威胁引起，如担心子女出门会发生诸如车祸的意外。他们常常有恐慌的预感，整日忧心忡忡、心烦意乱、坐卧不宁。其焦虑的程度与现实或诱发焦虑的事件本身的程度很不相称。

（5）临场焦虑。临场焦虑与执行一项任务有关，个体对完成该项任务越没有把握，焦虑就可能越大。考试前出现的焦虑属此类。临场焦虑特别见于性功能障碍者。

（6）分离焦虑。分离焦虑是儿童对与父母分离的一种反应，通常出现哭叫易激怒和其他痛苦象征。大多数人认为只是儿童试图对强加给他的改变做出的一种调整反应。分离焦虑常见于儿童的分离焦虑障碍。

**3. 焦虑的分类**

（1）状态性焦虑。由于某一种情境而引起的焦虑，情境改变时焦虑随之消失。但有时某种情境很特殊，产生的焦虑十分强烈，有可能产生短暂的人格变化。

（2）特质性焦虑。由于一个人的人格特点与众不同，在相同的情境中，其情绪反应的频度和强度也与众不同。例如，在与陌生人相处的时候，有的人就会出现这种特质性焦虑。

**4. 引发焦虑的原因**

（1）生物学因素，如遗传影响与生理因素。

（2）心理因素，如认知、情绪等。

（3）社会因素，如城市过密、居住空间拥挤、环境污染、工作压力过大等。

在一些高焦虑、高压力的工作环境，企业高管人员与员工面临着内外压力的困扰，使他们的心理问题变得更加突出，造成如缺勤率、离职率、事故率高，以及体力衰减、精神恍惚、效率和组织效力低下、忧郁症甚至自杀等心理和病理的后果。据国务院发展研究中心中国企业家调查系统的《中国企业经营者成长与发展专题调查报告》显示，企业家有时出现或经常出现“烦躁易怒”症状的占70.5%，“疲惫不堪”的占62.7%，“心情沮丧”的占37.6%，“疑虑重重”的占33.1%，“挫折感强”的占28.6%，“悲观失望”的占16.5%。因此，企业经营者与员工心理健康问题日益成为企业管理面临的新问题。这些情绪的诱因都是焦虑，因此，解决焦虑就成为EAP项目的一项重要责任。

## 二、抑 郁

当今社会，人们学习、生活的压力逐渐加重，一些性格内向、内心脆弱的人常常因为某种心理或社会因素，如夫妻争吵、工作困难、人际关系紧张等而诱发一种持久的心境低落状态，基本特征是情绪低落、兴趣索然，自感思维迟缓、反应慢，不愿与朋友、同事交往，严重时感到悲观绝望、痛苦难熬、生不如死，甚至想通过自杀来了结自己无用的生命。

世界卫生组织（WHO）的最新调查表明，全球目前有数亿人口正为抑郁症所困扰，在亚洲估计至少有5000万的抑郁症患者。

抑郁是以情绪低落为主要特征的一类心理疾病，轻型病人外表如常，内心有痛苦体验；稍重的人可表现为情绪低落、愁眉苦脸、唉声叹气、自卑等，有些患者常常伴有神经官能症症状，如注意力不集中、记忆力减退、反应迟缓、失眠多梦等症状；重型抑郁症患者会出现悲观厌世、绝望、自责自罪、幻觉妄想、缺乏食欲、体重锐减、功能减退，并伴有严重的自杀企图甚至自杀行为。抑郁对人类健康构成严重威胁，因此必须高度重视，及时治疗。

引起抑郁的原因通常有三种：

第一种也是最常见的是心理或社会因素引起的。随着现代生活节奏的日趋加快，人们的竞争意识越来越强，人际关系也变得日渐复杂、冷漠。客观上的精神压力以及随之而来的榜上无名、失业、失恋、工作变动、家庭矛盾、离婚、失去亲人、经济损失等心理打击都会导致人的情绪低落。

第二种是与遗传有直接关系。有些人莫名其妙地发病，有时与季节性有关，这种情况的抑郁主要是由遗传引起的。

第三种是药源性的。一些治疗高血压的药物能引起有些人抑郁发作。

大多心境抑郁是由心理和社会因素引起的。多数人的一生都会有一两次上述的经历，情绪低落是正常的，随着时间的推移和自我调适，这种情绪很快就消失了。但是如果这种低落情绪长时间挥之不去，并已妨碍了自身的心理功能（如注意力、记忆、思考、抉择等）或社会功能（如上学、上班、家务、社交等），就应引起重视。严重者在抑郁的状态下不能自拔，容易酿成自杀的悲剧。

轻度的抑郁如果得不到有效治疗便会发展为抑郁症。抑郁症是一种常见的精神病，主要表现为悲观、绝望、烦躁，饮食习惯改变，失眠，兴趣减少或注意力分散，有自杀念头，对履行社会职责有抵触感，极度疲劳感，反应迟钝或敏感等。若长期存在上述症状，应尽快找专家咨询就诊，以便得到及时治疗。另外，自我调养对尽早康复也至关重要。

企业员工在其家属、亲朋、同事遭遇意外伤害事件时，心理会受到创伤；所在企业、社区、城市、国家乃至世界的重大突发暴力、事故、自然灾害、技术性灾难、战争等事件也会对员工心理产生程度不同的冲击，幸存者、目击者、救护者、报道者等都可能成为受创者。这种心理问题称为创伤后应激综合征（post-traumatic stress disorder，PTSD），是引发企业员工抑郁的重要原因。

为应对突发事件的心理冲击，应该建立意外计划。当发现有员工出现PTSD时，人力资源管理部门要立即对其进行心理帮助；当由于重大事件引发员工大面积群体性心理问题时，要迅速启动应急预案，引进外部专业人员进行心理危机干预，通过交谈、引导、沟通、疏导、抚慰等方式和专门的心理治疗技术，帮助心灵失衡的员工进行情绪释放、宣泄和重新调整，减轻焦虑、痛苦、孤独和耻辱感，并尽快恢复正常的心理状态。在危机期间还要适当调整绩效考核目标。当企业因合并、经营困难等因素需要大规模裁减员工时，必然出现普遍性心理问题。因此必须未雨绸缪，提前为此制定干预方案，保证裁员期间工作尽量保持正常，减轻被裁员工的怨恨，使剩余员工安心。在裁员过程中，要保持人道主义精神，尽可能宽容地对待所要解雇的员工。对他们来说，这是一次创伤性的经历，宽容会减轻这种创伤，帮助他们重新树立信心。EAP可使这些工作更有组织性、计划性和针对性。

从目前来看，EAP项目在对员工的情绪/心理问题进行情感激励方面有其独特的优势。一方面，EAP项目通过积极情绪的调动来激发员工的工作热情。EAP是企业为员工提供从工作到家庭等的全面关怀与服务，它不仅关注员工的心理问题，而且还从法律、理财、健康等多方面帮助员工解决生活中的实际问题，这种人性化的关怀有助于凝聚员工对企业的感情，通过积极情绪的调动激发员工的工作热情，实现对人力资源的充分挖掘和有效整合。另一方面，EAP项目有利于员工消极情绪的疏导。人的积极情绪和消极情绪是同一个硬币的两面，如果不让消极情绪得到合理宣泄，积极情绪也就难以浮出水面，那些被压抑的负面情绪也会以其他方式侵蚀健康机体。EAP项目为那些不良情绪的释放提供了一个出口，如日本一些实施EAP的企业设有放松室、发泄室、茶室等，来缓解员工的紧张情绪，帮助员工克服身心方面的疾病。此外，EAP项目的实施能够有效改善企业员工间的人际关系，有助于激发员工的良好工作情绪。

## 三、恐 惧 症

所谓恐惧症是对某种物体或某种环境的一种不理性、不适当的恐惧感。一旦面对这种物体或环境时，恐惧症患者就会产生一种极端的恐惧感，以致会千方百计地躲避这种环境。他们知道这种害怕是过分、不应该、不合理的，但这种认识仍不能防止恐惧发作。恐惧的对象可能是单一的或多种的，如动物、广场、闭室、登高或社交活动等。而且明知其反应不合理，却难以控制而反复出现。青年期与老年期发病者居多，女性更多见。

通常将恐惧症分为三大类：

（1）场所恐惧症，又称广场恐惧症、旷野恐惧症、聚会恐惧症等。是恐惧症中最常见的一种，约占60%。多起病于25岁左右，35岁左右为另一发病高峰年龄，女性多于男性。

（2）社交恐惧症。多在17～30岁发病，常无明显诱因突然起病。主要特点是害怕被人注视，一旦发现别人注意自己就不自然，脸红、不敢抬头、不敢与人对视，甚至觉得无地自容，因而不愿社交，不敢在公共场合演讲，集会不敢坐在前面。

（3）单一恐惧症，指患者对某一具体的物件、动物等有一种不合理的恐惧。

恐惧症的病因不是单一性的。一般认为有生物学上的因素，即遗传性的性格脆弱，天生紧张而显神经质，这类人最易产生恐惧感。另一因素是无能力解决自身承受的精神压力。

此外，对冲突的恐惧是当今企业员工面临一个比较突出的问题。几乎在每一个组织，管理者与员工之间的冲突都是不可避免的。如果冲突能得到有效解决，会使个人和组织都受益，可以营造健全而富有活力的工作关系，并且能够产生革新性的解决问题方案，也称"双赢"方法。实际上，对冲突的恐惧才是妨碍解决冲突的原因。这种恐惧可能仅仅只是缺乏解决冲突的经验、技能或工具。管理者尤其需要这些工具，因为他们不仅要解决同员工的冲突、同其他管理者的冲突、与外部相关人员的冲突，还要帮助他人解决冲突。管理者要区分他们可能涉及的两种类型的冲突：不必要的冲突和可解决的冲突。当人们有不同的观点、缺乏信息或有突然出现的敌对情绪时，便会导致意见不一致，从而发生不必要的冲突，如果不及早发现这些征兆，它们很快会发展为全面冲突。如果两个人对一个问题的看法最初表现为两种截然不同的立场，但实际上是因为需求、目标、价值观或利益的不同，这种冲突往往是可解决的。那些经常与员工见面的管理者能够及时了解冲突，并对员工的需求有更多的了解。在冲突发生时，管理者需形成一种积极倾听的方式，以鼓励双向交流，这样不同意见很快会浮出水面，然后才能想出办法使双方都感觉满意。为了避免冲突升级，管理者应以一种积极、乐观而中立的方式来解决冲突，并鼓励他人坦诚交流不同意见。有远见的管理者应把冲突看做是共同工作过程中正常的一部分，如有可能，把冲突消灭在萌芽状态。EAP为管理者和员工提供了一种有效地解决恐惧冲突的指导方式。

### 四、自信心缺乏

增强自信心，是指不断超越自己，产生一种来源于内心深处的最强大力量的过程。这种强大的力量一旦产生，就会产生一种很明显的毫无畏惧、“战无不胜”的感觉。有的人受到挫折时，始终不能产生足够的自信心，从而一蹶不振；有的人却能在遭遇挫折困难、出现焦虑和绝望后迅速产生强大的自信心，从而“拼劲”十足，最终实现目标。

从EAP咨询案例分析的角度看，员工自信心的缺乏集中表现在绩效评估不佳、提拔受阻、职业发展迟滞和人际关系障碍等方面。其中，绩效评估对员工自信心产生影响是比较常见的。激励理论大师马斯洛的需要层次理论指出，应从满足人的基本需要开始，激励员工提高绩效是最终目标。通过构成员工共同的目标体系和价值观念，将全体员工的潜在智慧充分发挥出来，成为企业发展与创新的强大动力。不论是组织高层领导，还是中层干部，甚至普通员工都迫切希望自己所创造的成果能被组织或社会所认同，成为有价值的东西，只有这样，员工的创新意识才能得到发展，工作热情才会保持下去。

建立绩效评估系统的程序和步骤是：首先，帮助员工认识自己的潜在能力，使员工知道自己完全有能力把自己的工作做得更好，并在实际工作中得以充分发挥。其次，绩效评估的一个重要目的就是要为人事决策提供准确的决策依据，使那些优秀人才得到重用和提拔，让他们成为骨干和先锋，从物质条件和精神荣誉方面，让他们与碌碌无为者拉开档次和差距。最后，绩效评估体系应当是具体、可衡量的，应将评估标准用各种参数加以数量化，使员工对自己的工作质量一目了然，知道应怎样做，通过什么途径才能达到要求。

过去，我们不重视个体心理对其行为的重要影响，强调用单一的思想政治工作去提高员工的工作热情和积极性。随着经济体制的变革和人们思想观念的变化，原有的说教方法已难以在员工内心产生激励。EAP已经形成了完整的建立企业员工自信心的体系。

## 第三节　恋爱婚姻问题

恋爱婚姻是人生发展轨迹中一个重要的环节，几乎是每一个人都要经历的阶段。恋爱与婚姻的成败直接关系到个体一生的幸福，择偶的顺利与满意与否又直接影响到社会的稳定。长期以来，年轻人尤其是越来越多的年轻企业员工的恋爱观、婚姻观以及婚姻实践一直是社会普遍关注的问题。目前，伴随着中国改革开放成长起来的新一代青年人已经开始进入婚育年龄，巨大的社会变革在这一代人身上留下深深的烙印，必将对其各个方面的状况产生重大的影响。

## 一、恋爱问题

在恋爱中选择是人们确定婚姻关系、建立家庭的第一步。很多优美的诗歌都赞扬甜蜜美好的爱情，但在恋爱的过程中，也是几多欢喜几多愁，有些人不停地恋爱，有些人则因为不能恋爱而承受着巨大的压力。这有个人的原因，也有环境方面的原因。

**1. 择偶难仍是当今很多人婚恋面临的主要问题**

从人口学的统计来看，我国人口男女性别比差异显著。受 20 世纪 70 年代以来出生率下降与 80 年代以来出生性别比升高的影响，1970 年后出生的男性人口将面临严峻的婚姻趋势。无论是现在还是将来一段时间内，男性在婚姻过程中存在着婚姻挤压现象，很多男性可能在同年龄群组中找不到配偶。

**2. 生活压力的增大使许多年轻人对婚姻缺少安全感**

一旦言及结婚，就要改变现有的生活，要适应家庭角色的转变，要承担以前未曾担负的责任，要养育子女，要赡养双方的父母。外在的生活压力，内在的心理压力，都使得很多人深感到肩上担子的沉重，而对婚姻缺少安全感。不少年轻男性的口号是“先立业，再成家”，理由是“没房子、没钱，结了婚会拖累事业发展，同时家庭也不会幸福”。

另外，由于男女在择偶观上存在较为明显的差异，男性的经济状况好坏时常是女性择偶时看重的砝码。上海社会科学院青少年研究所就 25 年来青年择偶标准的变化进行了研究，结果显示女性在择偶时较男性更加注重经济因素。女性对男性的经济收入要求较高，而男性对女性的经济收入要求降低，表明经济状况对于男性的重要性要高于女性。女性除了对男性的收入要求较高外，还对男性的受教育程度和职业有较高的要求，相对于经济、职业、教育等社会取向来说，女性对男性的年龄、容貌等个人取向的要求，远远落后于对社会取向的要求。这使很多男性在恋爱过程中遇到挑战。

3. 网恋的出现对现实婚恋产生了负面影响

网恋是把双刃剑，网恋是人际交往的新变化，是人们一种新的生活方式，它的出现也带来诸多的问题。婚姻专家认为，对身处信息时代的人们来说，网络是一种难以避免的交流方式。通过网络进行恋爱乃至走向婚姻，可以打破身边狭隘的人际交往圈子，有扩大选择面的作用。但是，由于网络世界是虚拟的，脱离了物质基础，因而不具有稳定性，对于以稳定为追求目标的婚姻、家庭而言，网恋的现实作用是不能够夸大的。网恋将对传统婚姻家庭和伦理道德产生冲击，“网婚”是由“网恋”升格而来。“网婚”的出现是社会多元化发展的表现，但现有法律对于网络这个虚拟世界存在盲区。尽管网迷们大都认为，“网婚”只不过是一种虚拟游戏，双方只不过是在网上语言交往，不必大惊小怪。但一些社会学家提出，“网婚”对现实世界的影响不可低估。已婚者“网婚”，会伤害现实生活中配偶的感情，违反了夫妻间的忠诚义务。据了解，因网恋引发的离婚案已呈上升趋势。

## 二、婚姻问题

现代人更注重个人的发展，有较强的自我意识，对婚姻质量也有较高的要求。他们是怀着憧憬走进婚姻的，而当生活逐渐趋于平淡，失去了原来的新鲜感，则可能会产生婚姻厌倦感。同时，随着社会的发展以及西方“离婚浪潮”和“性自由”的影响，离婚不再是什么稀奇的事儿。婚姻中不稳定因素的增多也给一些人造成了压力。

1. 引发婚姻问题的原因

1）家庭外部的原因

本书把所有核心家庭以外的因素都称为来自家庭外部的危机导火线。例如，因夫妻中一方父母兄弟或其他亲属的干涉，或因对亲属的经济接济，或因家庭成员纠纷等原因引起婚姻危机；因夫妻一方有婚前恋爱史或失身，或因在婚后有外遇，或因怀疑对方有外遇而引起婚姻危机；因对职业或朋友的不满引起婚姻危机；因升级、升职、升学、出国、进修等外部原因引起婚姻危机；因政治观点、学术观点的不一致而引起婚姻危机等。

2）家庭内部的原因

夫妻之间爱情表现不足，一方或双方感到感情受到了伤害，一方认为另一方漠视自己的存在，一方对另一方管束太严，在孩子教育、培养方向上的意见分歧，在孩子姓氏及命名上的矛盾，夫妻性生活不和谐，有关家庭开支、有关决策和家务负担的分歧，在电视节目选择权上的争执等，都可以成为婚姻危机的导火线。重男轻女的家庭常会因生女孩而引起争吵。

3）个人素质的原因

夫妻双方由于价值观的不同，个性、人格的不同，性格、志趣、爱好的不同而引起婚姻危机；过度的抽烟、饮酒，以及粗暴、蛮横等令人生厌之举，也比较容易引发婚姻危机；个人的心理或生理疾病，甚至某些生理缺陷，如狐臭、麻脸等，都可能引起婚姻危机；一方地位的改变，文化知识的提高，以及其他个人素质条件的变化，也可能导致婚姻危机。从社会各个阶层来看，引发婚姻危机的导火线有所不同。对于低收入家庭来说，经济因素常常是婚姻危机的导火线；而知识分子或政府公务员常常为了家务事吵架；对孩子期望值过高的家庭，常常因孩子的教育问题弄得很不愉快；年轻夫妇婚姻危机的导火线常常是怀疑对方对自己的爱；夫妻一方善社交，另一方不善社交的家庭，婚姻危机的导火线则常常是待人接物、款待亲朋的分歧；由于性生活不和谐以及婚外恋问题导致婚姻危机，则是各个阶层的通病。

**2. 问题夫妻的关系模式**

在婚姻问题中，夫妻双方之间的关系问题已成为主要的婚姻问题之一。俗话说：幸福的婚姻都相似，不幸的婚姻却各有各的不幸。确实，在问题婚姻中，夫妻关系呈现出各不相同的模式，夫妻们也承受着各自不同的痛苦。

独立而相爱的夫妻虽然也会有矛盾，但很难持续处于婚姻痛苦之中。而在问题婚姻中，总是会因一方或双方个性发展的不成熟而使夫妻之间的互动关系长期处于冲突和痛苦之中。问题夫妻的关系模式大体可以分为以下几种类型。

1）父女型

女方将自己对家庭关系的依赖完全转移到丈夫身上。丈夫成为她又一个父亲，成为她幸福和安全感的唯一来源。在这种关系中，女方完全处于自我中心状态，无法真正体验男方的痛苦。如果男方百依百顺，她就会变本加厉地要得更多；一旦男方受不了，要求离开，她又会可怜巴巴地哀求、讨好，试图重新挽回关系。女方对关系的丧失有极大的恐惧，而男方也始终处于一个进退两难的父亲角色中，在内疚和被压榨的痛苦中煎熬。

2）母子型

男方将对母亲的依赖完全转移到妻子身上，妻子成为家庭精神上的主心骨。男方处于自我中心状态，他对女方非常依恋，但又我行我素，完全以自己的情绪和好恶行事，无法体谅女方的感受。女方会总是处于母亲角色中，觉得自己好像带了一个儿子，而在女人身份上，女方却始终存在着情感缺失，她们要么压抑，要么持续地感到不满足。

3）女皇型

女方对男方的依赖性以控制和指责的方式表达，男方常常受到鄙视和贬低。女方将男方视为自己欲望的工具，男方认同了女方的欲望，并为自己达不到要求而深感羞愧。于是，男方因为女方的不满变得越来越自卑，女方又会因为男方的这种变化而更加表现出不屑。周而复始，恶性循环，最后是女方更加暴虐，男方更加窝囊。

4）女仆型

女方处于害怕被抛弃的恐慌状态中，完全放弃自尊，对男方百依百顺。她们总是小心翼翼地与丈夫交往，对于丈夫的挑剔、指责甚至谩骂从来都是忍气吞声。然而，她们的这种态度，往往又会激起丈夫更强烈的厌恶鄙视情绪和更加肆无忌惮的羞辱行为。

5）刻板型

夫妻一方是按照“应该”来生活的强迫型人格。他们对配偶总是通情达理、关怀备至。开始，对方还会被他们漂亮的外貌、得体的举止所吸引，但久而久之，就会对一起的生活感到乏味。他们是道德的楷模，确实无可挑剔，于是配偶就成了被挑剔的对象。配偶方会觉得自己好像是在和社会规范一起生活，而不是一个有血有肉的人。最直接的表现是在性关系上出现问题，配偶方首先将在男女关系上对他们失去兴趣。

6）怀疑型

夫妻一方由于自身强烈的自卑和不安全感而无法信任对方，经常捕风捉影地怀疑配偶对自己不忠，并常常情绪化地与对方争吵，使配偶感到不被信任的痛苦和无法应对的无奈。怀疑者也感到这样下去是对夫妻关系的伤害，但又无法控制自己的情绪。最后使夫妻双方都陷入崩溃的边缘。

7）争论型

夫妻双方的自尊感都过多地建立在“对、错”上，因此就非常在乎别人对自己对与错的评价。夫妻间经常为了要争个对错而爆发战争，有时甚至是见面就吵。如果无法争出结果，还要在自己朋友那里去找到支持，以证明自己是对的，对方是错的。夫妻关系从此变为彼此争夺自尊的战场。

8）冷漠型

夫妻之间因为长期无法沟通逐渐停止了情感交流，一方或双方都开始对彼此的关系感到绝望，从而渐渐放弃了与对方的关系联结，成为两个在一起生活着的单身汉。他们各自拥有自己感兴趣的生活圈子，像两条永远无法交叉的平行线，过着互不相干的生活。婚姻对他们来说只是一个没有生命的躯壳。

9）功利型

婚姻的建立对夫妻一方或双方来说不是出于情感，而是出于功利。由于缺乏情感基础，功利方与对方相处会感到尴尬，尤其是当有亲密接触的时候。有时，功利方还会受到内疚感的折磨。如果另外一方是有情感的，就会为无法与配偶建立情感上的联结而苦恼，甚至会产生受骗的感觉。

有问题的夫妻关系模式给当事人带来极大的心理痛苦，使他们的情感生活举步维艰，甚至可能会演变为家庭暴力，给彼此带来更大的伤害。所以，及时意识，及时调整，这既是给自己的情感一个机会，也是给自己的成长一个机会。

无论不健康的婚姻是哪种模式，都将为员工的生活和工作带来巨大的影响。影响到员工的情绪、人际关系和工作绩效，甚至形成恶性循环。从员工所面临的婚姻家庭压力来看，他们在家庭建立前所面临的压力是短期的，而在家庭生活中所面临的压力则贯穿整个家庭生活的始终。这些压力的形成，既有青年员工本身的因素，也有制度和社会的因素。

## 三、婚外情感问题

一对夫妻，假如一方发生婚外情，那会伤害对方的感情，严重影响他们的婚姻关系。婚外情的发生不仅影响彼此个人的心理，留下情感的伤口，需长久的时间去治愈，也容易影响子女的心理，甚至瓦解家庭。婚外情的发生自古就有，世界各地也常可听到。可是随着社会的变迁，婚外情的发生较过去增多，构成对婚姻关系的新威胁。婚外情的发生有不同的形式与情况，也有不同的理由与环境，受当事人的性格、心理、人品、对自己婚姻的看法与忠实感，以及夫妻间的情感情况诸因素的综合影响。

### 1. 引发婚外情的几种心态

（1）寂寞心理。有些人由于工作原因或是两地分居，或者因为夫妻一方有生理缺陷，生理上得不到满足，或者夫妻关系不和，产生寂寞心理，因而主动寻找第三者或乐意接受第三者予以补偿，导致婚外恋的发生。

(2) 失落心理。有些人由于婚前缺乏了解，一见钟情，草率成婚；或者是恋爱不久就“生米煮成熟饭”，而“身不由己”结婚的。婚后长期生活在一起，他们逐渐发现对方有很多坏毛病，从而产生心理上的失落感，萌发异心。

(3) 报恩心理。有的人因为生活有困难而得到第三方帮助，或者因一方长期在外，家庭长期得到第三方照顾，自己无以为报，只好献上身体，从而产生婚外恋。

(4) 报复心理。有的夫妻因为一方在外面偷情猎艳，又不听规劝，另一方为了报复对方，主动寻求第三者，从而产生婚外恋。

(5) 猎奇心理。有的夫妻热恋过后，觉得婚姻生活平平常常，平淡无味，自己也想体验一下情人的生活，于是在好奇心理的驱动下，产生婚外恋。

(6) 享乐心理。有的人因为受性解放思想的影响，或者受淫秽影视书刊的影响，认为应趁着年轻及时行乐，因而滥交异性，从而产生婚外恋。

(7) 相悦心理。有的男女因为工作上相互帮助，支持，久而久之，双方均有好感，两情相悦，从而产生婚外恋。

**2. 婚外情的危害**

1) 对家庭的影响

婚外情直接导致家庭解体，也就是说，婚外情行为与家庭的解体存在着直接的因果关系。在这种情况下，当事人大多有主观上的过错，如性生活放荡，与人通奸、姘居，喜新厌旧，故意打骂、虐待原妻、儿女等。由于婚外情者搞婚外爱情，其合法配偶因无法忍受其不忠行为，往往要提出离婚；也有因婚外情者喜新厌旧，移情别处，提出与配偶离婚。无论是配偶要求离婚，还是婚外恋者要求离婚，其原因都是由婚外情引起的。因此，婚外情者必须承担导致家庭和婚姻瓦解、破裂的责任。

一般丈夫发生婚外情，大多数妻子不会很积极要求离婚，但丈夫夹在两个女人之间，婚姻生活不要说愉快，就连过平静的生活都很难求。随着现代女性的自觉性的提高，妻子主动要求离婚也极有可能。婚外恋除了使无数家庭分裂离异外，在特殊情况下还会带来重大灾祸，或触犯刑律，或毁掉别人的家庭。

2) 对子女的影响

婚外情造成家庭破裂、夫妻不和、家庭热战冷战不断，使孩子从小就处在不良的生长环境中，因而对幼儿和青少年的健康成长都会造成十分不利的影响。父母的婚外情不但直接危及子女，而且对子女的情感塑造和日后的婚姻生活也会带来不良的影响。众所周知，外遇带来的夫妻间吵闹，对孩子的人格、心智都有极不良的影响。第三者的孩子，就连完整的家都难求。

3）对配偶的影响

在婚外情事件中，受害最大的莫过于婚外情者的配偶了，他（她）们是这场感情悲剧中最无辜的牺牲品。他（她）们往往毫无过错，却被自己的配偶出卖和伤害。婚外情对配偶带来的伤害，还不仅是被背叛的感觉。相比之婚外情的发生，爱人对自己的隐瞒和欺骗，更让配偶愤怒和伤心。

4）对自身的影响

在我国，婚外情行为一旦暴露，就会给当事者带来许多麻烦。这也正是婚外情关系之所以隐秘、婚外情行为之所以偷偷摸摸进行的原因所在。婚外情行为一旦公之于世，就会受到多方面的干预和谴责，而来自社会的干预则是对当事者的致命打击。它会使当事者自损形象，自贬人格，并且受到家人、朋友和社会等各个方面的谴责和批判，然后对自身造成很大的心理困惑，留下心理阴影，严重影响他们以后的生活和工作。

5）对第三者的影响

一提到第三者，几乎是千夫所指。尤其是第三者当到要争第二者地位的时候，几成过街之鼠，几乎绝无可能得到任何支持。人们对于破坏了传统的人，总是认定他（她）需要忏悔。几千年来的传统封建文化，使得人们对失去贞操的妇女倍加歧视，这使许多充当婚外情对象即第三者的女性理所当然地成了众矢之的。很多婚外情者在事情败露后，为了逃避社会舆论谴责或有关党纪、政纪处分，他们往往不敢承担主动追求婚外性爱的责任，有的甚至把责任全部推给了第三者。这样，很多未婚女性第三者就不得不做了婚外情的替罪羊。

6）对社会的影响

在我们国家，有婚外情行为的人总归是少数，但这也会给社会带来不小的影响。它不仅影响社会的道德风尚，给一些家庭带来灾难，严重的还会导致恶性案件的发生，影响着社会安定团结的正常秩序。从调查统计来看，婚外情行为易导致发生凶杀等恶性案件，影响社会治安和社会秩序，影响社会的安定。

任何一类导致对婚姻不忠的原因，都是侵袭健康婚姻根基的恶瘤。婚外情是婚姻不忠的一个表现方式，婚外情也是毁灭婚姻家庭的可怕的毒瘤。家庭作为一个社会单位，在人的一生中发挥着无可替代的作用。家庭的不和谐势必影响方方面面。家庭关系中婚姻的不和谐影响工作、子女甚至导致悲剧。

婚外情感问题在很大程度上是心理咨询的范畴。为夫妻双方提供一个交流的平台，了解产生婚外恋的种种心理轨迹，加强交流，从自身做起，及时调整夫妻间的感情，使之不断得到升华。这样，才能保证家庭的稳定和婚姻的幸福。通过对员工提供EAP服务，可以有效缓解由于婚外感情问题对员工造成的心理压力和情绪影响，使员工以积极乐观的态度应对日常工作。

## 第四节　亲子教育问题

家庭是人生的摇篮，个人自幼年到老年，无时无刻不与家庭发生密切的关系，尤其在初期的家庭生活中所获得的经验、所受到的教育对个体人格的发展最具影响力。弗洛伊德曾经说过，6岁以前的家庭生活，影响一个人的一生。斐斯塔罗兹认为，真正决定人生的教育，与其说是在大学时期或是高深的学术之中，倒不如说在家庭环境之内。中国传统教育历来推崇家庭中父母教育的功能。许多心理学家、教育学家、社会学家也一再告诫人们，生命的历程中，早期的教育具有决定性的意义。

### 一、婴幼儿教育问题

婴幼儿教育是以爱护婴幼儿身心健康、开发婴幼儿潜能以及培养婴幼儿个性为目标，以不断提高新生人口的整体素质为宗旨的一种特殊形态的早期教育。婴幼儿教育是父母与孩子之间的交互的、对话的、生活化的、感性的教育方式。婴幼儿的教育问题是父母们非常关心的问题，因为这一阶段是儿童智力、语言、神经发展的黄金时期。

然而，尽管父母望子成龙、望女成凤的潮流日趋显著，但是由于父母劳动成本日益增加，很多父母做不到专业地去开发孩子的潜能，或者要为此付出很多。很多父母由于工作上的原因，在工作和孩子之间不能有效地平衡，疏于对孩子的早期教育，导致孩子在智力、性格等方面出现一些缺陷，而这些令父母困扰的问题反过来又影响了他们在工作上的发挥和表现。

当前婴幼儿亲子教育存在的问题主要有以下几个方面。

1. 家长教育期望过高

如今的孩子大多是独生子女，一个孩子凝聚了几代人的希望。家长受传统思想的影响，望子成龙、望女成凤的心态显得异常突出。不少家长把孩子视为自己的私有财产，从孩子一出生就开始为他们设计将来，希望孩子按照自己所设计的发展道路成长，很少考虑到孩子的身心、年龄特点、兴趣、原有基础、天赋等实际情况。一些家长由于缺乏正确的教育观念和知识，在家庭教育方面表现出较大的盲目性，如盲目投资、盲目施教、盲目要求、盲目攀比、盲目放弃等。这种盲目的亲子教育往往导致事与愿违的结果，不仅仅使许多家庭白白花费了精力与财力，更极大地挫伤了孩子的兴趣。如何才算是成龙成凤，本来就没有确切的标准。俗话说得好，三百六十行，行行出状元。如果非要硬性地规定孩子必须学到什么知识，完成什么指标，这些过高的、不切实际的要求，就像套在孩子头上的紧箍咒一样，会给孩子的身心造成巨大的压力，在这重压之下，有些孩子甚至会产生强烈的逆反心理。这些都是孩子对家长的“高期望”做出的反抗。这种结局，恐怕是和那些望子成龙、望女成凤家长的美好愿望恰恰相反的。如果这些家长能够对孩子持有正确、合理的期望，孩子们就能健康快乐地成长。

2. 婴幼儿亲子教育内容萎缩

目前许多家长对亲子教育的认识仍存在很大的片面性，他们把亲子教育等同于智力教育，把识字、背诗、计算、拼音、学外语当做孩子教育的主要课程，错误地认为孩子有了知识就有了未来的一切，而忽视了对孩子的品德、意志、兴趣、性格等非智力因素的培养。实践证明，非智力因素对于一个人未来事业的成功有着极其重要的影响，过度重视智力教育而忽视非智力因素的培养，不但会影响孩子良好品德和健康人格的形成，更会阻碍孩子德、智、体、美的全面、和谐发展，甚至导致孩子人格的缺失，给孩子的一生带来不良影响。

3. 家长教育方法不当

在不正确的教育观念影响下，家长的教育方法和手段很容易走极端。一是过度娇宠。如今独生子女的种种表现让人不容乐观。许多孩子从小就是小皇帝、小公主，不能做许多本应力所能及的事。他们衣来伸手，饭来张口，要什么有什么，要不到就哭。许多事做对了受夸奖，做错了也受夸奖。在满足和赞扬中，孩子们已经迷失了方向，根本认不清自己。到了幼儿园，老师教孩子们开始认识自己，教他们学会独立，并改正种种不良习惯。有许多家长却认为这是在伤害孩子，他们依然对孩子娇生惯养，凡事一味包揽，纵容孩子的种种不良行为，却始终没有醒悟到这种教育观念对孩子会造成什么影响。这不仅使幼儿园教育受到极大的阻碍，更重要的是孩子们在不良的家庭教育中变得自私、霸道，遇事缩手缩脚，经不起批评，在困难面前只会哭。还有一种家长，根本不懂教育，也就是我们所说的“大老粗”，高兴了孩子做什么都行，不高兴了就对孩子拳打脚踢，毫不理会孩子的感受。上述现象的发生皆因家长自小就对幼儿溺爱娇宠，过度的关怀和无原则地包办代替，剥夺了幼儿自主意识的确立和自立能力的锻炼机会。二是过度严厉。不少家长对幼儿要求过高、限制过多，信奉“棍棒底下出孝子”、“不打不骂不成才”的观点。在这种情况下，性格倔强的幼儿，常表现出较强的抵抗意识，与父母产生对立情绪，变得性格暴躁，行为粗野；性格懦弱的幼儿，则会产生恐惧心理，学会以欺骗撒谎的手段应对父母的惩罚与训斥。

## 二、青春期亲子教育问题

青春期是青少年生理发育和心理发展急剧变化的时期，也是世界观、人生观、价值观逐步形成的关键时期。如何进行积极有效的青春期教育，使青少年健康成长，是各位家长和教师的共同愿望，也是社会的共同责任。

在现代社会中，随着独生子女家庭的日益增多以及人们教育观念的改变，人们对孩子的青春期教育关注也越来越重视。但现实中，有许多因素使得青少年的青春期教育出现问题，影响了青少年的健康成长。研究表明，不良的家庭背景是造成青少年心理障碍、行为越轨的高危因素。不美满的家庭往往会使孩子失去亲情的温暖，或承担过多和不必要的负担、痛苦，易造成孩子情绪、人格的失调及人际关系的不良，阻碍或扭曲孩子的身心发展。社会学家史德曼指出：“婚姻失败者的小孩，常遭同伴讥笑，心怀自卑，此种心理发展的结果，可能造成行为失常或病态。”父母未离婚前，双方争执不和，已经使孩子产生不安和焦虑。一旦父母离婚，则影响更大，如安全感丧失，对父母情感发生心理冲突，对父母双方或一方产生怨恨情绪，以及感受到自卑等，从而使得孩子的正常人格发展受到阻碍，易导致心理问题和行为问题。此外，这类家庭也往往是孩子自杀或得精神病的重要因素。

另外，父母不当的管教往往会对青少年的发展产生不良影响，比如对孩子过分唠叨，会使孩子厌烦、逆反；期望要求过高，望子成龙，会使孩子压力过大；过分溺爱，会使孩子“娇骄”二气严重，依赖心过重；过分严厉，会使孩子望而生畏，变得自卑、胆怯，或充满怨恨的情绪，有的会将这种压抑及不满以反抗形式表现来，或表现为自暴自弃。杨坚等（1987）通过对190名男性违法犯罪青少年的调查显示，犯罪组中父母教养方式不当的比例明显高于对照组，有显著差异。

因此，促进亲子关系和谐健康的责任主要在父母。父母们应当清楚地认识到，孩子的将来在很大程度上取决于父母自己。父母自身的心理健康对孩子影响很大，父母的某些不良心理、行为往往会引起孩子的不良反应或给孩子留下不良痕迹。所以，当孩子出现问题时，父母应注意寻找原因，对孩子的治疗也应考虑包括整个家庭在内的治疗。

EAP可以用专业的发展心理学与教育心理学的知识为员工的亲子教育问题带来更多的指导，为孩子的成长带来更多的帮助。赵然（2009）的研究显示，在企业员工中，亲子教育问题日益凸显，成为EAP服务的重要领域之一。

## 第五节　家庭问题

和谐社会需要和谐的生活，和谐生活影响着员工的工作情绪和效率。每个员工的家庭组成不同，家庭中各种关系的复杂度不同。关系越复杂，家庭矛盾越多，对于员工的心理健康和情绪稳定影响就越大。尤其那些伴随员工成长的长久性家庭矛盾，可能造成员工内心的阴影，产生交际障碍，严重影响员工的团队工作，有碍企业整体实力的提高与和谐环境的构建。因此，企业员工的家庭问题，也成为EAP服务的重要内容之一。

### 一、父母关系问题

家庭是个体成长的第一个社会，父母是个体的第一任老师。家庭环境对子女心理健康的影响主要表现在家庭气氛、父母的教育观念、家庭成员之间的情感沟通等几个方面。父母关系对家庭环境起着至关重要的作用，成为众多家庭问题中的核心问题。

如果在一个家庭中，父母对生活充满热爱，个性品质健康向上，思想感情积极热情，观念信仰正确得体，风俗习惯有趣活跃，便会使孩子生活在积极向上的心理环境之中，造就孩子的良好个性。然而，在气氛紧张、父母关系不和谐的家庭里，父亲和母亲常常是烦恼不安、性情暴躁、言语粗鲁，对长辈缺少孝敬，甚至虐待长辈。对于还没有独立生活能力、完全依赖父母的儿童来讲，长期处在这种环境中，容易形成孤僻、自私、玩世不恭等不良品质，对心理健康产生负面影响。

对于已经具有独立生活能力的成年子女来说，童年时期父母关系的影响并不会完全消除。著名心理学家弗洛伊德认为，人的童年经验往往会对其成年后的情绪和心理体验产生重大影响。因此，父母的关系在一定程度上塑造了子女的性格，影响着子女的各种社会行为。在员工家庭中，父母关系的不协调会造成员工情绪长期处于紧张状态，进而对其工作态度、工作绩效产生严重的负面影响。

通过对员工提供 EAP 服务，可以有效缓解由于父母关系不良对员工造成的心理压力和情绪影响，使员工以积极乐观的态度应对日常工作。

## 二、婆媳关系问题

婆媳关系自古以来就很复杂。随着改革开放以来，女人的地位不断提高，婆媳之间的矛盾也在随之而升级。常言道：家家有本难念的经，其中一本就叫“婆媳经”。在家庭中，两代人之间的矛盾和冲突，最明显和最常见的，是出现在婆媳关系上。婆媳关系容易失调，主要原因是其关系的特殊性。家庭的基本关系有两种：一是夫妻关系，一是亲子关系。然而，婆媳关系既不是婚姻关系，也无血缘联系，而是以上两种关系为中介结成的特殊关系。因此，这种人际关系既无亲子关系所具有的稳定性，也没有婚姻关系所具有的密切性，一旦出现裂痕，往往难以弥补。

婆媳关系不和不仅对女方造成严重的情绪影响，对处于中介状态的男方来说也会产生极大的心理压力。如果男方在婆媳关系中的中介作用失调，就会使其出现“两面受敌”的困境。这种家庭关系不断恶化的结果，势必会牵扯夫妻双方在日常工作中的精力，使其不能全身心地投入到工作中去。

因此，缓解婆媳之间的紧张关系成为当前 EAP 服务的主要任务之一。

## 三、员工与原生家庭的关系

员工与原生家庭的关系，也就是子女与自己的父母之间的关系十分复杂与微妙。它对起主导地位的父母来讲，是在完成他们自己的使命，可对孩子来讲，这可能关系到他们一生的幸福。在这个社会中，有很多人出现不能适应社会、人格障碍、神经症、违法犯罪等一系列问题，已有证据证明这些情况的出现与当事人与父母的亲子关系的质量有关。例如，在一项对正常人与神经症父母教养方式的对照研究中，发现在父亲惩罚严厉、父亲拒绝否认、父亲过度保护、母亲拒绝否认等方面，神经症患者均高于正常人，且差异显著。那么，EAP咨询势必要考虑在亲子关系中存在一些长期被忽视而又不得不解决的问题。

家庭环境可以塑造一个人，其中父母与子女的关系在整个家庭环境中处于不容忽视的地位。从小在冲突的气氛中长大的人容易形成孤僻、冷淡、不信赖他人的性格特点。当他们走入社会参加工作之后，时常表现出与人交往十分困难，而这样的情况势必会影响到他们的工作效率和工作满意度，同时，对与其共事的同事来说，有时也会陷入一种尴尬的境地。亲子关系障碍还会长期影响到员工的情绪，使他们不能愉快、全身心地投入到工作中去。

亲子关系障碍是子女与父母在情感交流和沟通过程中产生的不和谐。尽管员工与父母之间有着区别于他人的血缘关系，但是，由于员工的年龄、性别、经历及在家庭中的角色不同，他们与父母会有不同的心理需求，对同一事物也会有不同的看法。比如，通常说来追求独立是一个人走向成熟的表现，但有的父母可能常常认为他们已经成人的孩子仍是不懂事的年轻人，缺乏人生经验，仍习惯于做孩子的保护伞，并觉得这是对子女的关心。然而，子女可能却觉得自己已经长大，应该有更大的自由空间。正如一个人的一生要经历不同的时期一样，家庭也要经历不同的阶段，在不同的阶段中，每个家庭成员之间的关系都会发生变化。可能当一个人进入职场的时候，员工与父母之间的关系才真正地从原来的未成人与成人的关系逐渐转变为成人与成人之间的关系，而且父母之间的关系也会发生不同程度的变化。员工和父母都要主动适应这种家庭关系的质的变化。有些父母由于一时还不能适应家庭关系的变化，习惯于用过去一切包办的方式与孩子相处，因此给孩子引来许多烦恼。

## 第六节　职业生涯发展问题

职业生涯的发展对于企业员工来说尤为重要，因为它关系到员工事业的方方面面。职业生涯的发展可划分为四个阶段，即职业探索阶段、立业发展阶段、职业中期阶段、职业后期阶段。在不同的阶段中，企业员工会出现不同的职业生涯发展问题，主要包括离职、跳槽、升职和外派。这些问题可能会严重影响企业的日常工作和发展。

## 一、离　职

一些专业调查显示，目前国内企业超过2/3的在职员工并不知道该如何正确办理自己将来的离职手续。大约有70%的人力资源经理则认为，自己在员工企业服务全周期管理上是“虎头蛇尾”，即任职管理出色，但离职过程办理非常草率。实际上，在就业市场化以后，员工获得了更大的选择空间和机会，基于人本身具有的独立性和主动性，离职是无法避免的。从人力资源管理方面考虑，对离职的管理是企业对人才“招养育留”的最后一环，也是很重要的一环。离职管理的好坏直接影响着企业的管理成本。

员工离职前的心理状态呈现出明显的共同特点。

**1. 缺乏安全感**

安全感是指员工个体关于自己工作及相关工作特征的重要性，以及未来失去与获得相关工作的可能性的综合认知。安全感是职业选择的一个主要因素。因此，离职员工不仅有维持现有职业或专业岗位的不安全感，还会有未来职业发展的趋势与自己职业取向不一致引起的不安全感。强烈的不安全感可能影响工作态度，影响行为意向，最终影响到他们的工作绩效和对公司的认可程度。

**2. 缺乏公平感**

企业员工公平感是指员工对企业制度、文化及管理措施是否公平的感受。当员工感到不公平时，会表现出愤恨情绪和低组织承诺，从而导致离职行为。如果企业在职位管理上不将职位与能力、贡献挂钩；员工薪酬与市场水平差距较大，且薪酬与工作绩效相关度很低；论资排辈现象严重；绩效考评制度不合理，不能反映员工为企业创造的真实价值，都可能造成部分员工的公平感下降。

**3. 缺乏信任感**

信任是合作的开始，也是企业管理的基石，它能使每个人都感觉到自己对他人的价值和他人对自己的意义，以满足个人的精神需求。信任是一种复杂的社会与心理现象。美国著名的财经杂志《财富》除了推出“全球500强排行榜”之外，还有一项“最受雇员喜欢的100家公司排行榜”，后者的评价标准除了丰厚收入之外，更看重的评选条件还包括精神上的“收获”，如培训机会、就业机会、公司对雇员本人信任程度和其家庭的关心程度、公司允许雇员参与公司管理的机会等。总之，领导的信任是发掘员工潜力、留住员工的一剂良药。

4. 强烈的挫折感

挫折感是一种心理感受，它是人在通往目标的道路上遇到自感无法克服的障碍、干扰时产生的一种焦虑、紧张、愤怒或沮丧、失意的心理状态，普遍地存在于人们的生活之中。每个人都在不断地进行自我评估，同时为自己提出各方面的目标。如果无法达到自我目标，便会有挫折感。对于离职员工，这种感觉更加强烈。选择离开和被迫辞职的共同点都是对职业发展的前景持不确定的态度。员工又担忧在离开企业后，还要经历长时间找工作的过程。这都会影响员工的情绪，使其士气低落。

## 二、跳　槽

不同阶段员工跳槽的心态是不一样的。从萌芽阶段开始，陆续暴露出来的抱怨、倦怠、抗拒心理其实只是员工整个心态的冰山一角，他们内心深处还是渴望有留任的机会。只有在离职阶段，他们的心志才可能完全转变为失望或失落。从整个过程来看，如在每一阶段人力资源管理者能及时介入，并采取适当措施，就会有更多的机会留住人才，即使人才已经跳槽，仍还有回流的希望。

跳槽使得企业为培养一名合格员工所付出的投入付之东流。这些投入包括招聘费用，培训所花费的时间、精力和培训费，员工进入市场初期的各项花销，为员工支付的与业绩不相称的报酬等。经营战略调整对关键人物的流出，不但是人力成本的损失，而且会直接影响企业的发展战略，使企业战略被迫调整；使得企业不得不更改、推迟或取消既定的可给企业带来巨大收益的发展战略或经营计划，而使业务发展蒙受预期收入损失，有时甚至带来企业的毁灭性打击。更严重的是，部分员工的跳槽会对其他正在安心工作的员工产生一种触动式的影响，潜移默化地带动更多的员工纷纷效仿。这种情况在中国的一些国有企业比较普遍，如一个企业的一部分优秀员工集体跳槽到一个机制灵活、福利较高的股份公司或外资企业的事件时有发生。

同时，企业员工跳槽对个人也产生了很大影响。在如今讲究诚信的时代，有些不辞而别、泄露原公司机密和带走企业客户的行为都会成为个人信用上的污点；由于跳槽而给企业带来一定损失的员工，可能会受到法律甚至刑事的制裁，即使无罪，也会在一定程度上给员工带来生理上和精神上的负担而使其不能全心投入到新的工作中。另外，员工的机会成本会增加，由于工作内容不同、工作环境不同、企业的运作模式不同、领导的风格不同等，会使员工在业务的熟悉、环境的适应、人际关系的沟通等方面达到正常状态需经过一段时间的磨合，付出较多的时间和精力。

通过向员工提供EAP项目服务，可以检测团体中每位成员的职业方向感、职业倦怠感、职业压力感、人际亲和感和组织归属感处于上佳、一般还是不佳状态，并借助具体评测数据找出隐藏在各种状态背后的深层次心理问题，使员工们对自己的心理状况有比较科学、客观的认识，找到影响工作状态的原因，从而自觉地调节职业心态，减少跳槽对企业造成的损失。

## 三、升　职

升职是指企业中的员工离开原来的工作岗位，担任级别更高的职位。升职的原因多种多样。著名心理学家马斯洛曾经提出了金字塔式的人的五层需求，其中第四层对名誉的需求与我们所说的晋升休戚相关。每当公司传出升职的消息，总是让人欢欣鼓舞，升职的人开心，周边人祝贺加羡慕，升职确实是一件大快人心的好事。

尽管通过升职可以得到他人的认可，得到社会对自我存在的认可，并由此得到个人的满足，但是无论如何，升迁在一定程度上也必然会带来各种各样的相关问题。其中，工作适应和人际关系问题在其中表现得最为突出。

升职后的工作环境对于员工来说意味着很大的改变，这就要求员工在工作心态和方法上做出相应的调整，调整的结果如果与预期产生偏差，就容易引发一系列问题。企业员工对于新工作环境的不适应，也会对企业本身造成严重的影响。

另外，如果升职的员工与其所处的位置不相适应，就会使其模糊目标与方向，从而变得能力下降。现今管理学中有一说法，要把适当的人放在他自己期望职位的下面一点点，才能充分发挥他的潜能。

这是一种常发现象。做着普通职位时表现很优秀的员工，一旦得到职位提升，短期内他们自己甚至整个部门的业务能力会下降很多，究其原因主要有两

个方面，一个是心态，另一个是行为能力。员工的心态在得到提升时会发生比较大的变化，在潜意识中他们会期望尽快管理好原先似朋友般相处的同事，这段时间处理事情往往不得当，而原先的同事往往也因为心态的原因，潜意识的防备和抵触情绪使他们与新领导易产生一定的隔阂，原有的团队合作和协调能力被破坏。这种现象也表明，在没有得到培训前，他们短期内还不能胜任这个职位，也就是行为能力还不够。

此时，EAP的使用非常必要，它不仅可以帮助员工迅速调整心态，对未来工作做出合理的预期和规划，同时也能够使员工在升职后主动适应全新的人际交往体系。

## 四、外　　派

随着中国企业国际化进程的加快和跨国公司对中国市场的重视，跨国外派越来越常见。在国内，许多企业也在经历了初期创业阶段之后，进入全国化发展阶段，国内各地的短期外派也成为“流行”。外派是一次艰难的挑战和难忘的经历，无论对被外派者本人还是家属来说都是如此。

普华永道和克兰菲尔德管理学院共同进行的一项研究表明：外派员工在结束国外任职后，有25%的人想离开公司；在回国两年内，流动率竟高达50%；平均约有15%的外派员工在回国后一年内辞职。此外，外派员工在薪酬制订、绩效考核、人事管控、培训发展等方面都存在着一定的困难。

1. 外派对员工心理造成的冲击

1）预期收益的不确定性风险

从心理契约的交易维度来看，员工为企业工作，企业为员工提供薪资报酬。稳定的工作地域和工作环境使这种交易变得稳定，从而员工和企业之间的利益是可以预期的。从企业角度来说，外派是企业实现跨区域、跨国发展的必经之路。但对员工来说，外派具有较大的经济风险。员工在一个相对熟悉的领域工作，对于自己的工作绩效和预期收入都是比较了解的，员工派往外地后，其经济收入预期的不确定性风险被扩大了。一般来说，派往的目的地与原工作所在地的社会文化背景差距越大，这种风险也就越大。

2）环境压力

外派员工面临着两种环境方面的心理压力。在工作环境方面，主要是因为目前的工作环境和工作方式方法将被改变；在人际环境方面，意味着已有的人际关系的失落，现有工作团队已不复存在。到外派目的地后，必须重新认知新的工作环境，组建新的工作团队，缔结新的人际关系，从而形成心理压力。

3）职业生涯发展的不连贯风险

员工在企业本部工作的过程中，会逐渐摸索出个人在企业中如何成长的一般性规律，如知识技能的积累、人际网络的构建、职称的提高以及职务的提升等。外派任务使员工的职业生涯发展存在一定风险。对于员工来说，外派意味着自己已有的工作资源和职业发展路线断档，从而使得自己已经形成的职业发展方面的心理契约受到冲击。特别是有的员工还认为，外派后主要从事非核心的外围工作，岗位技能要求低，很少有晋升机会，也不介入正式员工的考核评估体系，他们只要完成规定的工作任务即可，因为即使表现优秀也得不到奖励，从而缺乏职业发展目标和发展空间，这会对他们的工作态度和满意感产生极大的消极影响。

4）对企业产生不良印象甚至误解

突然的外派任务会让员工产生对企业的种种猜测。一是关于企业经营管理方面，临时的外派任务，会让员工认为企业经营不善，不得不拓展外地市场，从而对企业的经营状况产生担忧；二是在外派人选方面，外派员工会认为自己不受重视，甚至受到排挤，公司领导将自己外派到本部以外的区域工作，从而产生公司领导对自己不信任的误解。

**2. 困扰外派员工的家庭难题**

1）情感与婚姻危机

人生的幸福在很大程度上来源于情感与婚姻的满足，然而婚姻问题已经成为外派员工的一大难题。对于未婚者而言，因外派员工与原有的社交圈分离，变动的工作环境和紧张的工作时间大大降低了他们在原来居住地或外派地寻找到合适伴侣的概率，外派员工因事业而耽误婚姻的事件屡见不鲜。对于已婚者而言，婚姻问题则更为棘手。一般而言，与配偶的关系有两种处理方式。一是配偶不随行，目前我国多数企业未就配偶随行问题制定相关政策，考虑到经济、家庭等诸多因素，外派员工的配偶成为“留守妻子/丈夫”，在独自担负家庭责任的同时还要忍受情感孤独的煎熬。二是配偶随行，这就意味着夫妻一方要为了对方放弃自己原有的事业和社交圈。陌生的环境、失去原有的生活规律已经是一种压力，再加上外派员工工作常常极其紧张，随行家属往往会感受到被忽视，他们面对的是孤独、个性的丧失甚至自尊的磨灭。无论是“留守”还是“随行”，当配偶的牺牲超越忍受程度的时候，婚姻破裂的危机就日益显现。

根据美国GMAC全球迁移服务有限公司的数据显示：提前离开外派地的随行配偶数量正日益增多，2005年外派任务中有7%未能圆满完成，主要原因是配偶的不满。对于外派员工而言，空间的阻隔使得时间的稀缺加剧，在一定程度上割裂了员工的职业生活和家庭生活，二者之间的冲突更加尖锐。正像越来越多的企业已经发觉的那样，外派员工之前，其家庭问题是一个必须考虑的因素。

2）家庭角色难以履行

美国学者克拉克于2000年提出的工作/家庭边界理论认为，“工作”和“家庭”是两个不同的范围，人们在其中与不同规则相联系，人们每天在工作和家庭的边界中徘徊，分别扮演职业角色和家庭角色。尽管个人在社会生活中有多种选择甚至逆向选择的可能性，Edgar H. Schein却认为，个体作为子女、父母的角色是不可逆的。人们能放弃一项职业，却不能放弃这些角色，相反，要设法完成这些角色。然而，外派将员工的工作、家庭边界分化了，员工远离了家庭，使得员工在一定程度上从一个跨边界者转为较纯粹的工作者。职业生活覆盖了原有的家庭生活，职业角色压制了生活角色的完成，打破了家庭原有的责任承担格局，家庭功能被削弱而无法行使其正常职能。配偶要同时履行夫妻双方的义务，父母从被照顾对象被迫转为照顾家人尤其是小孩的角色。大量经验材料证明，父母一方长期的角色缺失对儿童的身心健康、性格塑造、学业表现以及未来发展都有负面的影响。家庭角色难以履行使得很多外派员工在寻求职业发展的同时背上了沉重的家庭包袱。

3）职业成功与家庭幸福不同步

职业成功和家庭幸福几乎是所有人的渴望。随着经济全球化的推进，外派已经成为企业和个人寻求突破和发展的途径，尤其是个人累积职业发展的筹码和跨越职业高原的策略。由于传统的雇员管理开发系统倾向于假设雇员开始工作时，将家庭和自我留在了家里，组织需要考虑的是为其工作导向的发展活动创造机会。员工往往认为他们把时间和精力投入家庭事务越多，对职业生涯所产生的负面后果越大，为了谋求职业的发展，必然要减少其在家庭方面的投入。这就要求家庭成为工作的支持者，协助个人促进工作绩效和生活质量的提高。但是，正如前面谈到的因外派而引发的婚姻家庭危机已客观存在，家庭成员难以成为其工作的支持者。这使得通过在海外拼杀而获得较快、较好职业发展的外派员工，在享受职业成功喜悦的同时面临着家庭幸福的缺失。

一般企业中，为了解决外派人员的实际生活问题，通常采用以下几种措施，即高薪酬、企业文化沟通、岗位轮换和提升制度。然而这些对于彻底改善外派员工的心理感受是远远不够的。针对员工的具体问题，企业应该相应给予适当的心理辅导，并以物质手段相辅助，才能从根本上解决外派员工的问题。

## 第七节　成瘾及其他问题

想象一下，如果EAP专业人士能解决影响全美25%成年人并每年导致400 000人死亡的问题，其影响会怎样？再想象一下，如果EAP专业人士可以解决每年形成超过500亿美元直接医疗费用的问题，对他们的企业客户会带来什么？EAP最初就是用于解决员工酗酒、吸毒和不良药物影响带来的心理障碍。

## 一、网络成瘾

网络成瘾（internet addiction），主要指过度沉溺于网络，一旦不能上网便会出现一系列失控行为，进而带来消极后果，导致明显的心理、生理功能损害甚至危及社会利益的现象。1999年，美国学者Young通过研究，把网络成瘾分为网络色情成瘾、网络关系成瘾、网络强迫行为、网络信息过载和计算机成瘾等五个类别，后来又有学者把网络游戏成瘾单独归为一类。我国台湾学者认为，网络成瘾是由于重复地使用网络而导致的一种慢性或周期性的着迷状态，并且带来难以抗拒的再度使用欲望，同时对上网带来的快感一直有生理及心理依赖。也就是说，因为网络的许多特质带给使用者许多快感，同时又因很容易重复获得这些愉悦的体验，使用者便在享受这些快感时渐渐失去了时间感，一方面逐渐对网络产生依赖，另一方面导致沉迷和上瘾。

“工作网络成瘾”则专指那些在办公场所或办公时对网络形成依赖的状况，其所产生的失控行为又会导致个人心理或生理的异常，从而明显影响个人、团队和组织绩效。一说到网络成瘾，人们可能想到那些整日泡在网吧里，不分昼夜狂打“魔兽”的青少年，或者经常不由自主地浏览色情网站、搜索八卦新闻的成年人。但很少有人认识到，网络成瘾也在侵蚀着那些每天依靠互联网和计算机工作的知识型员工，并极大地削弱了企业的生产效率。

国外一些学者和机构已经注意到工作中的网络成瘾现象，并开展了一系列调查。据美国斯坦福大学2006年的一项大规模抽样调查显示，接受调查的2513名成年美国人中，68.9%的人经常使用网络，而其中13.7%的人曾表示出现过难以离开网络的情况，12.4%的人上网时间经常比预期的长很多，还有12.3%的人表示希望借助某种外力帮助自己缩短上网时间。

网络成瘾的危害很多，既浪费时间和金钱，分散精力，危害身体健康，同时，互联网上的暴力、色情等不健康内容容易造成人格异化。无论哪种情况发生，都是用人单位所不愿看到的。但互联网已经成为人们现实生活的重要组成部分，因此，帮助网络成瘾员工戒除网瘾已经成为当今社会中企业不得不面临的重大问题。对企业尤其是知识型员工密集的高新企业而言，要想有效避免或摆脱工作网络成瘾带来的危害，不妨秉持“防患于未然，疏堵皆有道”的总体原则。这是因为：其一，和其他成瘾行为类似，网络成瘾一旦形成便很难戒除，因此防范重于应对；其二，保障员工身心健康是每一个有社会责任感的“企业公民”应尽的义务，应该合理疏导、适当监督，从提升组织管理能力的角度正确认识并对待网络成瘾，使员工在工作中获得的满足感与成就感超过网络中获得的，从而最大限度地降低工作网络成瘾的发生率。

## 二、物质依赖

物质依赖是指长期滥用某种物质（酒精、香烟、药物、毒品等）后，产生一种心理上与躯体上的强烈而不能克制寻觅该种物质的状态，既寻求体验重复使用该物质的心理快感，同时避免戒断的躯体不适。前者称为心理依赖，后者称为躯体依赖。过去物质依赖有一个同义语，叫做“药瘾”（药物成瘾）。1957年WHO对“药瘾”作了如下定义：由于反复使用药物而产生了对个人和社会有害的，并使躯体出现周期性或慢性的中毒状态。物质依赖或药物成瘾还具有下述特点：①为了能继续使用这些药物而不择手段去获取它；②用量不断增加（产生耐药性）；③可产生精神性的和躯体性的依赖（戒断症状），对个人、社会产生恶劣影响。

**1. 物质依赖的心理因素**

（1）人格缺陷。有人认为，发生物质依赖者，其人格往往有缺陷，称为“成瘾人格”。通常认为有三种人格缺陷者易产生物质依赖，即变态人格、孤独人格和依赖性人格。也有人发现，凡与酒精依赖相一致的人格缺陷就可以造成其他类型的物质依赖。这些人格缺陷所表现的共同特征是，易焦虑、紧张，欲望不满足，情感易冲动，自制能力差等。

（2）心理阳性强化作用。行为心理学派认为，滥用物质产生的欣快感，可以产生直接的阳性强化作用，而避免戒断时的痛苦则产生间接的阳性强化作用。两者协同形成一级强化。形成物质依赖的情景和条件也可形成环境上的强化作用，即二级强化。这两级强化作用叠加遂使人的行为固定，从而形成物质依赖。此外，依赖者受接触到的周围人群的群体心理影响，更可构成社会性的强化，促使物质依赖更加顽固。

**2. 物质依赖的社会环境因素**

物质依赖可发生在不同年龄、各个阶层的人群中。在西方青少年患者中，不少人来自破裂的家庭，或经历恋爱受挫，或失业等，男性比女性多1/4～1/3。这些人往往从物质依赖中实现“快乐的逃避”。通常认为物质依赖与下列情况有关：

（1）自发偶然性。取决于对某种物质的接近程度。如医、护、药剂人员因职业关系易接近药物，可比一般居民容易形成依赖。

（2）医源性。往往由于医生给患者经常使用某种物质引起依赖。如给癌症患者反复使用吗啡止痛，引起对吗啡类的依赖。又如有的人因偶尔失眠或疼痛使用催眠镇静或止痛药物，逐渐发展到长期滥用，最后形成依赖。

（3）物质的商业流通程度。物质通过商业的流通渠道扩散，很快形成流行，但有一定的地理界限和人种特征，有一定的集团活动特点，一般容易迅速控制而加以扑灭。

（4）文化影响。最明显的是西方社会的青少年，经常受亚文化群体的团伙影响，集体吸食大麻或其他毒品，容易产生大面积流行对某种物质的依赖。还有一些地区的居民风俗习惯容易导致流行对某种物质的依赖。

在物质依赖中，除药物依赖之外，酒精依赖问题已经越来越引起现代人的重视。酒精依赖指由于长期大量饮酒而产生的对酒的强烈渴望和嗜好，以致饮酒不能自制，一旦停止饮酒则产生精神和躯体的各种症状。酒精依赖的发生率由于社会文化背景不同而不同，男性明显多于女性，白种人多于黄种人。

从酒精依赖产生的心理因素来看，性情抑郁、羞怯、焦虑、紧张、不善交际的人，为了克服这些缺陷而饮酒，久而久之容易发生酒精依赖。从社会因素来看，地区、种族、习俗、环境、职业及公众、政府对酒的态度等对酒精依赖的发生有一定影响。从经常性饮酒发展到酒精依赖大约要经过10～20年。

酒精依赖的临床特征主要有：①饮酒至上，置个人健康、家庭、事业、社会规范于不顾。②如停止饮酒或血液内酒精浓度降低到一定水平以下时便出现戒断症状，表现为四肢及躯干震颤、情绪激动、恶心、呕吐和出汗等，进一步发展可出现错觉、幻觉、癫痫发作、震颤性谵妄。若饮酒，这些症状则可消失。为避免戒断症状，有些酒精依赖者早晨醒来就要喝酒，甚至白天随身携带酒瓶，随时饮酒。③对酒精产生耐受性，酒量越来越大。④人格改变，工作不负责任，家庭关系恶化，道德败坏。

酒精依赖的危害是显而易见的：孕妇饮酒可给胎儿发育带来不良影响；酒精依赖者的子女中，酒精依赖、药物依赖以及人格障碍的发生率都显著增加；交通事故发生率显著增高；并发躯体和神经系统疾病，如肝硬化、营养不良、神经损害等；并发急性和慢性酒精中毒性精神障碍。

职业戒酒计划是EAP的服务内容之一，主要是针对员工酗酒等引发的员工情绪、压力、紧张、焦虑等导致企业效率和业绩的变化，来改善和调整员工对企业的向心力和凝聚力，获取归属感和满足感，改善企业和员工的关系，提高员工的业绩和企业的效率。

吸烟的危害，尽人皆知。全世界每年因吸烟死亡的人数达250万人之多，香烟是人类第一杀手。在吸烟的工作场所里，尤其是冬天门窗紧闭的环境里，室内不仅充满了人体呼出的二氧化碳，还有吸烟者呼出的一氧化碳，会使人感到头痛、倦怠，工作效率下降。自觉养成不吸烟的个人卫生习惯，不仅有益于健康，而且也是一种高尚公共卫生道德的体现。有很多员工因为工作压力过大而形成烟瘾，因此帮助员工戒除烟瘾问题也是EAP的服务内容之一。

## 三、自　　杀

随着改革开放的不断深化，商品经济的迅速发展，市场机制的逐渐确立，企业面临着越来越激烈的国内、国际市场的竞争，因而，身为企业的领导者和员工便深感负担之重。轰动一时的著名企业家、上海某汽车公司总经理自杀事件，即是由于工作、生活之重负引起心理健康恶化而致使自杀的极端事例。在金融危机的笼罩下，世界各地出现自杀的情况屡见不鲜。其实，这种情况又何尝限于这个特殊时期。2007年出版的《中国伤害预防报告》显示，我国每年大约有20万人死于自杀，而自杀未遂的人数为自杀死亡的10倍左右，即200万人。自杀已经成为伤害的第五大死亡原因。

企业员工的自杀不仅给员工的家人和朋友带来无比的伤痛，甚至可以在整个机构内掀起风波。那些和自杀者最接近的员工以及自杀者在其他部门的朋友，常常在情绪上受到重创。一开始，他们通常表现出震惊和不相信，因为这个事实太难以接受了，震惊过后，紧接着就是热切的排序、整理记忆内容和来自他人的相关信息，这些一连串的反应必然会对企业员工的情绪心理产生负面影响，进而影响企业氛围和效率。

在员工自杀之后，机构会预期产生更低的生产力、更高的缺勤率和常规事务的中断，恢复的时间可能需要一年。如果人们相信引发自杀原因是工作压力，那么机构受到的冲击就会尤其严重。员工士气下降，一些员工会对机构管理层感到愤怒，现有劳动管理冲突的硝烟会燃得很高。

自杀预防成功的最大可能性，在于规划良好并获得充分理解的干预项目，这些项目给员工和主管提供培训、提供报告自杀威胁的沟通渠道以及可以求助EAP专家的机会。机构的EAP可以提供培训和咨询，帮助识别情境中的危险因素，完成评估和转介程序以及建立自杀威胁报告联系通路等。

# 第四章

## 心灵解码：
## EAP 心理咨询的理论及核心技术

# 导　读

Mart Attridge对北美和欧洲82家EAP服务机构进行了长达10年的追踪研究。在投资回报率（ROI）的报告中，Attridge指出EAP的咨询使用率约为4.5%，每个个案的咨询次数从1到18次不等，平均为2.5次。何种咨询理论与技术可以让来访者的问题在1～6次的咨询中得到较为满意的解决？EAP咨询在高效的同时一定要关注有效性。

EAPA在2010年的《EAP标准和操作指导》中，对EAP的咨询服务的流派和技术有提示，包括评估、动机面询、短期解决问题、认知行为治疗或以其他方式咨询服务等。在纵览国内外EAP理论书籍，并对中国EAP咨询案例进行分析的基础上，本章按照EAP咨询服务的特点将重点介绍短程心理咨询、动机面询、焦点解决短程疗法、认知行为治疗等。

# 第一节 短程心理咨询

## 一、短程心理咨询的发展

对于心理问题的有效治疗应该花费多长时间？这是一个心理学家们一直在探讨和争论的话题，如果按照早期精神分析和心理动力学的观点，对于心理问题的有效治疗必须花费很长时间。从弗洛伊德继承而来的观点认为，心理问题的产生受到早年经历或人格的重大影响，因此对于早期经历的分析和对人格的形成再次产生影响是一个长期的过程，所以，有效的心理治疗在很长的时间内被大家认为必须是彻底的、重构的，因而是要花费很长时间的。

随着心理学的不断发展，有人开始尝试缩短心理治疗的时间，Franz Alexander和Thomas M. French就是其中的典型代表。作为芝加哥精神分析协会的主任和副主任，他们在设计和推广短程心理治疗方面做出了巨大的贡献。尤其是Alexander，他坚决拥护缩短治疗和提高治疗疗效的主张，他认为，“某些病人，一到两次富有情绪体现和领悟的治疗性面谈，对他们具有启发性的效果，这种效果比对另外一些病人几个月的分析都有效”。再后来，Frohman在1948年出版的《短程心理咨询》（*Brief Psychotherapy*）一书中也详细介绍了自己的短程治疗程序，他声称自己的治疗方法通常只需要20～30个小时。另外，赫兹博格所采用的主动心理治疗（active psychotherapy），通过强化来访者的独立性，从而达到缩短时间的目的。

1965年，纽约群众健康保险集团（Group Health Insurance of New York）开展了一个名为埃沃特报告的项目，这个项目大约为76 000人提供了精神科短期门诊服务，有2100多名美国纽约精神病学会的成员参与了该项目。但是，也有约900名精神科医生拒绝参加该项目，当问到原因时，他们坦言说只相信长期咨询和治疗，不相信在短期内能达到有效治疗，短程治疗对于一直致力于长期治疗的他们还是没法那么快就被接受。但是，短程治疗结果表明，81%的病人认为他们看到了自己的进步，17%的病人认为自己已经康复，精神科医生的评估与病人的评估一致，他们也认为76%的病人有进步，10.5%的病人已经康复。

20世纪后期，短程心理治疗得到了更为普及的推广，其原因在于：

(1) 近年来心理治疗越来越平民化。

(2) 不断发展的社区心理健康运动也带来了很多创新性的观念，诸如危机干预、全天候急诊部门服务、地方性咨询人员以及辅助性的咨询人员等，这些思想也相对地强调短程治疗的重要性。

(3) 随着对心理治疗认识的不断加深，心理治疗服务不再被认为是“富人和疯子”的服务了，并被看做是适合每个人需要的，是生活中必需的。

(4) 长程治疗的总费用较高，时间较长，难以被纳入到保险之中。

(5) 相对于短程治疗，长程治疗可能会令许多来访者觉得在心理治疗上花费大量的时间和精力是一种浪费。

关于短程治疗需要达到什么样的效果，对于短程治疗来说，它的现实目标是帮助来访者克服他（她）的问题或者烦恼，减轻他们的痛苦、苦恼和不愉快的情绪。短程治疗更容易使来访者看到进步，建立对于咨询或治疗的信心。短程治疗的最终目标是让来访者在咨询师的帮助下自我领悟，学会更好地处理现实生活和未来生活出现的问题。

短程治疗的基本思路和原理应该是在有限的时间内发挥最大的功效，达到减轻现实痛苦、学会应对和自我调适的目的。短程治疗的优势在于能够在较短的时间内，让来访者的痛苦和不舒服感觉迅速减轻，并且花费少，对病人的日常生活干扰也最少。因此，随着时代的进步，短程心理治疗也越来越多地进入到我们的生活中，尤其是在EAP咨询服务领域。

## 二、短程心理咨询中的治疗特点

当今在心理治疗领域，使用最广泛的三种治疗是精神分析疗法、行为疗法和认知疗法。那么，在短程治疗中该使用什么样的方法呢？俗语说：不同的民族具有不同的敲钟方法（different strokes for different folks）。不同的流派理论有它相对适用的情景，例如，学习理论对应影响行为问题，心理动力学的方法对应动机性冲突，团体治疗对应具有人际困难的人群。所以我们强调，为了实现短程治疗的疗效，可以使用任何起作用的技术，短程咨询师几乎都需要一些折中主义观点，自身必须是一个折中主义的支持者，能够了解和使用各个流派和理论的基本技术，能够综合考虑情景因素后使用合适的方法。

无论治疗方法和治疗取向有何不同，短程心理咨询师们拥有很多的共性。他们都要：表现出对来访者的兴趣，收集有关来访者的信息，试图对来访者的问题形成假设，制订治疗方案，倾听来访者，回答来访者的问题，鼓励来访者，为来访者提供解释，增加来访者信心，提供支持和重要信息，等等。

短程治疗有一些共同和不同于其他治疗方法的特点。

第一，表现在治疗关系上，咨询师对来访者的关系和态度必须是正性和积极的。“没有不积极的来访者，只有不积极的咨询师。”积极关系的建立和维护需要咨询师投入大量的精力进行管理，因为，治疗中积极的关系可以增加咨询师对来访者的影响，咨询师所采用的建议、解释和家庭作业才能得到来访者的支持和遵守。“积极”也就意味着整个治疗过程中是活跃的。1986年，Koss & Butcher用简洁的方式描述了咨询师的活跃性角色：通常，“活跃”是指在需要的时候要说得更多，要主导与病人的交谈过程，要积极地探索自己有兴趣的各个领域，积极地提供支持和指导，积极地为病人制订可以实行的计划、家庭作业，教会病人问题解决的办法，鼓励病人建立建设性的生活哲学。

第二，短程心理治疗中很重要的一点就是需要咨询师帮助来访者进行情绪的释放，并在必要的时候对来访者的行为进行强化。通过倾听、理解、共情等方法使来访者将自己心中的痛苦、烦恼和不愉快的情绪进行释放，减轻心理问题。与此同时，咨询师在治疗过程中合理采用正强化，如用赞赏的眼神、鼓励的话语、微笑等等促进和鼓励有积极行为；而负强化的合理使用，则能够对于那些消极行为产生消退影响。在短程心理治疗的共通的治疗性因素中，很重要的一点是教会来访者直面自己的现实问题，让来访者对自己的问题持清晰和不逃避的态度，更加积极和理性地对待问题，在咨询师和周围亲朋的帮助下对问题进行解决。

## 三、短程心理咨询中咨询师的行为

无论是长程治疗还是短程治疗，咨询师的活动有其相似和共通之处，只不过在短程心理治疗中，咨询师更为积极和活跃，对各种活动的组织安排更加灵活和有效，能够在更短的时间内达到更好的效果。我们在对咨询师在短程治疗中的行为进行归纳分类后，把咨询师的行为分为倾听与观察、反馈、提供建议、面质、安慰、家庭作业、模仿和角色扮演、提问、自我暴露、放松技术与应对技巧和最后的总结。

1. 倾听与观察

倾听在治疗过程中是咨询师从事最多的活动，越是很好地聆听着，就越能理解病人，就能够更好地为病人进行治疗和咨询。而就像 Theodore Reik 强调的那样“咨询师不只要倾听，也要观察”，只有通过观察，才能及时对来访者的行为做出反应。在这里，我们重点要谈到一点，就是如何练习和做好倾听这个环节：可以在有督导的情况下，重新复习治疗录音，让督导告诉你，你在哪里该打断，哪里该建议，哪里该反应；等等。倾听与观察是咨询师在心理治疗中用到的最基础和最广泛的行为。

2. 反馈

反馈（reflection）指的是咨询师以共情的态度来回应来访者态度和情绪的能力。由于准确、敏感的反馈源自咨询师对来访者的充分理解，所以反馈也与倾听紧密相关。所以，因时因地因人而异的反馈，这是非常重要的，合适的反馈会对治疗起到事半功倍的效果。例如，在听到来访者大量的自责后，我们不能说“因此，你确定不能很好地做好那些事情”，更好的表达方式是“因此，无论你怎么努力，你都没有办法得到非常好的效果”。这样做，就可以拉近与来访者的距离，让来访者感受到你的感同身受，促进治疗的效果。

3. 提供建议

提供建议对于来访者来说，在很多情况下是亟须的，而且，在给予建议的同时，在这样一个交流的过程中，咨询师可以了解到来访者是否真的适用这样的建议和这样的治疗程序。当然，在给予建议时要非常谨慎，因为不合适的建议可能会让治疗关系紧张，让来访者对咨询师产生敌意和抵触。有些人是来寻求建议的，而另外一些人却对建议相当抵触，比如，对于那些认为自己在公司里总被人呼来喝去的来访者，如果你对他提建议，也许他会认为你也在支使他。当然，在提供建议的同时，进行必要的解释、说明，提供明确的信息，对于让来访者能够更好地认识现在的问题是很有帮助的。

4. 提问

当咨询师对于来访者或者重要话题的信息不足时，需要对来访者进行提问。关于提问的技巧，一般来说，我们认为委婉和比较缓和的提问方式会比较容易被接受，例如：“也许，你可以告诉我，这件事发生的时候，你是怎么想的。”当然，也有的时候，我们不得不改变合作的治疗性关系，而采用法庭审问式的提问："到底发生了什么？当时你是那么想的吗？"因为，只有这样做才能将非常不愿意表达或者有很强隐瞒倾向的人的真实情况询问出来。

### 5. 面质

面质对于有些来访者来说难以接受，因为他们是作为"上帝"来接受服务的，而咨询师的面质让他们无法接受和理解。但正是这种当面的质问，却有着意想不到的效果，它通过挑战病人来发现问题和解决问题。对于面质需要达到的效果，就像父母和孩子的互动一样，虽然会指出错误，但仍然传递着关爱和理解。那么，该在什么时候使用面质，怎么使用面质呢？当来访者提供的信息有严重的不一致和矛盾时，咨询师就应该使用面质。在面质过程中，需要咨询师耐心、积极和谨慎，最重要的是要真诚，只有坦诚相待的面质才能让来访者在自我挫败中学会如何面对和处理问题。

### 6. 安慰

当来访者因为自己的行为或者言语，认为自己是个特殊或者有别于他人的异常人，对自己没办法产生认同时，咨询师的安慰能够起到很好的效果。咨询师可以告诉来访者，这些行为是可以理解和接受的，可以用其他人的典型事迹甚至自身的事情来告诉来访者，不要因为这样的行为而产生异样的感受和情绪。

### 7. 模仿和角色扮演

来访者可以在咨询师作为督导的情况下，自由扮演过去或者现在的自己，把过去的事情按照自己的想法进行重现，这种拍电影的模式能够让来访者对自己的行为更有认识，能够发生顿悟和增强自我的决断性。

### 8. 自我暴露

适时的自我暴露，通过咨询师自我经历和体验的暴露，能够让来访者对自身问题加强理解，并且还能够通过共情促进治疗关系的改善。

### 9. 放松技术与应对技巧

Edmund Jacobson 在《放松技术的改良》和《你必须放松》中针对内科医生设计了多种可以使用病人的放松和应对技术，而 Wolpe 根据这些发展出了非常著名的系统脱敏法。针对一些诸如社交焦虑和广场恐惧症类似的心理问题，教会来访者进行放松非常重要。让来访者放松心态，坦然面对不熟悉的事物，换一个角度和思路对焦虑进行淡化，找到产生焦虑的原因，针对原因进行强有力的治疗，能够起到很好的效果。事实上，放松技术在降低病人的担心、焦虑上面会起到很好的作用。

10. 总结

在短程治疗中，总结是一项非常重要的活动，因为只有通过总结，才能让来访者在咨询师的帮助下，对自己的过去或者前一段疗程有比较清晰的认识。通过总结，来访者能够更好地理解自身的问题和人格特性。而对于咨询师来说，总结一方面可以帮助来访者解决问题，另一方面也可以帮助自己分析和总结经验，在后面的治疗中对疗程和方法进行适当的发展。

11. 家庭作业

家庭作业在社交焦虑、广场恐惧症、抑郁、性功能障碍、婚姻问题等案例中，能起到很好的效果。例如，在夫妻婚姻咨询中，可以让夫妻双方（甚至可以包括孩子一起）进行一些游戏甚至拓展性活动等。在家庭作业中，运用的比较多的是让来访者记日记。例如，让贪食症记录自己吃掉的东西、时间、场所和感受等，这样不但起到在治疗外时间的自我监督和自我提醒，还可以帮助咨询师在以后通过对日记的分析，更好地对来访者进行治疗。

在治疗过程中，咨询师行为的重要性不言而喻，咨询师如何正确、合适地选择和利用自己的活动，对于治疗的顺利开展和实施起着举足轻重的作用。因此，心理咨询师需要灵活应用各种活动和技巧，不应该教条化，不能僵化地使用固定的治疗模式或者治疗取向。在此，我们再次强调，对于短程心理治疗来说，咨询师保持活跃性非常非常重要。

## 四、短程心理咨询的核心技术

在了解了短程心理咨询师的行为，并在综合、合理地组织这些行为后，下面来介绍短程心理咨询的核心技术，这些核心技术包括准确评估、快速确认问题、设置问题解决目标、打破模式、解释次数的限制以及及时转介和结束咨询。

1. 准确评估

在短程心理治疗开始时，咨询师需要通过初始访谈来对来访者的情况进行准确的评估，需要了解来访者呈现的问题是什么类型的，问题的严重性程度，来访者的配合程度，来访者潜在的优势和弱势是什么，更重要的是要了解来访者是否适合咨询师的疗法，是否需要进行转介等。而在对于来访者的评估中使用的工具，鉴于短程治疗的特点，咨询师不会长时间、详细地评估个人的生活史，而是强调来访者的早期发展阶段的情况。对于心理测验和评估量表，例如大五人格测试、卡特尔16PF等，我们建议谨慎使用。因为，短程治疗评估的依据更多地来源于对来访者行为的评估，而不是对内在人格的分析。在对来访者行为的评估中，如果评估后得知来访者属于严重的精神障碍和人格障碍，那么这样的来访者就不适合使用短程心理治疗。对于不同性格、不同兴趣爱好、不同的价值观的来访者，咨询师需要在评估之后根据这些信息采用不同的疗法和程序。在此，需要强调的一点是，在短程心理治疗评估过程中，需要咨询师去了解来访者的预期，对于过高或者过低的预期，需要咨询师马上进行阐明，以防止在治疗过程中出现失望情绪或者不配合的行为。

**2. 快速确认问题**

在准确评估之后，咨询师就可以以此为依据判断来访者的问题所在，通过来访者的语言和行为迅速判断其行为模式。有些来访者过于苛求，有些自我轻视，有些相当不安，有些很有敌意，有些很消极等。所以，咨询师需要保持对来访者的敏感性，因为只有有足够的敏感性，才能在治疗过程中不断调试疗程并调整对来访者的认知。我们在此探讨一个较为明显的问题类型，即如果来访者在治疗中迟到，那么作为咨询师该怎么做呢？首先，咨询师应该在参照客观事实的基础上，看一看是否发生的事情有某种模式。例如，来访者是否经常迟到，迟到的理由是否都是同种类型，迟到时间的长短如何等等。咨询师可以根据这些事实观测来访者是否在潜意识里有阻抗因素。咨询师可以通过提问，例如："你是否在参与会议或者在上学期间的时候也是这种状态？"如果这是一个更为一般化的行为模式，咨询师需要找出这种行为对来访者的意义与影响以及可能的原因。咨询师寻找机会指出那些特定的行为，这些行为给来访者现实生活的暗示。通过对来访者过去和现在的行为的分析，准确定位问题之所在。

**3. 设置问题解决目标**

在对问题进行充分了解后，咨询师需要针对问题的解决设计治疗疗程，疗程设计过程中首要的是需要设置问题解决的目标。短程治疗所要设置的目标与长程治疗的目标不太一致。就像Colby（1951）说的：一个心理咨询师不要期望病人会有类似与心理重生那样重大的转变，或者是病人人格完全重组……心理治疗是一件"修补的工作"。短程治疗中，就是通过类似于骨牌效应一样，通过对小事件的改变，来不断挖掘来访者自身的潜能，让来访者通过自身的努力来达到对问题的客观认识，从而树立正确的解决问题的观念。因此，咨询师需要在对焦点问题和焦点事件的分析中，分析特例，通过不断拓展达到病人的自我恢复。

4. 打破模式

一旦已经做好了接受治疗的准备，下一个目标就是促使当事人实现最初希望达到的目标。中断有问题的解决方法，可以促进新的解决方法的产生。下面介绍一些成功打破旧有习惯的策略。

(1) 混淆。混淆的目的就是暂时取代当事人解决问题的惯有方式，而又不引起当事人的抵触。通过这种中止方式，当事人处在一个充满疑惑的位置，所以对合适的建议会更加愿意接受。

(2) 放松。这是一种内部放松的状态，既可以是当事人天生就会的，也可以是后天习得的。通过这种方式，咨询师可以协助当事人回想过去的经历，了解自己的情感反应。这些放松的方式包括腹式呼吸、Benson的放松反应和Jacobson的渐进性放松方法。

(3) 双重结合。这是一个引起当事人抵抗和屈服的过程。使用相反的力量，是为了给予当事人决策的基本权力，让他接受现实，从而产生建设性结果。在结构上，有许多选择项，做出的决定将指向当事人需要实现的目标。

(4) 预先假设。不管是有意识的还是无意识的，每一次谈话都包括一系列事件。对无意识模式的仔细检查，取代当事人受意识控制的言语，可以帮我们找到正确的干预方法。比如，一个当事人有寻求自杀的明显迹象，但是他漫不经心地讲述将来的情况，就说明他无意识中是不希望自杀的。

(5) 停止思考。这是认知、行为疗法中阻止当事人强迫性思考的一种方法。在进行干预前，首先要让当事人意识到自己的强迫性行为。一种经典的方式就是在当事人手腕上套一个橡皮筋，当强迫性思维出现时，就用橡皮筋弹手腕让自己感觉到疼，若干次以后强迫性思维就可以消失。然后当事人就可以有意识地思考其他问题。

(6) 剥夺水平。这是行为疗法的基本步骤。目的在于在形成新的强化进度表之前，阻止当事人去评价当前使用的强化方式。这种干预方式有助于增强当事人的力量，提高对新的强化方式的潜力。

(7) 症状处方。这种方法根据学习理论的饱和原则，通过多次递减重复或者积极强化，使那些需要改变的行为对当事人的意义或价值逐渐降低。

(8) 重构。重构在任何过程中都可以应用，目的在于帮助当事人改变对某一问题的看法，形成更加积极的看法。

通过以上策略达到旧模式的打破和新模式的重构，从而让来访者的问题得到解决，能够处理现实和未来需要面对的问题，更好地把握自身和周围环境。

**5. 解释次数的限制**

短程治疗的次数一般为20～25次。如果治疗使用了过多次数和过多时间，建议咨询师结束治疗并及时对来访者进行转介。一般来说，当来访者对于咨询师没有表现出过多的激情或者是没有积极响应的时候，那么，我们认为这时候咨询师也许该结束短程治疗或者转介给其他的咨询师。短程治疗最大的功效在于利用最短的时间，通过最配合、最积极的态度和疗法，全面调动咨询师和来访者的潜能，利用来访者的自我主观能动性进行改变，让来访者的问题得到解决。所以，如果来访者对于疗程已经没有过多的积极性的话，建议这时可以结束和进行转介。当然，我们也有可能发现，仅仅通过几次的治疗，来访者的问题很快就得到了解决，在进行适当的评估并与来访者交流后，咨询师可以主动提出结束治疗。

## 五、对短程心理咨询的评价

总的而言，短程治疗是一种折中的疗法，是综合应用了各个治疗取向而发展来的，这些取向具有以下类似之处：

（1）都是积极的治疗方式；

（2）与当事人交流沟通；

（3）关注当事人的自身的力量、资源和技能；

（4）相信每个人都是独特、值得尊重的，自己能做出最好的选择；

（5）在心理层面上，对不同选择带来的结果进行分析。

这些取向涉及来访者和咨询师之间的积极、相互的交流。通过这种交流，来访者在新的环境下，做出一种新的选择，从而产生面向未来的积极变化。在咨询师的帮助下，来访者发生这些改变，这些改变可以产生相应的结果，并且持续相当长的一段时间。

短期治疗中的关键词是“过程”这一概念。在治疗过程中，咨询师会做一些建议，使当事人能重新获得资源，借助当事人以往的成功经历，来创建一种新的环境。在这种环境中，他们可以发展一些更好解决问题的方法，获得对当下和以后的特殊情境的控制感。当事人和咨询师一起，共同创造一个环境，使改变能够持续产生。

短程治疗强调改变、强调来访者自身的努力和能力、强调在积极的环境中通过互动直面问题，这是短程治疗的特点和优势所在。在现在这个时代背景之下，短程治疗的应用越来越广泛和普及。

# 第二节 动机面询

## 一、动机面询的含义及其发展历史

当改变的动机来自自身，人们才是最容易发生改变的，这远远比他们受到别人强迫改变时要好。从这个思路出发，便有了动机面询（motivation interview）。动机面询最早是由 William R. Miller 和 Stephen Rollnick 于 1991 年开发出来的，它来自于改变阶段的理论、来访者中心疗法，以及一些关于临床症状与最好的临床结果相关因素的研究。动机面询，也被称为动机加强治疗（motivation enhancement therapy，MET）。

动机面询是咨询师在处理来访者的心理问题时，通过对来访者的分析，确定他们所处的改变阶段，通过创造一个最好的环境以帮助来访者实现期待的改变。在每个阶段，咨询师需要采取特定的咨询技巧和咨询策略，以帮助他们往前走。实际上，对于动机面询，重要的是咨询师需要确认来访者在多大程度上做好了改变的准备，通过在每个阶段的支持和教育，使他们能够澄清模糊的观点并处理自身的阻抗，从而能很好地实现自我改变。

## 二、动机面询的咨询技巧

在具体的动机面询过程中，最重要的工作是促进来访者的改变。而在实际操作中，来访者来接受咨询的时候会处在不同的改变阶段，对改变的准备程度是不同的，而作为咨询师需要做的是了解他处在哪个阶段，并且采取与来访者所处的阶段相匹配的技巧和策略。

**1. 改变阶段有四个主要特征**

第一个特征，行为改变是个过程，它是随着时间而展开的，是一个阶段发展的过程。

第二个特征，发展的阶段可能不是线性的，可能有循环反复，这和来访者自身的情况和他们周围的环境有关系。

第三个特征，所有的阶段虽然同样重要，但其中有些阶段肯定需要咨询师更多干预和努力。

第四个特征，动机面询的创始人 Miller 和 Rollnick 一直强调一点，改变阶段理论的核心在于咨询师需要了解来访者处在什么样的阶段，以便于在正确的时机给予正确的干预方式。

那么，接下来谈谈改变过程存在的阶段。

**2. 改变过程中的六个阶段**

第一个阶段是前沉思阶段。指的是一个来访者完全没有打算进行改变，或者他完全没有意识到问题的存在，或完全没有意识到目前需要为自己的问题做些什么。

第二个阶段是沉思阶段。例如，来访者对咨询师说："也许我会改变，我想考虑考虑，你能不能帮帮我。"根据一些研究表明，很多在沉思阶段的来访者是最难对付的，他们之中的一部分人会很长时间停留在沉思阶段，因为他们可能会觉得改变需要花费太多努力了，改变太困难了，自己做不到，因此常常需要咨询师很多的努力。

第三个阶段是准备阶段。处于这个阶段的来访者已经准备好改变，他已经做好改变的最初步骤，但还没有把改变的行动应用到他实际生活中去。

第四个阶段是行动阶段。处于这个阶段的来访者要么目前正在生活中实施改变的措施和行动，要么最近刚刚完成一些改变的措施和行动。这两种情况下，我们把来访者归为处在行动阶段。

第五个阶段是保持阶段。处于这个阶段的来访者在一段时间以前已经做出一些改变，并且已经把这种改变的效果保持了一段时间，目前他还继续朝着目标努力，还在继续改变。

第六个阶段是结束或复发再循环阶段。处于这个阶段的来访者有两种可能性，对某些人来说他们之前做出的某些改变已经被固化到生活中去，因此不必再为这个问题担忧。对另外一些人来说，虽然之前他们做出了某些改变，但由于外界因素干扰又出现了退步和复发，因此需要咨询师再继续采取其他措施。

### 3. 动机面询各个阶段的分析

在动机面询中，咨询师在确定好了来访者所处的具体阶段后，会根据来访者的情况相应采取正确的技巧和策略，帮助来访者实现改变。现在，下面为大家介绍各个阶段可以所采用的技巧和策略。

1）前沉思阶段

在前沉思阶段，来访者往往认为自己没有问题，所以这个阶段咨询师的目标是帮助来访者增加对他们目前所经历问题的信息和知识上的理解，帮助他们更多地了解如果改变能带来什么好处。所以咨询师要使用的策略、技巧就是提高来访者的认知水平。

为了达到这样的目标，咨询师需要做很多的倾听，给出一些信息和教育建议。咨询师需要体现出共情，和来访者建立起良好的咨询关系。咨询师不能够做的是说教和唠叨，以及不断地尝试说服来访者来相信咨询师的说法。在前沉思阶段有一种很好的处理方式，就是列出改变的好处和坏处，让来访者把这些写在一张纸上，不直接给他建议，但是和他讨论他的想法。咨询师应帮助来访者建立自我效能，帮助他们意识到自己有责任进行改变，并且对改变之后的前景更为乐观。

2）沉思阶段

在沉思阶段，一个人意识到自己有问题，但是他还不确定自己需不需要改变，因此这个阶段的目标就是减少他不改变的理由。策略是让来访者重新评估他自己所处的现状。

咨询师在这个阶段常常做的是，和来访者讨论什么是他改变的障碍，鼓励来访者做出一些微小的调整，做出一些低风险的改变，让他们尝试一下改变带来的体验。有时咨询师还可帮助来访者进行风险控制以及回馈分析。例如，咨询师可以问来访者：你想象一下未来一年或三五年的情景，如果不做出改变你未来的生活会是怎么样的。通过这样的问题，让来访者重新评估他目前所处的现状，来分析一下如果不改变，未来会是什么样。

在本阶段的改变策略中，有时候当咨询师需要帮助来访者来检验他们是否需要改变的时候，会发现很多时候阻碍他们改变的原因是改变会给他们带来一种恐惧感。这时候，咨询师需要认真帮助来访者处理他们情绪反应，不管是恐惧感还是其他的情绪。

3）准备阶段

在准备阶段，来访者已经下定决心要做好改变，所以这个阶段咨询师的目标就是确定他将改变放在一个优先的位置上。咨询师会对来访者说：既然你决定要改变，我们会采取一些措施，确定改变是你的首要目标。

因此，咨询师的策略和技巧是不断增加来访者对改变做出的承诺，咨询师应给来访者很多正面的强化，并提醒他改变需要付出很多的时间和精力。咨询师应帮助来访者设立很多目标，但最重要的是要确认这些目标都是符合实际的。咨询师还应帮助来访者讨论如何处理在改变中所存在的障碍，给来访者提供大量的支持以及共情，像当来访者的粉丝一样，在他身后做一些支持和鼓舞的工作。咨询师还应帮助来访者设定一些计划，用健康的行为代替有问题的行为。

举个例子，EAP 咨询师很多时候的咨询对象是员工，很多员工会遇到戒烟的问题。员工们吸烟的动机并不是他们想要破坏自己的身体，才会去吸烟，而是因为他们需要某种东西去缓解自己内心的苦闷和工作上遇到的压力。在这种情况下，有时候吸烟员工身边的人只是告诫员工吸烟有害健康，但是他们并没有用健康的方法替代有问题的方法。EAP 咨询师对员工说：我了解你遇到了些难以面对或者难以处理的问题，但是采用更为健康的方式如运动等做些健康的事情是一种更好的选择。所以重点是用健康的选择或者健康的行为来代替不健康的不良的行为或者选择。

4）行动阶段

来访者已经做出了一些实际的行动，采取了一些步骤，所以咨询师的首要目标是保持来访者不断改变的动力，用到的策略有替代、控制环境和奖励。替代是指对有些退步可能的来访者，咨询师应采取一些准备措施、预防措施来防止来访者会产生的一些退步。控制环境是指咨询师鼓励来访者观察环境中的人、事、物，看看环境中的因素对他们是不是支持性的。奖励就是指咨询师表扬来访者，对他们提出很多嘉奖和正强化。

咨询师也会提醒来访者，让他们不要过度自信，并且告诉他们改变是一个长期的过程，更像是马拉松而不是短跑。另外，在来访者做出行动进行改变的过程中，他们可能要冒一些风险，可能会产生一些问题，咨询师也需要帮助来访者解决这些问题。

5）保持阶段

经过一段时间，来访者已经产生改变，并且改变行为已经成为日常生活的一部分，因此咨询师的目标是帮助他们建立持续性的应对策略。

可采用的第一个策略还是替代，采取一些措施防止他们退步，包括帮助来访者解决可能产生的一些问题，使他们能够很好地面对可能会遇到的一些问题和挑战。第二个策略是认知应对，通过认知行为疗法进行相应的治疗，这时候认知应对将扮演重要的角色。

6）结束或复发再循环阶段

动机面询到最后的阶段，有 10 个关于反复和退后的教训。

第一点，希望大家记住，很少有人在他决定做出重大改变的第一次就能够成功地结束治疗。

第二点，咨询师应该意识到最高效帮助来访者的方法，是在每个阶段都认真地计划，并且来引导来访者学习和了解更多的信息。

第三点，改变永远需要比来访者想象得更难，要付出相当的时间、精力和努力。

第四点，在正确的时机使用正确的干预策略。

第五点，准备好面对复杂状况。

第六点，来访者改变的阶段不是线性的，咨询师不能够确保来访者永远是向前进的，他们也常常走回头路，因此改变过程不是那么顺利。有的人可能在第二阶段和第一阶段之间来回退退进进，有的人可能已经进展到准备阶段了，但是突然又会退步。

第七点，一个小小的失误并不代表全面的退步，在来访者已经做出一些改变的时候，他会对他一些小小的失误感到非常的内疚和自责。如果咨询师没有对这种内疚、自责的负面情绪做出及时处理，可能会对整个改变过程带来毁灭性的影响。因此咨询师要非常注意在改变过程中不断地鼓励来访者，告诉他们有时候犯一些小错误是正常的。

第八点，量变引发质变，因此在咨询过程中，咨询师不是要鼓励来访者从第一步飞跃到第十步，而是每次只要有一点点进步，慢慢积累起来就能够形成最终的改变。

第九点，负面情绪都可能导致退步，而这些情绪实际上有时候是正常的反应，但是作为咨询师必须帮助来访者来制订一些应对负面情绪的计划。

第十点，学习和知识最终转化为行动，因此对来访者提供持续性的信息和教育是十分重要的。

4. 动机面询六个阶段中使用的咨询策略

(1) 奖励。强化正面行为，给一些正性的强化，可以是内部的强化或外部的强化。

(2) 提升意识。增加来访者对某个事物、某个问题的认识。

(3) 改变的资源。使用一些外部的替代手段来促进改变。例如，对于需要进行饮食控制的来访者，环境控制策略的措施就是要求他们不要去麦当劳。

(4) 情感唤醒和重新自我评估。咨询师要把来访者认识和跟他的对话提升到一个更高的层次上，不管是讨论他对改变的承诺，还是讨论他与改变相关的恐惧感以及其他情感，这都是帮助他从一个更高的层面上来进行自我调整以及重新评估，从而帮助他更加确认自己应该做出改变。

(5) 承诺。鼓励来访者对自己的改变承担责任，并且做出承诺，这个承诺开始可以仅仅存在于咨询师和来访者之间，但是随后咨询师应鼓励来访者把这样的承诺做成一个公开性的承诺。

(6) 替代。指的是用健康的反应代替不健康的反应。

(7) 环境控制。改变环境，避免或减少引起问题行为的刺激物。

(8) 社会支持。列出其他能够帮助来访者做出改变的人，必要时可寻求他们的支持。

以上策略在哪些阶段开始使用呢?

奖励和提升意识，从前沉思阶段就可以一直使用。

改变的资源这个策略指的是替换这个人所处的环境，因此在前沉思阶段就可以得到应用。例如，对于需要控制饮食的来访者，咨询师可以说：你可以尝试尝试如果有几天不去麦当劳会怎么样。咨询师可以一开始就使用这一策略，但是不希望来访者进行到了行动阶段还要靠改变环境来改变其行为，因为到了行动阶段改变应该是出于他自身的意愿。

情感唤醒，在沉思阶段就可以开始使用这一策略，和来访者探讨与改变有关的各种情绪。但如果到了行动阶段，我们不希望来访者还是停留在讨论情感的阶段，因为这时候来访者的经历应该完全集中在他需要采取什么措施和行动了，因此在沉思阶段和准备阶段是可以使用情感提升策略的。

重新自我评估可以从沉思阶段开始，因为在前沉思阶段，来访者不认为自己有问题，所以让他重新评估是没有意义的。但沉思阶段可以让他想想如果改变会不会给自己带来什么价值，会使自己的状况变成什么样，并且这个过程可以一直进行到行动阶段，因为在这个过程之中来访者可以不断地通过自我评估来肯定自己的改变和行动的动机。到了行动阶段之后，重新自我评估这个技巧很少被用到，因为在行动阶段来访者已经有了具体的行动计划，这时候他们可能已经不那么需要再重新自我评估。

承诺、替代、环境控制、社会支持四个策略都可以在同一个阶段开始实施。承诺让来访者意识到自己有责任改变，并且需要做出一个承诺。用健康的行为替代不健康的行为。环境控制确保环境对于来访者是支持性的。社会支持帮助来访者发现一些其他的正面资源。这些基本上都是在准备阶段可以开始实施，因为处于前沉思阶段的来访者既然不认为自己有问题，肯定也不需要去寻找其他的社会支持关系。

### 三、对动机面询的评价

作为短程咨询中的一种重要技术，动机面询有它自身的特点和适应的情况。

首先，在咨询过程中，咨询师所使用的一些对抗性的策略没有效果，经常使个体自我防御，而动机面询作为一种来访者导向型的技术，能够更好地推动来访者实现自身的改变。其次，动机面询所使用的策略能够最大限度地增强个体改变的动机。再次，从咨询师的角度出发，动机面询减少了咨询师因为来访者没有进步而产生的停滞感和无力感。当然，还有很重要的一点在于，它把改变的动机放在来访者身上而非咨询师身上。咨询师不需要做大量的工作来“说服”来访者改变，而是起一种辅助和推动的作用。

## 第三节 焦点解决短程疗法

### 一、焦点解决短程疗法的背景

焦点解决短程疗法（solution-focused brief therapy，SFBT）是由 Steve de Shazer 和 Insoo Berg Kim 夫妇在威斯康星州的短程家庭咨询中心（Brief Family Therapy Center，BFTC，1970 年成立）发展出来的。而 BFTC 的很多成员来自于心理研究院（Mental Research Institute，MRI），该院是由 Don Jackson 于 1958

年创立，云集了一批美国当时知名心理咨询师。MRI 于 1974 年出版 *Change Principles of Problem Formation and Problem Resolution* 一书，使得短期策略咨询法广为盛行。

这对夫妇一开始在密尔瓦基应用 MRI 的经验建立短程家庭咨询中心。他们常和自己的同事交流咨询经验，以提高咨询效果。在小组讨论中，他们发现如果引导家庭成员去谈及咨询期间所发生的微小但是较为正面的改变，整个家庭就会朝着具体并有效的方向发展，解决家庭中出现的问题。通过不断地观察、研究，他们开始引导来访者产生改变，并协助来访者维持改变，一步步解决他们的问题。同时，SFBT 也渐渐形成和发展起来。

SFBT 的产生还受到 20 世纪中叶兴起的后现代思潮和东方文化的影响。一方面，作为后现代主义思潮主要流派的建构主义强调："现实"并不是一个存在于人意识之外的世界，而是作为观察者的人的精神产品；个人建构的现实也不完全是个人的产品，而深受其所处的语言系统影响，人们透过语言的过程建构个人的真实，个人的知识会驱使人们对自己的经历去建构、创造、支配及赋予意义。Steve de Shazer 和 Insoo Berg Kim 相信个体本身已拥有解决问题的能力，当寻求协助时，往往只是为眼前的问题所困扰，找不到解决的方法，因此要善用来访者已有的潜能，并且加以发挥。另一方面，Insoo Berg Kim 是韩国人，她把东方"阴阳太极"中"变"的思想植入心理咨询中。她将"阴阳太极鱼形图"中"白的部分"设定为"问题不发生时的情况"，把"黑的部分"设定为"问题发生时的情况"，认为传统做法一般是从"黑的部分"入手，思考如何减少黑的部分，进而修改问题的结构，而 SFBT 的做法却是从"白的部分"入手，力图扩大白的部分，认为"整个系统是固定平衡的，一旦白的部分扩大一些，黑的部分自然就减少一些，所以一旦白的部分扩大，整个系统的改变也就发生了"。

## 二、SFBT 的基本假设与优缺点

SFBT 有别于以往的咨询方法，它是以问题解决的目标导向取代传统心理咨询与治疗方法的问题导向。SFBT 不追究问题的原因，引导来访者朝着问题解决的方向发展，而不像传统的咨询那样把重点放在寻找问题的原因上。SFBT 本着积极的、朝着以问题解决为咨询方向的观点，由咨询师和来访者一起合作寻找问题解决的方法，促使积极变化发生，避免局限于探求原因或是问题取向的讨论，由传统的非问题导向的谈话转变为问题导向的谈话。

1. SFBT 的基本假设

1）积极、正向的焦点思考有利于咨询的进展

用积极、正向的观点，带动并促进改变的发生。来访者若将焦点放在问题的描述上，往往容易在消极的情绪中越陷越深；当他们把焦点放在积极的、未来问题的解决上，就有利于问题的解决。当来访者愿意采取某些行动解决问题时，他就不会再去思考当前的苦恼，而是准备朝着问题解决的方向前进。正如 Insoo Berg Kim 所主张的那样，在太极图中，应从“白的部分”也就是积极、正向的部分入手，力图扩大白的部分，一旦白的部分扩大一些，黑的部分自然就减少一些，所以一旦白的部分扩大，整个系统的改变也就发生了。

2）“例外”是解决问题的关键

SFBT 认为凡事都有“例外”，只要有例外发生，就能从例外找到解决方法。引起例外的往往是一些小小的变化，却给来访者带来了不一样的结果，给他们改变的经验，他们的自我效能感会有所提高，更有信心和力量去处理更大的变化。咨询师引导来访者发现例外，并与其共同创造、发现和运用例外来解决问题。如一名女生每当感情受挫就会暴食，咨询师协助她寻找在感情受挫时有没有例外的情况发生，就是不想吃东西的时候。女生回忆说，在自己认真工作时，会暂时把感情的事情放在一边，有事可做，就不会想吃东西了。接着咨询师会和来访者一起探讨如何在处于消极的情绪时，避免暴食行为的发生。

3）任何改变都有可能发生

水滴有可以穿破石头的时候；大海会有枯竭的时候；不守时的人也会有守时的时候。作为咨询师应该意识到没有一件事情是一成不变的，要协助来访者去发现问题没有发生的时候或是找出没有问题时的情景与行为，就是找到例外。

4）来访者和咨询师之间是合作的关系

SFBT 认为咨询师和来访者的合作是必然的。有时候来访者没有按照咨询师给予的方向发展，而是待在原点，这不是来访者“抗拒”，而是咨询师没有

"听"到来访者的心声。咨询的变化并非是咨询师所想的变化，而是来访者所要的变化；咨询师要让治疗适合来访者，而不是让来访者来适应治疗习惯。当咨询师真正了解来访者时，来访者的变化是飞速的，咨询师所能做的就是顺水推舟，协助来访者发生变化。

5）人们是解决自己问题的专家

SFBT相信来访者有能力去实现自己的目标，他们本身就具有改变现状的资源，咨询师主要是协助他们去找到自己的资源。咨询师对来访者的信任，推动来访者去寻找解决的方案，问题解决的方法来自个案本身，咨询师的任务只是"引发"来访者运用自己的能力及经验产生改变，而不是"制造"改变。无论是咨询师，还是来访者都是专家，咨询师是解决问题"过程"的专家，来访者则是最了解问题的专家，只有两者互动合作，才有机会使问题迎刃而解。

6）事出并非有因

很多咨询方法都试图找出问题的原因，并认为只要找到原因就能解决问题。但许多问题发生的因果关系很难确定。SFBT把重点放在探索问题的解决上，而不纠缠问题原因及问题本身，认为事出并非一定有（或一定能找出）原因，找到找不到原因并不重要，而以"可以做什么让问题不再持续下去"取代"问题发生的原因是什么"。问题产生的原因并不是那么重要，重要的是如何去解决。

7）变化从一小步开始，小变化带来大的改变

人们一次想要解决太多的问题，就会在问题中迷失方向，失去整理问题的条理性，造成新的困扰。如果从小的问题开始，着手开始改变，来访者往往较为容易取得成功。成功的经验可以给来访者带来再次成功的可能，提高他们的自我效能感。改变虽小，可以缓解来访者在面临大改变时的不安和抗拒，朝着来访者期待的目标进行，这样的改变是有价值的。小的改变也会产生连锁反应，而且会影响来访者并使之修正其对问题的态度。

8）意义与经验是交互建构的

看到路边的一个陌生人在对自己笑，有人认为是陌生人在和自己打招呼，有人认为是别人在嘲笑自己，有人认为那是因为那个陌生人中了彩票，等等。对于相同的事情每个人都有自己的理解，并根据自己的经验赋予其一定的意义。然而意义和经验是循环交互的，意义也会成为人们的经验。

SFBT中问题、目标、解决均由意义而产生，意义改变时经验也有所改变，经验的改变也带来意义的改变。"改变"可以让来访者的某些问题得到解决，

也可以表示他们有了一些不一样的行动，或者说他们的问题正在解决中。SFBT 并不重视探究事件本身，而是重视来访者对事件的解释及其在实践中采取的反应。

9）经验的描述与行动的选择是互相循环的

人们对事件的描述和行为是相互循环的。管理者认为其员工是懒惰的，那么他就会倾向于用较为严格的管理方式去管理员工，员工自然会受其管理方式的影响，做出一些行为；而这些行为又成为管理者评价员工的依据。个人的行动与其对事件的描述是相互循环的，通过改变来访者看待问题的观点，以达到行为的改变，同时又通过改变行为来改变咨询师看待问题的观点。

10）坚持一次咨询的精神

SFBT 的每一次咨询都是寻求例外和积极的解决方法，提供正向回馈与鼓励，使来访者做出一点不一样的改变，朝着自己的目标前进的过程。把每一次咨询都看成是最后一次，而不是把问题的解决放在下一次。这样，咨询的流程大大缩短，实效性大大提高，符合现代人快节奏的生活需求。Steve de Shazer 验证其与 Insoo Berg Kim 的临床工作，发现经过平均 4.5 次的咨询，约有 80.37 %来访者认为问题有所改善或已满足其咨询目标。1997 年，Hudson 以 SFBT 对六个小学生个案家庭进行治疗，发现 SFBT 有效地帮助了其中五个家庭达成咨询目标：其中两个家庭效果显著，另外两个家庭表示咨询帮助他们改善了问题，还有一个家庭表示一次治疗后他们的困扰已减缓。

**2. SFBT 的优点和局限性**

1）SFBT 的优点

（1）将重点放在解决问题上，不寻找症状背后的原因。正如心理咨询与治疗的“助人自助”的理念一样，咨询师帮助来访者解决心理问题，并且帮助他们学会自己帮助自己解决心理问题。它是从人的存在是在主体经验的建构过程中发展起来的，强调个人经验的建构与社会互动性。这种咨询方法较为省时间，方便施行，符合当代人快节奏的生活步伐。

（2）SFBT 的过程非常简捷，目标指向也很明确。焦点解决短期咨询的突出特点是使整个咨询历程大大缩短，具体技术操作简便易行，备受咨询师和来访者的欢迎，特别是在学校心理辅导和企业中更显示其优越性。目前，EAP 咨询中也常常运用到这种技法。

（3）正向、激励的会谈技巧。咨询员常用例外架构，来鼓励来访者寻找生命的闪光点。当咨询师发现来访者正向的力量和资源的时候，及时给予鼓励和赞美。例如："你以前常上班迟到，近一个星期以来居然没有迟到过一次，你能告诉我你是怎样做到的吗?"

(4) 通过假设，让来访者获得成功经验。经验是提高人们自我效能感的一个重要因素，SFBT 把重点放在探讨问题不发生时的状况，让来访者从新建构目标达到时的情景入手，促进其去寻找成功时的变化。然后从现实入手，进行小步的改变，累计并达到大的改变。例如，可采用水晶球式的问句："如果在你面前有一个水晶球，可以看到你的未来，你想象可能会看到什么?"（具体技法以下会提及）

2）SFBT 的局限性

SFBT 是以系统平衡论和认知行为论为背景，但它们并不能完善地解释整个咨询模式，因此，咨询过程显得比较简单化和手段化，加之它不对问题的原因进行探讨与解释，使得咨询缺乏深度。[1]

SFBT 过于关注问题解决的目标化，较少给来访者倾诉的机会，对于那些长期受困于不良情绪、急于宣泄自己的情绪情感的来访者来说，显得过于理性，缺乏深入的共情。

**3. SFBT 适合和不适合解决的问题**

SFBT 近年来得到广泛的应用。对于诸如学习问题、人际交往问题、职业生涯问题和家庭纠纷问题等，SFBT 能比较有效和快捷地给予处理。Insoo Berg Kim 于 1994 年出版了 *Family-Based Services：A Solution-Focused Approach* 一书，该书是为治疗师、儿童保护工作者以及其他提供家庭基础服务的人所撰写的，具体介绍了如何将 SFBT 应用到犯罪倾向家庭或身体暴力家庭中。Franklin 等人认为 SFBT 对解决父母与子女之间的家庭冲突富有成效。Linforss 和 Magnusson 认为 SFBT 的干预对减少罪犯的重犯率的效果，认为 SFBT 对改进青少年犯罪的态度和行为、降低他们的反社会倾向具有积极作用。2009 年，Bill O'connella 和 Stephen Palmer 在他们编著的《焦点解决治疗应用手册》中，把 SFBT 在学校、社区、社会工作、高等教育中的应用研究及效果评价给予论述，并报告了 SFBT 在物质滥用、创伤个案、家庭治疗、伴侣辅导、亲子教育和团体治疗中的应用。

---

① 许维素 . 2009-05-16. 青少年网络成瘾的辅导：焦点解决短期治疗方向的思考 . http：//www. todayhealth. com. cn/x13detail. asp？ id=75

但并不是所有的来访者都适合使用 SFBT，咨询师应该根据来访者的具体情况和需求选择咨询方式。SFBT 不适用或应谨慎使用的情况包括：

（1）来访者具有明显的精神病症状，比如思维障碍、行为失常，或经医院精神科确诊有精神病的，如精神分裂症、情感性精神障碍等重型精神疾病。

（2）具有严重变态人格的来访者。

（3）有严重酒精及药物依赖问题（已影响现实生活）。

（4）需要临床治疗的身体健康问题（生理疾病）。

（5）员工与雇主间的涉及法律程序的争议。

（6）因器质性疾病引起的心理行为失常，如因大脑相应部位机能受损而造成的失忆症等。

以上有关 SFBT 的禁忌证，其他短程咨询在同样情况下需要谨慎使用的。

（7）具有寻求具体决策动机的来访者等。

SFBT 在 EAP 咨询领域的应用中存在其局限性。尤其是对于在 EAP 服务中涉及精神疾病（如精神分裂症、重度抑郁症和焦虑症等）时，SFBT 不适用。另外，在 EAP 的咨询中，对于存在临床生理问题、器质性病变、人格障碍、长程心理问题和寻求自我成长的来访者，SFBT 也不适用。如果涉及员工与企业间的法律纠纷问题，EAP 咨询师应尽早觉察并及时转介到专业部门处理。

## 三、SFBT 的基本技术

### 1. 建构性问句，澄清来访目的

引导来访者去思考来访的目的，为解决问题做好准备。典型的问句是："您到这里的目的是……""您觉得我可以帮您什么忙呢?"目的是找到一些具体可行的目标。目标应是正向的、以过程的形式描述的（如，一个来访者说希望可以和同事关系融洽，咨询师就可以具体问关系融洽有哪些方面。来访者再列举午休时大家一起吃饭、周末一起逛街等关系融洽的表现）、在当下的、来访者可以控制的、用来访者自己的语言描述的（来访者对某些事情往往有自己的理解，咨询师应该尊重其观点）。

### 2. 一般性原则

对于来访者的一般性问题，咨询师应告诉他很多人都是这样的、都可以走过来，他所经历的是一种发展阶段常见的暂时的困境，而不是病态、不正常、无法控制的灾难，借此降低来访者的恐惧。例如，一位新员工说："我很难适应现在的工作环境，这里我没有朋友，同事都自己干自己的事情，我好孤独。”咨询师说：“现在的环境让你很苦恼，急于解决。每个人突然来到一个新的环境都会有这样的想法。”把问题一般化，用一种平常心去看问题。把来访者所用的绝对性、强烈性字眼，更换为严重程度较低或发生比例较少的用字，或者修改几个重要词的用字。例如，以“困难、目的、阻碍、目标、关心、在乎、理由”等字眼，取代“问题”；以“个人、年轻人、当事人”取代“病人”的称谓等。要让来访者觉得他提及的负面感受是在相同处境下的人皆会有的反应，这会让他觉得自己不是那么孤单或特异，如咨询师可以说“大多数人也这样……”。

**3. 例外问句**

SFBT相信任何问题都有例外，个案有能力解决自己的问题。咨询师应引导来访者看到问题好转的时期，或者问题比较不严重的时期，看到自己可以解决问题的可能性。咨询师还应帮助来访者找出自己身边的资源，增强自信，利用过去成功的经验。咨询师可以引导来访者发现问题在什么时候没有发生，或者比较不严重时来访者的行动有什么不一样，或者做了什么、环境有什么变化，如提问：“你是如何做的?”让来访者明白小小的变化会促使更大的变化。

**4. 假设解决架构**

引导来访者假想未来问题已经解决的愿景，鼓舞来访者拥有希望，并从未来的愿景中找到从现在发展到成为未来的路径，以及现在就可以开始做的步骤。可以采用的技巧有：

(1) 奇迹式问句。“有一天，你睡觉醒来，有一个奇迹发生了，问题解决了(或你看到问题正在解决中)，你会如何得知？有什么事情会不一样？你不必跟你的太太说，她就知道了，她是如何知道的？那时，你又会做些什么？有这种新的感受、很棒的感觉后，你又会做些什么（你又会有什么不同)？谁会因此有什么改变呢?”

(2) 水晶球问句。“如果在你的面前有一颗水晶球，可以看到你（美好的）的未来，你猜你可能会看到什么?”“如果在你面前有一颗水晶球，可以看到你的未来的生活，你想我们会看到你现在的改变如何发生作用呢?”

(3) 记忆录像带式问句。“几个月后，当你的问题已经解决时，我和你一起来看一卷录像带，这卷录像带是记录你从现在到问题已经解决时的一切过程，你想我们会看到你做了什么，让事情有逐步的转变?"[1] 这是 SFBT 较具特色的技巧之一。

5. 赞美

赞美是正向反馈的一个方式。这要求咨询师必须留心来访者的言语，发觉来访者正向的内容，让他看到自己所拥有的。人们都喜欢欣赏、喜欢自己的人。来访者得到咨询师正面的赞美，能让他在咨询中放松，与咨询师建立良好的关系，有利于咨询向着正向的方向发展。赞美一般宜放在 40 分钟的咨询第一阶段结束后的休息时间，咨询师就自己对来访者的观察与思索给予正向的赞美，赞美需要真诚、具体。例如，"你吸烟有 5 年了，现在居然能想到要把烟戒掉，并能来寻求帮助，这种精神本来就是很可贵的了"。

6. 评量式问句

评量式问句让来访者将某件事物转化成抽象、较为具体的量化数据。在 SFBT 中最常用的是十点刻度量表，咨询师可以要求来访者在十点量表上对事件给以等级自评。1 代表最糟糕的可能性，逐级递进，10 则代表所有目标都实现。这有利于来访者明确自己的咨询目标，也可以帮助咨询师了解咨询的成效。"如果以 1 到 10 来看，10 表示你要达成的境界，1 表示最不好的情况，你目前是几分?""你是做什么让你可以到达（或维持）目前这个情况?""你是怎样让自己没有往下掉一格的?""如果你想要再进一格，你想你可以做些什么?"

SFBT 技巧高度运用了语言的暗示性，以及"建设性预设问句"（counstructing presuppostional question）——预设事情会有转机的、具有激发个案产生建设性思想的问句；这些技巧暗示着改变的可能，而丝毫不减少个案所感受到的一切。

## 四、SFBT 的流程

和一般的心理咨询一样，单次 SFBT 的咨询大约一个小时，分为三个阶段：建构解决阶段；休息阶段；正向反馈阶段。第一个阶段 40 分钟左右，其他的两个阶段各 10 分钟左右。

---

① 许维素．2009-05-16．青少年网络成瘾的辅导：焦点解决短期治疗方向的思考．http：//www.todayhealth.com.cn/x13detail.asp? id=75

1. 建构解决阶段

这个阶段主要包括目标确定、例外架构和假设解决架构三个部分，以谈话为主。首先帮助来访者澄清他们的来访目标，建立咨询关系。例外架构可以帮助来访者发现问题有所好转的时候是如何发生的，例如："这个问题什么时候不发生?""这个目标什么时候曾发生过?"以此来发现来访者自身的资源。假设解决架构，典型的问句是："当这个问题已经解决了或是这个目标达到了，你的行为会有什么样的不一样 ?"让来访者朝着正向的方向发展，鼓励他去改变，找出解决问题的线索。

2. 休息阶段

在第一阶段结束后，咨询师离开咨询室，回顾这个对话历程并加以整理，或与咨询小组中心成员进行讨论，讨论并思考来访者解决问题的方法，以及如何给予其有效的正向反馈。正如 Insoo Berg Kim 提到的，休息阶段作为焦点解决治疗过程的一个整合部分，这段暂停时间将使得正向回馈更为聚焦、组织及有方向性。

3. 正向反馈阶段

Insoo Berg Kim 认为焦点解决的治疗过程有着程式化的回馈（formulating feedback）。休息过后咨询师回到咨询室，并给予来访者正向反馈和赞美、提供信息并布置家庭作业。

1）给予赞美和肯定

咨询师对来访者自身和其正向资源、能力的鼓励，让来访者发现自己的能力，鼓励来访者继续寻找新的突破。

2）提供信息

这些信息可能是专家的观点或理论，也可能是来访者目前正在做而且有效的行动，或是其他一些想法。其目的在于将来访者的问题一般化，或是对问题提供不同的意义和观点，同时提供形成家庭作业的脉络。

3）布置家庭作业

家庭作业就是来访者于下次会谈前必须完成的作业或任务，这旨在巩固治疗效果、增强信心、实现预定目标。一般有四种：①正性观察，让来访者去寻找生活中正向的目标或者积极面；②多做点正向或者例外的有效的行为，小的改变累计成为大的变化；③发现并观察突发例外发生时的情景，是什么引发的例外，来访者做了什么等；④在没有例外发生，或来访者设想目标实现时行动有什么不一样，找出不一样的地方并试着去行动，以帮助来访者累积新的经验。

## 五、SFBT与团体咨询

团体咨询有影响广泛、效率高、效果易巩固的特点，Gerald Corey 指出："团体咨询的基本原理是它提供了一种生活经验，参加者能将之应用于日常与他人的互动中。" 1990 年开始已经有学者尝试将 SFBT 运用于团体咨询中。在 SFBT 团体咨询中，始终坚持把焦点放在问题的解决上，引导来访者或者团体成员发现自身的资源，朝着正向、积极的方向发展。和 SFBT 一样，在团体中咨询师也十分强调对成员的鼓励和团队支持氛围的建立，基于以上的几个特点，De John 曾指出，将 SFBT 运用于团体辅导的基本假设在于：让团体保持在非病理的状态；在团体互动中，聚焦讨论问题的例外并提醒成员关注本身具备的能力；将焦点放在解决的可能性及改变性，协助成员具体地思考如何设定自己的目标，而较少以情绪化的方式处理；鼓励成员能以缓和的方式逐渐步入解决阶段，帮助成员明白任何一种新的问题解决策略如同是一种经验，而不是保证成功的技术；无论发生何种状况都是迈向改变的部分经验。

Bill O'connell 认为 SFBT 团体辅导的特色在于：①强调潜能、成功和赞美，建立一个不批评、正向的团体气氛。②成员的成就有助于提升自尊。③团体着重未来导向，比问题取向团体能产生更多的能量。④团体培养寻找例外与潜能可以成为成员有力的精神支持。⑤个别成员或整个团体目标的具体化可以提供一个焦点，有助于监控团体的进展，避免时间的浪费。⑥聚焦于小的改变可在团体中产生正向的动力。⑦鼓励每位成员对团体负责任，领导者的职责大多时间是在问问题，而不是提供答案。⑧主动参与并协助某些成员寻找解决方法，如此可以帮助成员意识到他们所拥有的资源，同时也可以给其他成员一些借鉴。⑨在其他人面前谈论自己的问题有时是较困难的，成员反而较愿意去谈及有关的解决方法。⑩拒绝贴标签和诊断给学生带来的消极自我暗示，成为一个寻找解决之道的团体。

1995 年，Meotalf 将焦点解决模式的团体辅导历程区分为目标的建立、寻找例外、探索有效的行为、做些不同的事情以及庆祝成功等几个阶段，并据此提出 SFBT 团体的基本方向：①将团体工作的焦点设定为解决：成员自我介绍，同时说明自己参加团体的目的，引导团体走向以解决为导向的气氛。②目标的设定：鼓励成员设定具体的目标，可以问："你会告诉自己或是我们怎么做对你有帮助?"③寻找问题之外的例外经验：对成员试图解决问题的行为和想法表示赞美、支持，并引导成员探索问题没有困扰自己时是什么样子，以及当初自己做了些什么让问题没有困扰自己。④激发成员改变的动机：适时地询问成员聆听分享后有什么想法，或建议去做些什么不一样的。⑤发展并鼓励完成家庭作业：成员设定目标，领导者鼓励成员努力执行。如果目标未定，则鼓励成员去观察未来，或者当问题不存在时自己做了什么。⑥探寻成员的改变：对表示没有进展的成员，则引导成员持续探索自己做了哪些不同的尝试，并鼓励成员把困境当成挑战，在团体中让大家一起设法解决。⑦结束。

# 第四节　认知行为治疗

认知疗法和行为疗法是心理学历史上两种重要的治疗方法。行为疗法（behavior therapy）是通过学习来改善人们不良行为和异常行为的疗法，而认知疗法（cognitive therapy）则试图通过改变人们对事物的理解和思考方法来解决问题。在具体的 EAP 服务中，这两种疗法被不断使用，且随着心理治疗的不断发展得到了很好的融合和发展，认知行为疗法也就应运而生。

认知行为治疗（cognitive behavior therapy）是一组治疗方法的总称，强调认知活动在心理或行为问题的发生和转归方面起着非常重要的作用，并且在治疗过程中既采用各种认知矫正技术，又采用行为治疗技术，故称之为认知行为治疗。这种治疗方法的特点是：积极；指导性；整体性；时间短。

## 一、认知行为治疗的历史

认知疗法始于 19 世纪 70 年代中后期，最初由美国学者提出用于纠正抑郁症来访者的不良认知，因为其疗效肯定和研究的科学性，后来逐步引人注目，并广泛用于临床各科来访者的心理障碍处理。认知在人类行为中的动机作用其实早已为人们所认识。

我国古代哲学家认为情绪与人的观念有关，提出“所以任物者谓之心”，“欲修其身者，先正其心；欲正其心者，先诚其意；欲诚其意者，先致其知。致知在格物”等，这些已为国人所熟知。在西方可追溯到诸多哲学家如芝诺、克里西浦斯、西塞罗等人。而如弗洛伊德、阿德勒、皮亚杰等著名心理学家的一些观点也为认知疗法的形成和发展提供了一定的理论基础。U. Neisser 于1967 年出版了《认知心理学》一书，标志着心理学领域又增添了一个分支。从心理学这一角度来看，认知疗法是认知心理学得到应用所发展起来的一个部分。

行为疗法的发展可以很自然地分为两个时期，以 20 世纪五六十年代之交为分界线，此前为行为疗法的理论准备时期，此后为行为疗法的形成和发展期。在理论准备时期，研究者的目的主要在于对理论的验证上，这一时期产生了经典条件反射和操作性条件反射两个理论方向，分别以巴甫洛夫、华生、赫尔和斯金纳为代表。20 世纪 60 年代以后，一方面，各种行为疗法的技术开发和治疗研究飞速发展，另一方面，两种理论方向的研究者加强了学术交流。各种行为治疗的刊物纷纷创办，一些大学建立了训练中心，许多大学开设了行为治疗的课程。行为治疗作为心理治疗的一个流派正式登上了舞台并很快站在了中央。

20 世纪 70 年代以后，认知行为治疗作为一种新的力量出现在历史舞台上。班杜拉的研究工作对这一趋势的产生有重要的影响。班杜拉的社会学习理论有两个重点，一是它发现并强调不同于操作反射和应答反射的另一种学习形式——观察学习或模仿学习，另一则是它强调“认知调节过程”对行为的重要影响。所谓认知行为疗法的一个共同特点就是重视内在认知过程在导致障碍及行为改变中的作用。近些年里，认知行为疗法发展异常迅速，大有后来居上之势。

## 二、认知行为治疗的常用治疗技术

在认知行为治疗中，可采用许多认知干预技术和行为矫正技术，下面分别介绍一些常用的认知技术。

### 1. 认识自动思维

在激发事件与消极情感反应之间存在着一些思想活动，可以是消极的自我陈述或是心理想象。例如，某位员工看到上司就紧张，在看到上司与紧张之间他有个想法就是上司会严厉批评自己。来访者通常没有意识到这部分习惯的思

维活动，称为“自动思维”。治疗可用 Ellis 的 ABC 理论说明激发事件与反应之间有信念或思维活动（B，代表 believe）的影响作用，帮助来访者认识自动思维的存在和影响。

2. 列举不合理认知

来访者的心理或行为障碍与认知歪曲或错误密切相关，受其影响。向来访者列举出认知歪曲，可以帮助他提高认知水平和矫正错误思想。下面是几种常见的认知歪曲。

（1）一叶障目。置总体前后关系和背景不顾，只看细节或一次行为的结果就匆忙得出结论。如某学生一次考试中有一题答不出，事后一心只想着未答的那道题，并感到这次考试全都失败了。

（2）灾难化思维。当体验到并不一定构成灾难性事件的情景时，立即想到最坏的和最可怕的结果。这种认知使当事人陷入难以摆脱的恐惧和绝望。

（3）非此即彼的绝对思想。认为不白即黑，不好即坏，不允许错误，要求十全十美。例如，某位来访者有一次工作未达到预定目标，便认为自己是个失败者，一切都完了。

（4）主观臆想。缺乏根据，主观武断推测。例如，某来访者某件工作未做好，便推想所有的同事会因此看不起自己。

(5) 乱贴标签。即消极片面地把自己或别人公式化。例如，某一来访者将孩子学习不好归于自己，并认为自己是个“坏母亲”。

3. 改变极端的信念或原则

用现实的或理性的信念或原则替代极端或错误的信念原则。例如，某一极端的信念是：我应该并且一定要得到我想要的东西，这是我的权力。相应的，更现实的自我陈述是：尽管我非常想得到某件东西，但我只是有权利去争取，并不意味着我一定要得到或别人一定要给我才行。另一极端的信念是：如果我为某事努力工作，就应该获得成功。相应的，现实的信念是：一个人无法保证事事都能成功，努力并不等于成功，而只是成功的一个条件。

4. 检验假设

认识并矫正认识歪曲、错误思想的一个方法是检验支持和不支持某种错误假设的证据。例如，某一来访者在受到挫折后，认为自己“一事无成”、“别人都看不起我”，非常抑郁，实际上，他成功地做过很多事，大学毕业后曾经是企业经理。检验假设这一过程不仅帮助来访者认识事实，还有助于来访者发现自己对事物的认识歪曲和消极片面的态度。

5. 积极的自我对话

此技术实施方法有两种，一种是要来访者坚持每天回顾并发现自己的优点或长处并记录，另一种方法是要来访者针对自己的消极思想提出积极的想法。如下面例子所示。

| 消极想法 | | 积极想法 |
| --- | --- | --- |
| 我很愚蠢<br>我从不知道如何讲话<br>我没希望了<br>我太软弱了 | VS | 我会聪明些的<br>我能够思考一些事并表述清楚<br>事情并没有那么糟糕，希望总是会有的<br>只要努力，我会改变的，我会坚强起来的 |

6. 三栏笔记法

前面介绍的一些方法可以通过此法实验，让来访者在笔记上面画两条竖线分出三栏，左边一栏记录自动思维，中间一栏记录对自动思维的分析（认识歪曲），右边一栏记录理智的思维或对情况重新分析。下面是三栏笔记的例子。

| 自动思维 | 分析（认识歪曲） | 理智的思维 |
|---|---|---|
| 我从未做过一件像样的事。 | 概括过分 | 事实上我许多事都做得不错。 |
| 儿子学习不好，这是我的过错，我是一个坏母亲。 | 乱贴标签 | 我孩子学习不好并非一定是当母亲的过错，他自己的努力、老师的帮助都有影响。 |
| 我身体不好，我没有用了。 | 一叶障目 | 身体不好只是暂时的，经过治疗和锻炼是会好转的。 |

三栏笔记法常作为来访者的家庭作业。

### 7. 等级任务安排

应用化整为零的策略，让来访者循序渐进，逐步完成若干力所能及的小任务，最后实现完成大任务的目的。例如，有一位老太太，一直想整理储藏室，但一想到任务艰难便畏难而退了。在咨询师指导建议下，她将清理工作分 10 次进行，每次只清理 1～2 个箱子，这样，她不再感到畏难和力不从心。

### 8. 日常活动计划

咨询师与来访者协商合作，安排一些来访者能完成的活动，每天都有计划和任务。活动的难度和要求随来访者的能力和心情改善而提高。这项技术既可帮助来访者有效利用时间，让他们心里踏实，又可改变来访者的心境。

### 9. 掌握愉快评估技术

此法常与日常活动规划结合应用，让来访者填写日常活动记录，在记录旁加上两栏评定，一栏为掌握或困难程度评分（五点量表，0 表示“容易”，5 表示“难度最大”）；另一栏为愉快程度评分（五点量表，0 表示“无愉快可言”，5 表示“非常愉快”）。通过评定，多数来访者可以发现自己的兴趣和成功方面以及愉快而有趣的活动，同时还可起到检验认知是否歪曲的作用。例如，某来访者认为自己什么都不行，做不了任何事，或者做了也不会有意义。通过评估，他认识到自己还是能做好一些事情的，做了以后也有愉快和轻松感，并觉得有些意义。

### 10. 教练技术

咨询师为来访者提供指导、反馈和正强化，帮助来访者分析问题，发现问题，当他有困难时给予鼓励，有进步时给予强化。

### 11. 系统脱敏法

所谓系统脱敏法就是分阶段消除不确定的刺激（即由不安反应造成的习惯性模式）。这种方法可以通过学习，将不安所引起的刺激与积极性反应结合起来，最终达到一看到这种刺激就能够放松下来的程度，并养成习惯。在这里，重要的是先开始习惯不会让自己感到过分不安的刺激。接着，逐渐将刺激增强，最后，克服最让当事人不安的刺激。

12. 矛盾意向法

咨询师要求来访者故意从事让他们感到害怕的行为，时间一长，来访者没有受到直接的伤害，他对该行为就会感到无所谓，达到使自己不害怕的目的，与行为治疗中满灌疗法相似。

比如有失眠症的来访者，对于失眠现象存在着不合理的信念和认知态度，过分担心失眠会对自己的身体和生活带来很大损害。所以，无论是在睡眠开始还是在入睡过程中经常伴随着对失眠的恐惧和焦虑，情绪的高唤醒水平严重影响了中枢神经系统的自然抑制。运用矛盾意向法就是让他们由原来总想尽快入睡改为有意长时间保持觉醒状态，拒绝入睡。如果来访者放弃了入睡的努力，代之以保持觉醒，结果焦虑将得以缓解，入睡便易于进行。

其他认知技术还包括指导发现问题，自我提问法，利弊分析法，改变期望水平，自信心训练，示范、角色扮演等。

## 三、认知行为治疗的过程及其强调重点

第一阶段：了解来访者的情况，建立良好的咨访关系。

(1) 收集病史，了解来访者症状、思维、信念和行为等。

(2) 来访者积极主动参与，不是被动的求治者。

(3) 咨询师与来访者直接面谈，提出多个合理化建议，让来访者自己考虑选择，强调双方的交流沟通，发挥来访者的主观能动性。咨询师避免反复陈述干预，也不应成为来访者移情的对象。

(4) 建立良好的咨访关系，树立治愈疾病的信心，取得来访者亲属的理解和支持，积极配合参与治疗。

第二阶段：明确治疗重点，有针对地进行认知及行为调整。

(1) 确定治疗的靶症状，即症状的具体体现。

(2) 运用认知行为疗法，对来访者的错误思想或行为进行纠正治疗。

(3) 疗程要掌握适当，不能无限期延长。

第三阶段：保持良好的咨访关系，预防复发。

良好的咨访关系对于保证咨询的进行和效果至关重要。只有有了良好的咨

访关系，来访者才会积极主动地配合治疗，才能使咨询顺利进行和结束。

### 四、对认知行为治疗的评价

认知行为治疗是对认知疗法与行为疗法的结合，也是对心理学治疗方法的发展。理论上，认知疗法不涉及无意识，只关注意识的认知活动，将人的理性思维与其他心理活动相对分离开，忽视了理性思维与非理性思维之间的联系，对人格的自我方面缺乏系统的描述和干预。而行为主义修正了认知、情绪、行为的单向关系，强调了行为学习对认知的影响和作用，建设性的行为更具有可观察、可测定、可记录性。作为当今两大主要治疗方法的认知疗法与行为疗法都有其一定的局限性，在强调重点方面，认知疗法主要通过改变认知来改变行为，而行为疗法则强调行为的改变最终会导致认知的改变，因而着眼于改变行为。认知行为治疗将两者很好地结合起来，使两种治疗理念在实际应用中相互补充相互辅助，我们相信，在不久的将来认知行为治疗必将作为心理治疗领域的中流砥柱，发挥越来越重要的作用。

## 第五节　家庭疗法

### 一、家庭疗法的基本概念

家庭疗法（family therapy）又称家庭治疗，是以家庭为对象而施行的心理治疗方法。协调家庭各成员间的人际关系，通过交流、扮演角色、建立联盟、达到认同等方式，运用家庭各成员之间的个性、行为模式相互影响、互为连锁的效应，改进家庭心理功能，促进家庭成员的心理健康。

由于家庭是社会的一个功能单位，它与每个家庭成员的关系最为密切。家庭中每个成员的个性、价值观以及对社会的适应模式等，都在家庭的熏陶下形成。家庭成员之间密切交往，互相产生正性的和负性的影响。但是，由于家庭功能不良，诸如家庭领导功能不良、家庭界限不清、外人插入、家庭内部互相摩擦、家庭关系扭曲、单亲家庭、重组家庭、寄养家庭、家庭松散、互不关心、中老年人的困难以及家庭交流模式不同等，都能使所有家庭成员在不同程度上卷入家庭纠纷，在病态的家庭关系中都占有一角，从而导致各种病态情感和行为障碍。许多员工在面对职场上的诸多心理问题时，往往将焦点汇集于个人自身。然而以家庭系统的视角来看，许多问题的产生是由于员工家庭系统内部的影响而产生及加剧的。

家庭疗法与以个人为对象而施行的个体心理疗法有所不同，其特点是不太注重成员个人的内在心理构造与状态，而是把焦点放在家庭各成员之间的人际关系上。

家庭疗法的主要理论观点是把家庭看成一个私人性的特殊“群体”，需从组织结构、沟通、扮演角色、联盟与关系等观念和看法出发，以了解此小群体，并且依据“系统论”的观点来分析此家庭系统内所发生的各种现象。即在家庭系统内，任何成员所表现的行为，都会受家庭系统内其他成员的影响；个人的行为影响系统，而系统也影响其成员。这种系统相关的连锁反应，可导致许多所谓病态的家庭现象；而一个人的病态行为，也常因配合其他成员和心理需要而被维持。基于此种观念，家庭疗法主张要改变病态的现象或行为，不能单从治疗个人成员着手，而应以整个家庭系统为其治疗对象。家庭治疗通过语言疏通家庭关系，指导生活模式，对家庭成员进行心理治疗，以改善其生活环境，促进其康复。

## 二、家庭疗法的历史背景及其新进展

家庭治疗产生于20世纪40年代后期，当时曾有几个有关家庭环境对精神分裂症影响的大型研究。Murray Bowen、Lyman Wynne、Gregory Batson 等发现了不良家庭关系对精神分裂症的影响。这些研究对一些原本从事精神分析治疗的医生产生了影响，他们开始试行以病人的整个家庭作为心理干预的对象，并试图通过调整家庭关系来解决个人心理问题。如美国的 Nathan Ackerman、Carl Witaker、Murray Bowen、Don Jackson、Virginia Satir，德国的 Helm Stierlin，意大利的 Mara Selvini-Parazzoli 等。50 年代，家庭研究和家庭治疗以不可阻挡的趋势向前发展。一般人们将 50 年代确定为家庭治疗的奠基年代。根据高登拜克的意见，有五种相互独立的学科及临床发展为家庭治疗的出现提供了舞台：

(1) 精神分析理论和疗法被用于更广泛的情绪问题，如触及家庭的治疗取向。

(2) 系统论致力于研究构成整体的、相互关联的各部分的关系，并将其知识应用在对家庭系统的观察方面。

(3) 对于精神分裂症的家庭研究，如家庭成员（如母亲）在疾病形成中的作用。

(4) 儿童教育及婚姻咨询两个领域的发展。

(5) 对新技术如集体治疗的兴趣日益增长。

在这些异源性的发展中，所谓的“第二代精神分析家”在这个阶段扮演着主要角色。由于这种治疗确能解决问题，所以很快引起注意，经过一番试验和发展，家庭治疗终于在理论构想和治疗技术上成熟。1962 年是家庭治疗发展史上具有里程碑性质的一年。这一年，“family therapy”这一名称得到学术界正式确认，该专业的第一份学术刊物《家庭作用》(*Family Process*) 也在这一年创刊。尔后经过 20 多年的发展，事实证明家庭治疗对精神分裂症、情感性疾病、心身疾病、儿童青少年情绪和行为障碍及婚姻问题都有相当好的疗效。目前，家庭治疗在北美、欧洲及拉丁美洲各国都颇具规模，从业人员众多，医疗业务兴旺，理论及临床研究都很活跃，围绕这一领域的专业杂志已达 80 多种。在中国，现在也有越来越多的专业人员开始从事家庭治疗的研究与应用。

## 三、家庭治疗的学派及经典理论

作为以家庭为干预对象的治疗形式，家庭治疗本身并不是一个单一的治疗门派，而是一个兼容并蓄的体系。在这个体系中包含着若干从理论取向到治疗技术都不尽相同的派别或模式。根据对于感情、理智和行动不同程度的强调，家庭治疗的主要流派可被分为三种类型：

(1) 情感学派。如撒梯尔和威塔克。他们最为关注家庭内部交互作用中情感的敏感化、表达和解释。

(2) 理智学派。如鲍文、弗拉莫、波斯左梅尼、史梯尔林。这些人推崇认知和理智的解决问题的方法。

(3) 行动学派。如海里、帕罗阿多小组、米兰小组、明纽琴及行为治疗家。他们偏好对家庭成员发号施令，布置家庭作业。

除此以外还有功能派、构造派、策略派、鲍温派、经验派、交流派等说法。治疗模式各不相同。然而所有这些学派又都有共同之点，那就是把整个家庭作为治疗对象，并采取积极干预的策略，一方面力图打破原有的僵局，一方面重建健康的交流和行为模式。

针对家庭出现的不同心理问题，可采用不同的家庭治疗模式。主要的家庭治疗模式有四种。

**1. 结构性家庭治疗模式**

这一治疗模式的重点放在家庭的组织、关系、角色与权力的执行等结构上，使用各式各样的具体方法来纠正家庭结构上的问题，促进家庭功能的改善。例如，家庭成员间的自我界限划分不清，没有各自的自主独立的角色，犹如粘在一起的“混合体”，可用“家庭形象雕塑技术”帮助家人了解各自的权利、义务、角色，并把治疗重心放在建立家庭成员间应有的界限上。假如家庭成员之间的角色扮演不妥当，甚至颠倒，包括夫妻、父母、亲子或同胞间的角色不妥，则治疗的重心应放在角色扮演的纠正上，特别是父母与子女间所产生的三角性冲突与情结，更要纠正改善。成员间的沟通方式，权力的分配与执行，情感上的亲近与否，都是家庭结构上的问题，也是促进家庭功能改善的要点。

**2. 行为性家庭治疗模式**

行为性家庭治疗的着眼点放在可观察到的家庭成员间的行为表现上，即建立具体的行为改善目标与进度，充分运用学习的原则，给予适当的嘉奖或惩罚，促进家庭行为的改善。

**3. 策略性家庭治疗模式**

这一模式的特点在于对家庭问题的本质有动态性的了解，并建立一套有步骤的治疗策略，着手更改认知上的基本问题，以求有层次地改变家庭问题。例如，一个成年的孩子仍依赖母亲，无法独立自主地应付社会刺激，治疗的策略如下：①应先把重心放在如何协助母亲去“放走”自己的孩子，不要不放心、舍不得。②接着探讨为何父亲没有发挥应有的作用去协助妻子教育孩子。③还可把治疗的重点转移到父母所扮演的角色上，或是夫妻之间的情感问题上。例如，成年孩子仍依赖母亲，可能是因为父母的夫妻关系不协调，使得妻子把情感的重点放在孩子身上，潜意识地希望孩子永远陪伴自己，弥补心里空虚。策略性家庭治疗就是要了解这一切的来龙去脉，并制定治疗的先后步骤与策略。

**4. 分析性家庭治疗模式**

这一模式是以心理分析来了解家庭各成员的深层心理与行为动机及亲子关系的发展，主要着眼于了解且改善家庭成员情感上的表达、满足与欲望的处理，促进家人的心理成长。

## 四、家庭治疗的步骤

### 1. 基本步骤

不管运用何种治疗模式，家庭治疗从开始到结束需按下列步骤进行。

(1) 开始阶段。在治疗之初，咨询师宜将家庭治疗的性质作一简要的解释，说明互相要遵守的原则，以便治疗工作顺利进行。咨询师在治疗早期，要用心让来访者家人接纳自己，并共同寻找问题的所在及改善的方向。

(2) 进行阶段。此阶段中，咨询师需运用各种具体方法，协助家人练习改善个人及彼此之间的关系。其中，最重要的是要时时去处理家庭对行为、关系改变所产生的阻力，适当地调整家庭“系统”的平衡变化与发展，以避免一些成员变好时，而另一些成员却变得更坏。犹如站在跷跷板上，一边上来，另一边却下去了。

(3) 终结阶段。来访者家人要养成自行审查、改进家庭病理行为的能力与习惯，并维持已纠正的行为。咨询师宜逐渐把领导权归还给来访者家人，恢复家庭的自然秩序，以便在治疗结束后，家庭仍能维持良好的功能，并继续发展与成熟。

### 2. 开始阶段

在施行家庭诊断与治疗之前，咨询师要了解所谓“个人”与“家庭”之间的各种病理关系，即个人的症状与家庭成员的心理问题的相互关系。

(1)“家庭问题”的产生是单一成员“个人心理障碍”的反应。即指全家人的心境困难是因家里某一成员个人的心理问题而引起的。比如，一个人心情烦闷，或脾气暴躁，往往害得一家人无法安宁、情绪不稳。可以说，全家人的心理问题，源于个人的心理障碍，从而影响了整个家庭的心理生活。出现这种情况，咨询的方向在于帮助此人得到适当的治疗，解除其问题；同时协助配偶或家人应付和护理这样的家庭成员，努力减少家人的烦恼和心理负担。

(2)“个人心理问题”的形成源于过去的“家庭问题”。虽然目前的家庭生活已稳定下来，但家庭成员仍继续受过去的家庭问题的影响，导致心理或行为问题。如幼小时父母关系不和谐，常闹矛盾，以致情绪极不稳定的孩童，长大后情绪仍不稳定，时常表现得战战兢兢，唯恐父母又闹离婚。又如，一个婚后常对自己的配偶缺乏信任，怀疑配偶会有不贞的行为，这可能与小时候父母曾相互背叛，让孩子们感到连夫妻都不能相互信任有关。

(3)“个人心理问题”是目前“家庭问题”的表现。这种情况表明，尽管是因个人的心理或行为问题而来就诊的，可是仔细观察，咨询师就会发现个人的问题只是露出海面的冰山一角而已，主要问题还是背后存在着家庭关系问题。比如说，妻子抱怨身体不适，可能是最近为了子女的管教问题而与丈夫吵过架所致；或者，妻子郁郁不乐，心情很忧郁，与其交谈时，却发现她最近发觉丈夫有婚外情，面临婚姻危机。这些情况显示，咨询不能就事论事，只注意如何避免个体的忧郁与沮丧，而需与婚姻关系或家庭关系相联系，否则就只是治标不治本了。

(4)“个人心理问题”与“家庭问题”共存。有时个人的问题与家庭问题是同进退的，而不是因果关系。例如，父亲下岗，家人都因经济困难而担忧时，儿子偏偏又没考上大学而情绪低落。遇此情况，咨询时应双管齐下，兼顾双方，不可厚此薄彼。

总之，咨询师应以动态的目光，仔细分析“个人心理问题”与“家庭心理问题”到底有何种关系，待正确认识并诊断之后，才能进一步决定如何处理个人与家庭的心理问题。在上述各种情况下，心理咨询师最应注意的是：所谓个人心理所表现的症状，实际可能是源于家庭里的人际关系问题，即是家庭的问题，这就要依靠家庭治疗才能解除个人的心理问题。

**3. 进行阶段**

在进行家庭治疗时必须坚持三个基本原则：①针对整个家庭成员，进行集体治疗，纠正共有的心理病态；②“确诊的病人”所存在的问题只不过是症状而已，其家庭本身才是真正的“患者”；③家庭治疗咨询师的任务在于使每个家庭成员了解家庭病态情感结构，改善和整合家庭功能。

**4. 注意事项**

(1) 参加的对象。凡与家庭功能紊乱有关的成员均参加，甚至可包括一些有关的社会成员，如朋友、医师、监护人等。要克服参加人员的顾虑和阻力，如怕家丑外扬、互相抱怨、家庭被社会歧视等。

(2) 接谈技巧。首先使气氛和谐，每个成员都能自由地、心平气和地发表意见。注意各成员之间的关系，如谁和谁坐得最近、各人选择座位的方式、每个人发言的频率、其他成员的反应和表情等。而家庭治疗者担任指导、启发、协调角色。要让家庭成员之间在思想和情感上直接交流，互相鼓励，互相尊重，避免争吵、抱怨，各人多作自我批评，宣讲家和万事兴的道理。

(3) 分析问题。对家庭的结构和性质先有一个分析和类化。家庭的结构形式可以引导出家庭存在的问题。例如，家庭可分为不和谐家庭、破碎家庭（有人死亡或离异）、杂合家庭（一方或双方带有儿女的再婚组合家庭）、不幸家庭（有慢性病人、残疾人，或受政治迫害的家庭）。下一步则要找出存在的问题，目前的烦恼和困境产生的根源有哪些。

(4) 协商讨论问题。以集体心理咨询和集体心理治疗的形式进行。家庭治疗者和家庭成员共同分析、讨论，找出问题的症结，研究如何摆脱困难，解决家庭成员之间的关系。强调每个成员都应承担义务和责任，都应互通信息，相互了解和理解，并能相互尊重和容忍，不能只强调自己的家庭角色，而一味指责他人。家庭治疗还应包括家庭生活艺术、家庭管理、心理卫生知识、照顾老人和病人的护理知识介绍，以及如何争取社会的支援等。

## 五、家庭治疗的原则

由于家庭是由一群有特殊关系的成员所组成，有特别的感情，而且长久生活在一起，其心理治疗与一般心理治疗有所不同，还需要注意以下一些基本的治疗原则。

1. 淡化“理由与道理”，注重“感情与行为”

由于家庭成员关系特殊，假如发生了什么问题，不能像对待外人一样，单靠说理来追究原因与责任，也不能依靠处罚配偶或子女来解决问题，而要考虑到“情”的一面。因为夫妻或家人都是自己人，只要让对方有诚恳、关心、相爱的感觉，问题常会很快解决。所以只要能抓住情感，千事万事都可解决。

2. 抛弃过去，关心现在

虽然来访者的早期经验及经历可以有深度地帮助咨询师了解其行为的来龙去脉，但从家庭辅导与治疗的立场来说，需要注重的是家人目前所遭遇的困难与问题，以及如何调整、改善、适应现在他们所面对的情况。如此，才能把握他们要求辅导、治疗的动机，才能继续治疗过程。

3. 忽视缺点，强调优点

一个人也好，一对夫妻也好，一家人也好，当其心情不好、情绪恶劣时，所想所讲的，都是对方的缺点、坏处而忽视其好处、优点。因此，关系越恶化，希望也越渐淡薄，好转也越不易。所以，咨询师要用心帮助他们从负转正、由“短”转“长”。一般说来，咨询师可用“改观重组”的技巧，帮助家人将同样的事情，换一个观点或立场，往好的方向去解释。因为，同样一件事，从不同的角度有不同的看法。咨询师要帮助被情感所影响的夫妻或家人，让他们体会配偶的良苦用心、家人的长处，以此协助他们恢复好的情感。

4. 只提供协助、辅导，不代替作重大决定

在进行家庭治疗的过程中，咨询师只能提供意见，协助他们分析求助问题的利弊及可能遭遇的结果，以便他们做出决定。但千万不能越俎代庖，替来访的夫妇或家人做主，决定重大事情。因为就一般原则来说，家庭的事终究要由家人自行决定，任何人都不能代替。这是一开始就须向前来咨询的家人所交代的，也是要时时提醒自己的原则。

## 六、对家庭治疗的评价

家庭治疗的特点，在于将着眼点放在全家人身上，注重家人的相互往来、人际关系及家庭功能的执行情况。治疗的目的是使一个家庭成为心理功能健全

的家庭，并不在于深入了解个人的心理状况，而是想办法矫正家庭关系，以改善家庭成员的心理与行为问题。因此家庭治疗应坚持下列几点。

**1. 一切以“家庭”整体为重点**

家庭治疗的一个基本观点就是，脱离只对某“个人”关心的立场，而把注意力转移到“家庭”这个整体上。治疗所关心的不单是一个人小时候怎样被朋友欺负过、被母亲虐待过、考试时作过弊、吃饭的习惯不好或半夜常被噩梦惊醒等。换句话说，进行家庭治疗时，要以“婚姻”及“家庭”的关系与系统为主要着眼点，少以“个人”的观点来探讨、了解心理与行为现象。应以夫妻的关系、感情、角色、沟通，或以婚姻的动机与发展等观点来了解家庭里的夫妻状况，并以家庭的结构、组织、功能、人际关系或家庭认同等等来探讨家庭问题，而少以“个人”的内心状况，即思维、动机、欲望、心理症结等来分析心理与行为。

**2. 采用系统的观点与看法**

系统论认为，世界上所有现象都可划分为大小不同、层次各异的种种系统，而系统之间又保持着密切的联系。一个系统会因各个子系统彼此间的相互影响而导致整个系统产生变化。再者，任何子系统内的变化，会影响到大系统的情况；反之，大系统的变化，也会影响到子系统的状况。彼此相互影响，改变其平衡状态。家庭治疗必须采用系统论的观点。比如，个人的心理状态，会影响夫妻的关系，而夫妻的关系，会影响到全家的行为与家庭气氛；反之，全家的行为，会影响夫妻的情绪，而夫妻的情绪，会改变个人的心理状况。再如，一对夫妻欲改变他们的婚姻关系时，需要夫妻双双努力；一家人想改变家庭行为时，需要全家人的协力合作；只靠个人的尝试，这一努力常会被淹没在其他家庭成员不想变化的趋势、受到家庭系统想保持平衡的阻力之中。所以施行家庭治疗宜运用系统的观点，注意个人、兄妹、夫妻、家庭与大家庭各系统的相互关系与影响，要以系统论的观点来了解夫妻两人或一家人的因果动态关系，并且考虑系统的整体结果、意义与效果。

**3. 以“人际关系”分析成员间的相互行为**

家庭治疗注重人际关系，以相互间的人际反应来了解家人的心理行为。家中所呈现的夫妻、亲子、同胞关系均属于一种特殊、私人性的人际关系。各个家庭成员间所发生的行为，要从人际关系的角度去体会、了解其性质。所有两人的反应，都是“双方”相互影响而产生的结果。有时从表面上看来，只是一方在表现行为，另一方很少说话、表示意见，但这本身就是一种反应与影响，是很强烈地参与、影响对方，促成两者的综合行为反应，可见，家人的事，都是人际关系的总表现，应持这种观点来对待。

**4. 以群体的观念了解全体家庭成员的行为**

从家庭咨询师及家庭行为研究者的角度来说，家庭是一个小群体。所谓群体，是指多数个体经某种目的而相处在一起，形成某种关系，包括组织、领导，维持沟通，产生关系与感情。家庭是特殊的小群体，是由婚姻关系及有血亲关系的人员所组成，通常由父母及不同年龄的子女所构成，是私人性、长久性、发展性的小群体。因此要用群体的组织、权力分配、领导角色和沟通、情感与关系诸观念来把握其团体的心理与行为，同时要以“家庭发展”的眼光来了解家庭的心理与行为的发展，即随婚姻的关系及子女的出生、成长与分离而经历的各个发展阶段分而治之。

总而言之，家庭是每个人心理发展的摇篮，也是日常生活的基地，对个体的心理与生活影响重大。当前，随着现代社会的发展，家庭内部也在发生变化，包括家庭结构、家庭关系，尤其是夫妻关系和亲子关系。因此，家庭关系深受不稳定因素的威胁，所以家庭治疗尤为必要。而家庭治疗也已经成为继精神分析、行为治疗、人本主义心理治疗之后极有影响力的四大心理治疗流派之一。

## 第六节 现实疗法

### 一、现实疗法的起源和基本理论

**1. 现实疗法的起源**

现实疗法（reality therapy）是由美国精神病学家 William Glasser 所开创的一个心理咨询和治疗流派，这种疗法可以用来帮助来访者控制自己的行为，在生活中做出往往是新的和困难的选择。现实疗法从 Glasser 对一些困难的及难处理的人群（如女少年犯）的咨询中产生。他用科学的模型、控制论来定义现实疗法的观念。现实疗法建立在控制理论的基础上，假设人们可以对自己的生活、行为、感受和思想负责。Glasser 对精神分析不满，认为精神分析不是教人对自己负责，而是固守过去并因过去总是指责别人。Glasser 在他的《心理健康还是心理疾病》（*Mental Health or Mental Illness*）（1961）一书中首次谈到现实疗法的一些基本思想和实践尝试。1965年，Glasser的《现实疗法》（*Reality Therapy*）一书问世，这是现实疗法的正式推出的标志。在这本书中，Glasser对传统心理治疗的一些基本理念作了批驳，系统阐述了现实疗法的理论和应用。自此以后，现实疗法就以其受欢迎的特色迅速受到咨询和治疗者的注重，并推广开来。它被广泛地应用于学校、监狱、戒毒中心、社区和其他社会服务机构，尤其是在学校咨询和辅导中大受欢迎。

**2. 现实疗法的基本理论**

1）人格理论

现实疗法对人的一个基本假定是，每个人都力求较好地控制自己的生活，以达到一种"成功的统合感"（success identity）。Glasser认为人有一些基本需要。在早期理论中，Glasser提出两种需要：爱的需要和自我价值感需要。一个人需要爱人，也需要被人爱；需要感到自己在别人眼里是重要的，体验到自己是一个有价值的人。Glasser提到人有五种基本需要，即生存、归属、力量感、乐趣和自由。如果个体的这些需要都得到较好的满足，就可体验到成功的统合感。相反，具有失败的统合感的人，他们相信没有人爱自己，觉得自己卑微渺小，没有能力做任何有意义的事情，对自己的问题也无能为力。在Glasser看来，有心理问题，需要咨询和治疗帮助的人就是具有失败的统合感的人。

个体总是生活在"现实的"世界中，要满足基本需要，体验到成功的统合感，就必须在现实环境中有合适的行为。只有做出合适的选择、合适的行为，个体才有可能从与环境的关系与他人的关系中获得自己需要的东西。从这个意义上说，一个人的命运取决于自己，必须由自己对自己负责。

2）心理问题的实质

在现实疗法咨询师看来，不存在什么心理疾病，所有的心理问题皆源于失败的统合感。正如前面提到的，发展出失败统合感的人感到孤独，与他人疏离。他们的行为无益、无效，不能满足基本需要。他们自责、自卑，觉得自己一无是处，且认为自己无能力改变自己，不能承担责任。他们倾向于让步、放弃、投降，习惯于接受失败。这些都是有心理问题的人在症状后面的共同特点。

3）治疗的目标

现实治疗的目标是帮助来访者认清什么是他们真正需要的，认清自己为什么需要这些；辅助他们对自己当前的所作所为进行分析评价，看看现有行为对满足自己的需要而言是否有益、有效、负责；协助他们选择负责任的行为，制订建设性的行动方案，以便做出改变，达到对自己生活的有效的控制。因此，负责任的行为是现实治疗的核心目标。Glasser 认为，负责任的行为的含义是“满足自己的需要，而在这样做的时候其行事方式又不剥夺他人满足他们的需要的可能性”。

4）治疗的重点

现实疗法认为行为包括四种组成成分：行动、思维、情感体验和生理反应。根据 Glasser 的行为控制理论，从控制的有效性或容易程度来说，比较容易控制的是行动，其次是思维。因此，实现治疗把治疗过程的重点放在行动即可观察的行为上。它并非完全不理会情绪感受，但它总是从情感与行动和思维的关系、联系的角度来谈论情感，相信随着个人成功地控制其行动，情感体验也会随之改善。Glasser 说：“我们不能够命令自己感到好受些，但我们总能够命令自己做得更好些，而做得更好些会使我们感到好受些。”

更进一步说，现实治疗者关注的外显行为是当前的和今后的行为，而不是过去的行为。他们认为人不能改变过去，关注过去的失败是浪费时间，关注现在和将来才是建设性的。因此，现实疗法咨询师总是把主要精力放在帮助来访者分析他当前在做什么，他的所作所为是否能有效地满足个人需要；帮助来访者设计新的行为，并随即付诸实践。

## 二、现实疗法的过程

Glasser 在《心灵停泊所：现实疗法的新方向》一书中阐述了应用现实疗法的八条原则。这些原则构成了现实疗法咨询师在治疗过程中的行动指南。这八条原则及其实施要领如下。

### 1. 发展相互卷入的咨访关系

现实治疗也非常重视咨询师和来访者之间的个人关系。它把这种关系叫做相互的“卷入”。咨询师要以个人化的、真诚的、理解的态度对待来访者，创造一种亲密、相互信任的关系和气氛。重点是让来访者感到咨询师信任他有能力做出负责任的行为，感到咨询师对他的接纳和尊重，从而体验到自我价值感。但这种关系不能让来访者感觉他可以依赖咨询师，不必依靠自己。

### 2. 探讨当前行为

现实疗法咨询师坚持把咨询焦点集中在当前行为上，如果讨论涉及情感，那么现实疗法咨询师总是设法使之与行为或行动联系起来。同时，咨询师也尽可能把重点放在当前和将来的行为上，很少涉及过去。对过去的行为进行讨论只在以下两种情况下才是合适的：①为了证明过去行为的无效、无益；②为了给将要做出的行为改变寻找合适的方向。

探讨当前行为的主要目的是让来访者意识到自己正在做什么，判断这种行为是否能够满足自己的需要，是不是负责任的行为。

**3. 帮助来访者评价自己的行为**

评价行为的标准是要观察行为是否有助于满足自己的需要。当然，还要兼顾行为是否妨碍他人和社会的利益。但评价不应由咨询师来做出，而是来访者的责任。咨询师要尽量保持客观，只是鼓励、支持来访者做出评价。但是由于来访者要客观地正视自己的不适应行为比较困难，往往不能看出那些习以为常的行为的自损性质，所以咨询师要积极主动地行动，常常要以质辩的形式设法迫使来访者做出客观的评价。

**4. 帮助来访者选择、设计负责任的行为**

如果来访者肯定地认识到自己的行为是不适当、不负责任的，咨询师就开始帮助他重新考虑现实、负责的行为，制订一个新的行为方案。在做这件工作时，咨询师要注意这样几点：①咨询师不能越俎代庖地代来访者选择行为，把自己认为合适的行为强加给来访者；②要密切地参与选择、评价新行为的活动，如果来访者的选择不合理，要引导他认识这种不合理；③新的行为方案不能太复杂、太难，要注意其成功的可能性；④要求坚持把行为方案以书面形式写下来，搞出一个类似行为合同的计划。

**5. 帮助来访者承诺履行行为计划**

让来访者承诺负责地履行行为计划，这种承诺是对其自身，也是对约定的行为计划和对咨询师负责。通常这需要做一些鼓励和强化工作，以激发来访者的行动动机。在多数时候，咨询师要求把承诺以书面形式写入行为合同。

**6. 当来访者未能履行计划时，不接受任何借口和开脱**

如果来访者未能按计划行动，除了的确发现计划本身不可行、需要修改的情况以外，咨询师不接受任何解释和借口，在这一点上要表现得非常坚决。在处理这类问题时，咨询师应根据不同情况分别对待，但始终注意两点：①坚持计划必须执行；②避免生硬、攻击的态度。

**7. 不使用惩罚手段，但要求来访者承担行为后果**

现实疗法咨询师要坚决摒除对来访者运用惩罚。如果来访者未能按计划去做，他不会受到咨询师的责难、鄙视或任何别的惩罚，但他应该承担自己不负责任的行为所导致的自然结果。Glasser 认为惩罚有诸多弊端，其中最重要的是会强化来访者的失败感、无价值感和无能感，而这正是现实疗法力求消除的东西。行为后果则不同，它是行为的逻辑结果，是自然现实的东西，它使来访者认识到个人须对自己的行为负责。这个认识不是外人灌输给他的，是现实教给他的。行为后果对来访者同样有鞭策、激励作用，但不会有惩罚的那些弊端。

8. 决不放弃

在治疗过程中，当遇到困难、阻力时，咨询师表现出百折不挠的劲头，也鼓励来访者不要放弃。Glasser 认为放弃不仅意味着承认失败，而且意味着接受失败。咨询师如果放弃，其榜样作用会感染来访者，损害咨询关系，增加来访者的无价值感；而咨询师如果不放弃，同样可以通过榜样作用感染来访者。如果由于计划不周或者其他无法克服的原因导致行为失败，咨询师应该设法避免来访者把责任归咎于自己，而应该客观、冷静地从计划、外在条件方面找原因。既不放弃，又不顽固地坚持不当的行动路线。

上述八条原则实际上也是一个分阶段、有步骤的过程结构，不过现实疗法也要求咨询师要有灵活机变性。在这八条原则中，卷入关系是最基本的原则，所有其他原则及其派生的策略和方法都要在真诚、接纳的个人卷入关系中来展开和实施。

## 三、现实疗法的原则

（1）否认传统心理学中关于心理疾病的概念，认为用焦虑、人格变态等术语来将心理障碍分门别类，是导致对人的问题的理解发生偏差的根源。事实上，一个人之所以会出现心理障碍，说到底是其不负责任的结果。因此，现实疗法不涉及心理诊断，认为心理健康就是负责任的结果，反之，就是不负责的结果。

（2）反对精神分析的治疗方法，现实疗法强调的是意识，而不是本我或无意识。传统的精神分析治疗方法强调自由联想以解决无意识冲突，从而实现对无意识过程的顿悟。现实疗法则认为强调无意识有可能导致对来访者不负责行为的忽视，使之找到回避现实的借口。因此，现实疗法认为应当弄清来访者有哪些有意识的行为不能令人满意，通过考察其目前的生活，帮助他寻找现存的错误及其原因，并予以改变。

（3）现实疗法不去查究来访者过去的失误，而是力求寻觅当前生活的意义，因为一个人的过去是无法挽回的。咨询师应当侧重发掘来访者潜在的力量及希望成功的积极品质，而不是他们的悲伤或其他消极问题。通过广泛地探索来访者现在生活的各个方面，咨询师能够促成来访者与自己交往，从而发挥其潜能。

(4) 现实疗法避免简单的说教，避免使用批评和反驳访谈者的言语，因为这些做法对行为的改变是无效的，它不仅会强化来访者失败的自我识别，而且还会损害咨访关系。相反，现实疗法主张让来访者自己去体会他的行为所带来的不良后果。

(5) 现实疗法强调自我评估，即来访者应当对自己的行为做出评价，以便确定造成自己生活失败的原因。只有当来访者开始学会分析自己哪些行为是对人对已不利的，哪些行为是建设性的，才有可能克服心理障碍，因为只有在这个时候他们才开始懂得如何改变自己现在的生活方式。

总之，咨询师不仅要帮助来访者弄清自己的生活目标，而且还要帮助他们认清阻碍自己实现目标的障碍，找出实现目标的各种途径。

## 四、对现实疗法的评价

### 1. 现实治疗的贡献

能在短时间内处理意识中的行为问题是现实疗法的突出优点之一。最近的现实治疗法强调需澄清来访者的欲望。在面质中，来访者必须对其行为做出价值判断。单靠领悟和察觉是不够的，还需拟订计划并做出承诺，如此咨询才能奏效，这是现实疗法治疗历程中最重要的部分。

现实疗法提供了一种结构，使来访者与咨询师能够依据评价改变的程度与性质制定契约，从而引导来访者进行明确的改变并负起责任。现实疗法的基本观念不接受来访者因违反契约而找借口的做法，不使用惩罚与责备。如果来访者未能执行计划，重要的是应与对方坦诚地讨论并重新拟订一项新计划。

现实疗法的许多重要原理已应用在多元文化社区内的咨询工作上。在跨文化的治疗工作中，现实疗法咨询师会尊重来访者的文化价值观，他们会协助来访者去探索目前的行为如何满足自己与别人。当然，将现实疗法运用到不同文化的场合中，为了适合其他文化，还必须做一些修正。

### 2. 现实治疗法的限制与批评

现实治疗法的主要限制之一是，并未适当地强调潜意识、过去历史的影响、儿童时期的创伤经验、梦的治疗价值及移情作用等在咨询历程中的角色，似乎将重心完全地放在个体的意识层面，而未考虑那些内心压抑的冲突与潜意识的力量对来访者的思考、感觉、行为及选择的影响力。

梦的解析有其优点，例如，在协助来访者确认其内心的冲突方面是一种有力的工具。然而，现实疗法却将分析梦排除在其治疗技术之外，因为 Glasser 认为，并无任何明确证据证实梦有治疗价值，并且来访者会以梦来作为一种防御，而逃避谈论其行为。

同样的，Glasser 把移情作用视为一种误导的观念。诚然，移情作用可能成为咨询师与来访者间关系的一种逃避方式，但是如果完全排斥这种具有探索的投射方式，则视野未免过于狭隘了。

对弱势群体的来访者而言，现实疗法未考虑他们每天在生活中所面对的环境因素，而这些环境因素确实限制他们从生活中去满足其需求。如果咨询师不接受这些环境因素的限制，来访者可能会感觉到自己并未被了解。

另外，必须考虑的问题是文化因素，有些弱势群体的来访者非常不愿意陈述其需求，因为他们所受的文化熏陶并不鼓励他们袒露其欲望。因此在处理持有这类价值理念的来访者时，咨询师必须把现实疗法加以软化，不要过于逼迫来访者去明确表达他们的欲望。假如不能敏锐地察觉这些细节，来访者可能会感到陌生与不安，甚至会中止治疗。

现实治疗在实践上富有艺术性和灵活性，不能盲目使用；它的许多原则与概念需弹性应用，并融合咨询师独特的咨询风格，而且可以跟本书所介绍的其他治疗理论搭配应用。如果现实疗法要有效地应用于北美以外的其他文化中，咨询技术需随着来访者的人生经验与价值观之不同而做适当的调整。

## 第七节 积极心理治疗

### 一、什么是积极心理治疗

积极心理治疗是心理动力学和行为治疗的综合模式，着眼于冲突和苦恼的积极方面。它遵循一定的进程，从前预期开始，经过预期、计划、行动、保持和终结。咨询师在治疗过程中运用直觉和想象，以故事作为咨询师和来访者之间的媒介，把来访者理解为有自助能力的个体，消除病人的消极想象，从而达到治疗的目的。

## 二、积极心理治疗的起源

“积极心理治疗理论”是从文化和历史的观点来评估心理问题，强调每个人实际的、潜在的能力及心理社会因素的重要性。改变的六个阶段（前预期—预期—计划—行动—保持—终止）最早是由 James Prochaska、Carlo DiClemente和 John Norcross 教授基于他们对 24 个心理治疗学派的分析和关于内外部成长、改变的心理治疗的研究提出来的。他们发现，在帮助人们从一个阶段前进到下一阶段时，特定的积极改变进程极其有效。Prochaska 等对大量的治疗结果进行分析，寻找所有心理治疗学派共同的积极改变过程和阶段，结果显示不同类型的心理治疗对各种各样的问题有相似的结果。积极改变的每个阶段都有其独特特征（详见基本理论的说明）。

## 三、积极心理治疗的基本理论

积极心理治疗的基本理论是改变阶段模型，这个模型共分成六个阶段：前预期—预期—计划—行动—保持—终止。

### 1. 前预期

在此阶段，来访者会拒绝承认自己遇到困难。比如，他们会说“吸烟对我不是问题，我不想戒烟，吸烟没有给我造成任何伤害”。在此阶段，来访者避免得到任何与问题有关的信息。他们高估了解决问题要付出的代价，低估了回避问题付出的代价。来访者运用防御机制留在前预期阶段，尤其是使用拒绝、投射、合理化这些相对比较原始的防御机制。通过拒绝，来访者过滤了那些让他们认识到问题存在的信息，而简单地说没有问题存在。通过投射，来访者责怪他人，因此会说自己没有问题。当来访者回避问题而提出各种似是而非的借口时，使用的是合理化的防御方式。

### 2. 预期

在此阶段，来访者从否认自己在某个领域有问题，转为接受自己可能有问题，且认为这个问题在不久的将来（接下来的六个月）自己也许能解决。当然，他们仍然会有一种矛盾的情绪体验，这种体验源于平衡改变的代价和收益。所以，他们会说："吸烟对我来说是个问题，有时我呼吸短促，并且担心自己的健康。我非常喜欢吸烟，但它可能损害我的健康。停止吸烟有利有弊。"但是，如果在关于行动问题方面，来访者成为一个长期的旁观者或者有替代性的思想，这一阶段的改变就会产生困难。通常对放弃以前熟悉的方式，采用新的不熟悉的方式会带来改变的恐惧感，会让来访者觉得达到预期将会经历很长的时间，从而引起来访者强烈的矛盾情绪。在这种情况下，来访者运用一定的防御方式去回避思考到行动之间的过程。他们可能会陷入到绝对确定性的误区中，并且说："当我确定自己有了正确解决方案时，我就会解决这个问题。"他们可能发现自己一直在等待一个神奇的时刻，并说："当奇迹到来，我就会解决这个问题。"他们还可能会陷入渴望，并说"我希望有方法可以治疗癌症"或"我希望明天所有困难都会不见"。伴随着不成熟的冲动，伴着沮丧试图欢呼，但最后不得不承认失败。失败的经历肯定了他们的信念：改变是不可能的。

**3. 计划**

在此阶段，来访者将会做出一个"下个月改变"的承诺。他们对自己说："我将会很快戒掉香烟，我必须得到一些尼古丁补偿。"并且给最后一支烟设定日期。在计划阶段，来访者将把在预期阶段所制订的改变的总体决定，转换成在一个清楚的行动计划中的具体步骤。他们也把关注的焦点从搜集与问题有关的信息，转变为从细节上考虑可能的解决方案。从计划阶段过渡到行动阶段的一个前提是平衡改变的利弊，这是必须要遵循的特定的方式。James Prochaska教授基于成千上万成功的积极自我改变者的调查，对利弊的本质进行量化，以产生更有效的改变。当他们在计划中觉得有较大的成功把握，改变的结果收益要高于付出的代价，就能够安全地从前预期阶段进入到行动阶段。

**4. 行动**

在此阶段，来访者通过把计划付诸积极行动而实际地改变行为。但是，其中有些隐患是他们要避免的。例如，有时他们制订的计划不合适，或者直接从其他阶段前进到行动阶段而缺乏一些真正的计划。计划对于建立一个有效的行动过程，以及把一个决定转换成一系列能够解决问题的有逻辑的步骤是必需的。在某些情况下，来访者希望改变，但是却不愿付出努力，也不愿做出牺牲，但这些牺牲是解决问题所必需的。所有的改变都要求努力与牺牲。有时行动计划失败了，是因为来访者认为有一个神奇的东西，它能解决人们所有的问题。但这种想法是错的。复杂的心理问题需要复杂的解决方案，这些解决方案有不同组成部分。对于有效的行动来说，最大的障碍是一直做同样的事情，也就是无休止地重复在某种程度上似乎有效的解决方案，而这一方案实际上可能维持或加剧这个问题。例如，节食在短期内可能会在一定程度上有效，但是长远来讲将会导致增重——重复的节食实际上会让人长胖。

5. 保持

在此阶段，来访者采取积极的步骤以确保他们不会复发或重回旧习惯。社会压力、内部挑战、特殊情况和对人们自己意志力的考验都会导致复发。社会压力通常指朋友和家人怂恿来访者回到旧的行为方式，建议咨询师说明如果偶尔重回旧习惯不会对他们造成伤害。内部挑战包括来访者用过于自信的方式思考问题，或者用否认、合理化等的防御方式来允许自己回归旧的行为方式。特殊情况指那些包含了一些机会和暗示的情境，这些机会和暗示又会使来访者回到先前的问题行为中。有时，来访者为自己的意志力设下了考验，例如，来访者不再暴饮暴食之后，仍然一直在家里摆放零食和食物，仅仅是为了提醒自己是有意志力避开它们的。

6. 终止

在此阶段，来访者没有复发的愿望，并且完全自信自己能够应付困难。对于许多人生挑战来说，这种情况其实很少发生。同时，治疗过程的循环是很常见的，来访者可能会周期性地回到改变早期的一些阶段，然后再重新经历其中的一些阶段。例如，在来访者试图保持行为改变的过程中，可能会复发，回到预期阶段，然后再回到保持阶段之前，不得不再经历计划和行动阶段。

大多数积极自我改变者都会有复发和循环，所以当来访者尝试解决一个问题、面对一个挑战时，预期到可能会复发，并且再次回到预期、计划、行动和保持等改变的阶段，是较现实的做法。期望第一次就解决问题是不太现实的，因为这种想法会导致士气受挫。如果来访者预期到会复发，就会避免一种特定的思维，Alan Marlatt 教授称之为节制违反效应（AVE）（Marlatt & Gordon, 1985)。他发现，许多复发的肥胖者，都谈到这样的事情："我已经吃了一口了，所以我现在知道自己已经完全不受控制了，并且将会疯狂地吃下去。"吃一口食物导致暴饮暴食，这种 AVE 思维方式不仅是有饮食问题的人会发生，在试图克服任何生活挑战的时候它都可能发生。应对 AVE 思维方式的关键是识别它们，认识到它们是不理性的，并且发展相应的替代物。一次复发实际上是进步的标志。在来访者进入长期的保持和终止之前，肯定会复发几次。故态复萌是一个帮助来访者了解情境、人际关系、思维、行为和感觉方式的机会。相对于最初的思考，复发也教会来访者，更多的努力、大量的时间和思考对于解决问题来说是必需的。复发会使来访者知道，在保持阶段自己可能运用了错误的策略。例如，每次想暴饮暴食时，强忍住不让自己吃东西可能不是最好的策略；相反，适量让自己吃一点甜食可能更有效。

## 四、积极心理治疗的具体操作过程

通过参与到几个有限的改变进程中，可以使积极心理治疗的各个阶段之间的转变变得更容易。James Prochaska 教授和他的团队通过回顾改变的技术已经确定了积极心理治疗的几个步骤。这些改变技术被运用到精神疗法中，并且融合成一个贯通的理论模型。相关的研究结果显示，特定的改变技术对促进积极改变的各个阶段的特定的转变有独一无二的效果。下面综合介绍每一个积极改变进程的目标、自我帮助的技术以及相关治疗干预手段。

**1. 从前预期到预期阶段**

在这两个阶段的转变中，意识唤醒、情绪唤醒、环境再评估及社会解放是极有帮助的积极改变过程。

1）意识唤醒

提升意识唤醒的改变策略包括自我反省，倾听来自家人和朋友的关于自己行为的个人反馈，通过电视、杂志、书籍和互联网得到关于自己问题的信息。自我反省和来自亲密朋友和家人的反馈，对改变来访者的防御方式和生活情境中问题的特殊影响有重要的作用，来访者使用这些防御方式来避免对问题承担责任。电视和书籍能给来访者更加广泛的信息，这些信息是关于问题本身、可能的解决方式、不解决这一问题的损失以及解决的益处。

临床治疗是通过针对问题进行基础的心理学教育，以及通过引起来访者思考回避问题对自己和家人所造成的损失和解决问题的好处，来促进意识唤醒。向来访者解释诸如否认、合理化和投射的防御方式，使他们面对其行为对自身以及其他个体、团体、婚姻或家庭治疗产生的破坏性影响，这些都是意识唤醒的干预。但是，这些干预倾向于促进来访者从治疗中脱离而不是滞留，所以治疗对那些进入预期阶段的来访者效果不再明显。

2）情绪唤醒

通过把来访者同那些和困难有关的重要情绪联系起来以促进改变。这包括体验和表达与问题和挑战有关的强烈情绪，并且把这些强烈的情绪体验作为一个基础，去承认自己有难题，这些难题必须得到解决。如果来访者的家人得了心脏病，那么这能够唤起他强烈的恐惧，可能会成为一种改变他生活方式的刺激，因此他会通过改变饮食、药物运用和运动方式来恢复健康。此外，对活得长一些以看到梦想实现的愿望也促使来访者从前预期转入预期阶段，女儿出生让父母开始戒烟，希望看到女儿长大成人就必须降低吸烟患癌症的风险。内疚是另一种能够打破否认的情绪。当酗酒的人给家人和朋友带来伤害后，他们开始因强烈的内疚感而改变。欢乐和鼓舞也能起到这些作用。

看生动的电影，如果面临与电影中一样的挑战，而来访者认同电影中的观点或行为，这对促进情绪唤醒是最有力的自我改变策略。戏剧通常比文字资料能唤醒更多的强烈情绪。戏剧能提供给来访者和主角一起确认问题的机会，也体现了他们在改变自己生活时所付出的努力。

临床咨询师能够通过鼓励精神宣泄来促进情绪唤醒，心理剧和角色扮演是十分有效的技术，在来访者遭受损失、改变生活、走出悲伤时尤其有效。

3）环境再评估

通过对环境的再评估，来访者思考自己的行为如何影响他人，也考虑如何通过改变自己的行为影响他人，来访者通过记录不改变带给他人的负面影响和改变带给他人的积极影响来进入改变阶段。关于来访者的行为对他人影响的反馈、自我反省和聆听，是促进环境再评估的重要技术。共情训练、婚姻和家庭治疗对此也有帮助作用。

4）社会解放

这是一个过程，这一过程中社会提供给来访者机会去选择问题行为的替代物，让他们认识到这些被选方案是可行的，并开始借助这些方案来改变。例如，无烟区的建立，驾驶速度的限制。成功的自我改变者对问题行为的替代物非常敏感，他们选择社会设置好的替代物并改变进程。

促进社会解放的治疗技术包括把来访者置于有选择的环境中，这些选项都是针对他们的问题行为，以此来促进积极改变。

**2. 从前预期阶段到计划阶段**

此过程中，目标设定、监督和自我再评价是最重要的积极转变技术。

1）目标设定和监督

设定目标时，要对问题解决的目标做清晰、明确、可见、可测量的详细说明，说明来访者能够以何种具体的方式去认识什么时候问题得以解决、什么时候他们能成功地处理自己所面对的挑战。监督过程包括以一种具体可测量的方式对达到目标的进程进行常规评定，并记录下来。这一阶段一直持续到终止阶段。例如，运用量表记录每天吸烟、喝酒的消耗量和饮食摄取的卡路里数等。这种技术能使来访者谨慎地发展动力控制以处理其问题，反对偶然性控制策略。

2）自我再评价

通过自我再评价，来访者比较自己的观点，分析哪一面的自己与自我核心价值观更一致。来访者也会探索不改变的代价和改变的收益。这都是通过提一些跟要解决的问题有关的问题来实现的。例如，跟父母有矛盾时，来访者可以问自己："我能用频繁的争吵来解决问题吗?""我能用更少冲突的方式来解决问题吗?""我想成为一个暴烈的人还是友善的人?"等等。面对任何困难都可以问一系列问题，这是成功的自我改变者应该做的。

临床咨询师与来访者建立积极的、有共情作用的帮助关系。这种关系中，人们能够探索改变的利弊，并获得包容。这是一个促进自我再评价的主要治疗技术。另一个方式是鼓励来访者想象他们已经解决了问题，并帮助他们建立一种自己已经控制了生活中挑战的理想假设。

**3. 从计划阶段到行动阶段**

通过做出改变的承诺而形成的自我解放在此过程中最重要。此过程包括选择、去处理生活中的挑战并做出承诺去改变问题行为。来访者应把决定转换成解决问题的详细步骤，包括以问题的原因为中心，从细节上思考问题的解决策略的转变。因此，大的难题需要分成小的步骤。例如，要控制焦虑，就要把它分级，从最轻的威胁开始计划，一次解决一个。成功进阶此过程的前提是来访者改变后获得的利益必须增加，害处必须减少。

自我解放还需要来访者向朋友、家人宣布自己正在计划改变生活。公开承诺需要勇气，因为没有遵循计划就会冒丢脸的风险，这样会激发自己坚持计划。

治疗时可能会让来访者家人或朋友来参与，邀请他们来探讨增大阻力和阻止承诺的因素，鼓励来访者和家人评价改变的利弊，创造机会使来访者能够做出自发、公开的改变承诺。若能因改变的利益做出承诺，那么就能做更好的承诺。如果给来访者几个选择来做出承诺，那他会更容易坚持。

4. 从行动阶段到保持阶段

此过程中，刺激控制、反驳、奖赏及建立良好的社会支持系统是最有效的改变技术。

刺激控制包括改变来访者的环境，减少环境对问题行为的暗示，增加更多有建设性的暗示。避免那些引发问题行为的暗示是一种有效的初始刺激控制策略，从长远来看，有能力去忍受那些会引发问题行为的情境则是一个更实用的目标。对引发情境的忍受可以通过以下的方式逐步加强。列出所有问题行为的诱发因素，然后给每个因素一个分数（1～100分），显示这一因素在诱发问题行为冲动时的强度。然后从最低强度的暗示开始，并在指定时间内在越来越强烈的暗示中认真地练习忍受。可以运用可种各样的应对策略来提升耐力，或增加问题的替代物的数量，使其更显著。

对于复杂的家庭关系动力学或内部冲突所引起或维持的问题行为来说，家庭治疗或精神动力治疗对于确定这些诱发物、逐渐获得忍耐力及确定作为问题行为替代物的诱发物选项过程都是有用的。

反驳是一个改变步骤，在此步骤中，来访者用备选办法代替问题行为。反驳策略包括：把精力转移到其他愉快的活动中去，如有规律的身体锻炼、有规律的放松练习或沉思，反驳消极信念，用清晰、主动的交流代替顺从或混乱的交流，用目标导向的问题解决代替被动、无效的冲动。

刺激控制主要关注处理引发问题行为以及引发替代行为的那些因素，而奖赏是一个聚焦于行为结果的改变进程。对那些成功地使问题行为及替代行为停止的自我改变者给予奖赏。如果做到这些来访者可以奖赏自己，也可以由家人、朋友或亲近的同事给予奖励。它还包括阻断所有对于问题行为的自我奖赏或来自他人的奖赏或注意。要运用这一奖赏-改变过程，来访者应先列出整体目标并分成许多子目标。列出当自己成功时，可以给自己的个人奖赏。为每一个子目标分配一个奖赏。不论改变多小，来访者都要奖赏自己，告诉自己能行，鼓励自己达到目标。

5. 从保持阶段到终止阶段

防止与处理复发是最重要的改变过程。

来访者预先准备好方法来应对可能引起复发的情境。形成一步一步的计划以延缓复发，或者最初可通过集体讨论许多可能的选择来回避或远离这些情境。把来访者的一个亲近的朋友或家人列入防止复发的计划中，使用角色扮演、幻想或强化的方式来模拟复发的情境，逐步发展处理技巧。来访者应告诉家人或朋友，对使用计划去延迟复发时，自己有多自信，然后想象一下，如果复发了，自己会有什么感觉，说出失望、恐惧或无能的感觉，那是他预期复发时的感觉，集体讨论应对这些想法和感觉的有效方式。

### 五、积极心理治疗的主要影响因素

积极心理治疗的影响因素有很多，主要有以下几点：①意识唤醒、情绪唤醒、环境再评估在促进从前预期到预期的转变中尤其有帮助。②在从预期向计划的转变中，自我再评价是非常重要的改变技术。③通过做出改变的承诺而实现的自我解放，对从计划向行动阶段的转变非常重要，并且可以结合目标设定和监督，而这两个过程中，刺激控制、反驳和奖赏功效最大。④在从保持阶段向终结阶段的转变中，复发的防止和控制则是最重要的。

帮助关系可促进各个阶段的进步。这种关系可以是非正式的，包括亲密的朋友和家庭成员，也可以是正式的，包含一个专业人员（如临床心理学家）。

### 六、对积极心理治疗的评价

具体的积极心理治疗方法能解释心理治疗中15%的改变，治疗关系则能解释30%的治疗进步。对于大多数的一般心理问题来说，3/4～2/3的来访者通过心理治疗得到改进。大多数成年人和儿童来访者因为个人、家庭或婚姻问题需要参与治疗不超过6次；而经过8次治疗，50%的成人来访者表现出改进。大约有10%的来访者受到治疗的损害。综合的后期数据分析得出结论，以不同模型为基础的治疗方法产生了相似的结果。综述研究指出，在儿童、青少年和成人中，特定的技术对于特定问题有效。

## 第八节 聚焦解决教练技术

企业教练源于20世纪80年代后期的美国。那时，美国正值从工业社会转型到知识型社会，企业的商业环境每天都在快速地变化，企业经理们发觉以传统的工作模式无法解决企业的新问题，且传统的顾问式管理无法提升企业的竞争力；同时，知识的快速更新使得企业在管理知识型员工方面遇到了诸多障碍。如何适应日新月异的变化？如何令各类型的员工更有创造力？美国电话电报公司（AT&T）、通用电气（GE）等一些著名企业的经理们借用了体育教练的概念，发展了企业教练事业。美孚石油（Mobile）、IBM、宝洁（P&G）、爱立信（Ericsson）等多家国际知名企业都在内部推行教练制度和文化。调查显示，77%的实行教练制度的企业认为，采取有系统的教练能够降低员工的流失率、改善员工的整体表现。

聚焦解决教练（solution-focused coaching，SFC）以结果和问题解决为导向，目的在于帮助个体或团体达到目标，从而实现其在生活和工作环境方面所希望和期待的改变（Greene & Grant，2003；O'Connell & Palmer，2007）。SFC 是聚焦解决模式在教练领域的成功运用，关注个体对未来的希望，强调个体可以利用的资源和适应能力（Grant，2011）。近年来，SFC 在 EAP 领域服务于领导者、管理者、人力资源专家、员工等多个群体和层面。

## 一、SFC 的哲学信念和重要原则

SFC 产生于后现代主义思潮的时代背景下，1988 年，社会建构理论家葛根（Gergen K J）在国际心理学大会上作了一场“走向后现代心理学”的专题报告，标志着后现代心理学正式兴起。现代主义心理学认为，语言作为一个中性的工具，忠实地描述或表征了个体内在的心理状态。但后现代主义取向认为，语言不是表达思维，而是规定思维，因为个体并非被动地反映世界，而是从现有文化的语言中汲取概念和范畴去作用于世界，语言为个体提供了一个认识世界的框架或思想范畴，所以语言是建构性的，而不是反映性的（叶浩生，2004）。因此后现代思想强调语言的积极性，认为可以通过语言的力量让个体跳出问题限定的框架去重新建构、创造、支配并赋予其意义，个体自身具有足够的资源可以重新创造未来。

20 世纪 80 年代初期发展出的 SFBT 也得益于后现代思潮（De Shazer & Kim，1992），SFC 的基本理念及运用的技术和策略主要来源于 SFBT。SFBT 的基本理念是用正向的、朝向未来的、朝向问题解决的积极观点，来促成改变的发生，而不是局限于探求问题的根源；每个人都是自己问题的专家，解决问题的策略就隐藏在目前困境的“例外”情况中，个体可以通过自我探索和行动，像滚雪球一样逐步达到目标状态（De Shazer，1985）。

SFC的基本原则建立在SFBT的基本理念之上，解决的问题需无病理性，是从行为层面可观察的，没有病理学和功能紊乱迹象。SFC认为解决方案和分析问题没有必然的联系，应重点关注个体希望得到的结果，认为个体已经具备了解决问题的各种资源；教练要帮助个体从寻找问题的根源中解脱出来，将更多的时间花费在思考可能的解决方案和实现目的的途径上，并帮助个体意识到并利用一切可利用的自我和环境资源，促进问题的解决和目标的实现（Grant，2011）。

## 二、SFC的主要技术

聚焦解决问题贯穿于整个教练过程中，通过恰当的技术正确地运用聚焦解决问题是整个教练过程的关键。聚焦解决问题应具备以下三个特点：①要帮助被教练者清楚地意识到并相信自身具备建构解决问题方案的能力；②要帮助和激发被教练发现解决问题的方案；③要聚焦到被教练者自身可以控制的事情上(Grant，2013)。研究发现，聚焦解决问题可以减少消极情绪，提升积极情绪，增强个体的自信心；与问题取向的问题相比，聚焦解决问题更能增加个体对问题本质的理解和认识，能够促使个体采取更多的行动去实现目标（Grant & O'Connor，2010；Grant，2012）。

SFC的主要技术包括如下10种。

### 1. 拒绝“购买”问题

SFC假设在每一个对话中，都有一个卖者和买者，教练是买方，被教练者是卖方，被教练者通过详细阐述自己所面临的问题情境，试图把自己的“故事”卖给教练。成功的SFC不会“购买”任何问题（a refusal to purchase the problem)，而是在专心听的过程中找到有可能解决问题的线索，促进解决方案的建构。整个过程就好像教练并没有看到问题，只是看到可能解决问题的机会和方案。

### 2. 明确的目标设置

SFC是目标导向的，所以被教练者明确阐述想要的目标（explicit goal-setting）和结果显得格外重要。只有教练帮助被教练者确定了特定的目标，被教练者才能进一步明确接下来具体要做什么，通过怎样的行动步骤去实现设定的目标。

### 3. 评量

评量（scaling）一般通过评量问句来实现，评量问句是一种多功能的主观测量方法，通过评量可以确定问题的严重程度、目标的完成程度、对教练过程的满意程度等。只有了解到处于哪个位置，才会有进一步改进的可能。例如，让被教练者用 10 点量表去评估自己离设定目标的距离（0 表示非常远，10 表示已经完成），被教练者应在充分了解各数字代表的含义后对自己的情况做出判断，教练应继续继续询问下一步做些什么才能离目标实现更近。

### 4. 赞美

赞美（paying compliments）指针对被教练者的正向力量和取得的进步表示称赞和鼓励，包括言语和动作上的。赞美的内容要具体、有事实根据，这样的赞美可以使被教练者有被接纳、被欣赏和被了解的感觉。通过赞美，可以进一步帮助被教练者建立自信，提升掌控困难局面的信心，并可以让他们意识到可以利用的个体资源，这些资源可以帮助其实现目标。

### 5. 问题的例外情况

不管问题多么严重，总会有一些时候或者一些情况下问题不存在或者没有那么严重，即问题的例外情况（exceptions to the problem）。教练的重要职责就是强调这种例外情况，了解在这些例外情况中被教练者做了什么并从中找到解决问题的线索，帮助被教练者提高这些例外情况出现的频率。

### 6. 效用导向

若举措有效，就多做一些；若举措无效，切勿再做（doing more of what works，do less of what doesn't work）。一旦发现问题不存在了或者没有那么严重了，教练可以帮助被教练者多做一些引起这些改变的事情；如果发现采取的措施对问题的改善没有任何帮助，即应该停止这些举措，因为重复无用的举措得到的会是相同的失败结果。

### 7. 重视能量和资源

重视能量和资源（highlighting strengths and resources），指每个人、每件事、每个物都可能成为潜在的资源和优势，每个问题当中都隐藏着解决问题的办法，个体有丰富的资源和能力去发现并解决生活中所遇到的问题。教练不需要去告诉被教练者该怎么做，而是通过认真聆听发掘个体隐藏和没有意识到的资源。这样一来，教练为被教练者创造了一个框架，在其中被教练者可以清楚意识到自我的能力和资源，并且能更有信心地运用这些能力和资源去解决当下面临的问题。

8. 奇迹问句

奇迹问句（miracle question）能激发被教练者的灵感，引导其提出较具体的可操作的目标，比如："你可以想象一下吗，假如明天早上你醒来后发现现在的问题和困扰已经不存在了，你觉得会跟以前的生活有何不同?"针对奇迹问句，被教练者的第一反应往往是"我不知道"，这是一种思维延迟，要引导其从生活细节上进行扩展。

9. 小改变引起大改变

个人小的改变会带动更多的改变（using small steps to lead to big changes），由小处着手改变比较能化解被教练者对改变的不安和害怕，比一下子做出很多改变的效果要好。要鼓励被教练者从一小步开始，关注取得的小成功。

10. 多问少说

问-说（ask-tell）模型是非常有用的工具，包含问-说（ask-tell）和为什么-怎么做（why-how to）两个维度。一个好的教练会花费更多地时间去"问"被教练者考虑"怎么做"的问题，引导被教练者去制定具体的可操作的行动计划，而不是直接告诉被教练者要怎么做，即多问少说（ask don't tell）。

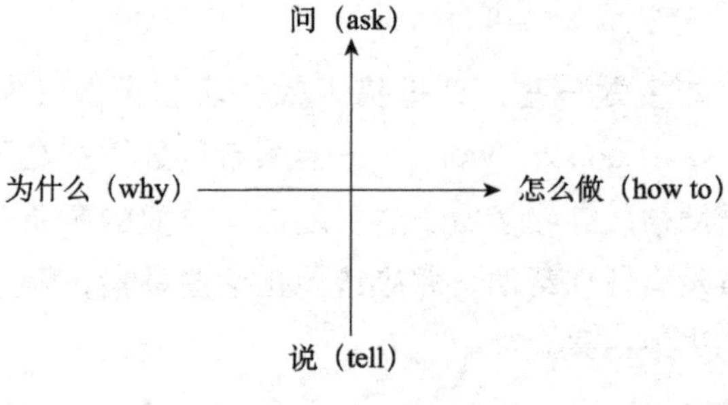


## 三、SFC的实践模型

1. PRACTICE模型

Palmer（2007）在Wasik's（1984）的基础上提出了SFC的PRACTICE模型，此模型以寻找解决问题的方法为目的，在企业管理、健康管理、职业发展、压力管理、心理咨询和心理治疗等领域得到了广泛的应用（O'Connell & Palmer，2007）。SFC技术贯穿于整个模型当中，教练通过此模型为被教练者创造一个解决问题导向的思维框架，被教练者的目标、解决方案以及第一步行动都可以在其中闪耀显露。PRACTICE模型共分为如下七个步骤：

第一步：问题确认（**P**roblem identification）

在第一次会面时，教练首先要给被教练者机会谈论自己，而不是马上聚焦到被教练者的问题和困扰上，这样可以更多地了解被教练者，也有利于建立融洽的关系。接着，让被教练者讲述自己所面临的问题和困扰，如果有需要，适当多给被教练者一些时间去发泄情绪。SFC并不是说对问题避而不谈，教练必须要认真倾听被教练者的问题但是不能“购买”该问题，同时要选择能理解、认可被教练者想法与痛苦的合适语言予以响应。如果被教练者一直深陷于谈论自己的问题，教练要引导其进入下一步。被教练者陈述清楚问题后，教练可以运用评量问题询问问题的严重程度。

第二步：构建现实的、与问题相关的目标（**R**ealistic，relevant goals developed）

大部分人并不擅长去明确描述自己的目标，教练在明确被教练者的问题后，要引导被教练者并和其一起构建SMART目标。SMART目标指目标必须是明确的（**S**pecific）、可度量的（**M**easurable）、可达成的（**A**chievable）、问题相关的（**R**elevant）、有时间限制的（**T**ime-limited）。关于第四点R，一种解释认为构建的目标必须是和问题相关的（**R**elevant），还有一种解释认为R代表现实性（**R**ealistic），即目标是实实在在可以证明和观察的。

教练通过奇迹问题询问被教练者想要什么样的改变（如设想问题已经解决或目标达成之他会是什么样子的，会与现在有何不同），有利于目标的构建。

第三步：产生可供选择的解决方案（**A**lternative solutions generated）

目标确定后，需要进一步构建实现目标的方法和手段。SFC相信没有任何问题总是存在或者一直以同样的强度存在，被教练者经历过或长或短、问题减轻或消失的例外情况，已经有了一些解决问题的经验。在这些例外情况发生的时候被教练者做了什么、用了哪些资源成为建构解决方案的关键，可以从这些例外情况引导被教练者产生一些解决方案。在这个过程中要假设被教练者拥有足够的能力去构建解决方案，更确切地说，教练甚至要假设被教练者可能已经经历了这些解决方案，只是由于某种原因暂时忘记了而已。教练的过程创造了一个框架，在其中被教练者能把注意力集中到已有的经验、能力和资源上，这样被教练者的这些资源就会被激发并且有意识地被使用，即使在很长的一段时间里被教练者可能并没有察觉到这一点。

第四步：对结果的考虑（**C**onsideration of consequences）

教练过程要发掘以客户为本的解决方案，方案要完全符合被教练者，并没有放之四海而皆准的方案。教练的建议和经验只是自己的，并不一定适合被教练者。教练需要引导被教练者针对每一种解决方案进行评估，分析每一个方案的优缺点，思考假设选择了某一个解决方案会发生什么改变，对达成目标有多大的帮助。例如，可以采用评估量表（假设用一个 10 点量表测量方案的有用性，0 表示一点用处都没有，10 表示非常有用），通过被教练者的评估确定方案的有用性。

第五步：找出最可行的解决方案（**T**arget most feasible solution）

通过以上四个过程，被教练者可以最终选择一个或多个最可行、操作性最强的解决方案。

第六步：运用选择的方案（**I**mplementation ofchosen solution）

有了方案并不一定能解决被教练者的问题，关键是如何把方案付诸于实践。教练要帮助被教练者把选择的方案分解成很多个可以控制的步骤去实施，这些小步骤可以提高被教练者的信心，一小步的改变会带来一大步的改变。会面结束后要确保被教练者把每一步都写下来了，这样可以提高被教练者按照这些步骤去行动的可能性（Gollwitzer，1999）。

第七步：评估（**E**valuation）

要及时地运用评估量表去评估方案中每一步的完成程度及被教练者完成的信心。如果顺利地完成了一小步，要继续保持；如果完成得不好，要思考下一步要做些什么才能提高完成的程度。如果被教练者信心满满，要继续保持；如果缺乏完成的信心，要思考如何才能提高其信心。

在一次成功的 SFC 教练过程中，要反复运用 PRACTICE 模型。在后续的教练过程中，教练要先询问从上次会面到现在好转的地方，目的在于发掘被教练者的转变并加以利用。教练会询问好转的细节并给予称赞和肯定，同时再引出其他的例外情况。当被教练者已经非常熟悉 PRACTICE 模型并且问题比较简单时，可以采用简化模型提高寻找解决方案的速度，如 PIE 模型（**P**roblem definition；**I**mplement a solution；**E**valuate outcome）、STIR 模型（**S**elect problem；**T**arget a solution；**I**mplement a solution；**R**eview outcome）。

### 2. 聚焦解决倾向量表

在每一次教练彻底结束后可以用聚焦解决倾向量表（Solution-Focused Inventory，SFI）对整体的效果进行评估（Grant，2011）。SFI 测量的是解决导向思维（solution-focused thinking），SFI 分数和幸福感、心理弹性、观点采择显著正相关。SFI 包含三个分量表，分别是目标取向（Goal Orientation）、激发可利用的资源（Resource Activation）和脱离问题本身（Problem Disengagement）。每个分量表包含 4 个题目，共 12 个题目，均为 6 点量表（1 表示非常不同意，6 表示非常同意）。16 周后的重测信度是 0.84，内部一致性系数为 0.84（Grant et al.，2012）。

目标取向分量表测量的是个体是否能够清楚表达自己想要达成的目标，并激发自我管理能力，通过努力去实现目标（Locke & Latham，2002），包含以下 4 个题目：

（1）我会想象我的目标，之后朝着目标去努力。

（2）我始终关注在实现目标过程中取得的进步。

（3）我非常善于发掘对实现目标有用的行动计划。

（4）我经常能实现我的目标。

激发可利用的资源分量表测量的是个体在实现目标过程中是否意识到自己有足够多的可利用的资源，这些资源包括自身的能力、个体资源及周围的环境资源等（Grant & O'Connell，2007），包含以下 4 个题目：

（1）不管什么问题，总会有解决方案。

（2）如果我知道解决问题的方向，我总是有足够的可利用的资源。

（3）大多数人的适应能力比他自己以为的要强。

（4）反馈是失败转为成功的机会。

脱离问题本身分量表测量的是个体倾向于陷入问题本身去思考问题的程度。4 道题目都是反向计分，相加的总分测量的是避免陷入问题本身的程度（Greene & Grant，2003），包含以下 4 个题目：

（1）我倾向于花更多地时间去分析我的问题，而不是寻找可能的解决方案。

（2）我倾向于深陷于思考问题本身。

（3）我倾向于关注问题消极的方面。

（4）我不善于发现事情正往好的方向发展。

## 四、SFC在组织中的应用

SFC是在实践中发展起来的一种非常有用的工具，其有效性也得到了一些实证研究的证实。研究发现SFC不仅可以提高个体的幸福感和希望水平，更能够增强个体追求目标的动机，促进目标的完成，同时还能降低个体的抑郁水平，且被教练者对SFC过程的评价更高。Spence和Grant（2007）将63名被试随机分为控制组和实验组，经过10周的焦点教练培训，实验组的被教练者更能够投入到教练过程中，在目标完成方面取得了更大的进步，具有更高的幸福感水平。

此外，SFC还可以提高个体的认知韧性、应对变化的能力和自信心，增强个体的解决导向思维；减轻个体的压力，增强其工作场所适应能力。进一步的质性研究发现，SFC可以帮助个体提高工作技能，并帮助其更好地处理组织变革。

# 第五章

# “全天候”的绿色生命线：EAP 电话中心初诊咨询师的职能

# 导　读

除夕过后的凌晨3点，窗外白雪皑皑，节日狂欢之后的大地一片沉寂。突然电话中心值班手机响了起来。电话中心的初诊咨询师宋健迅速接听了电话："你好！我是EAP咨询师宋健，请问我可以为您做些什么?"

按照国际EAP服务的标准设置，7×24小时的电话中心的摄入及评估转介服务号称"员工帮助计划的生命线"。EAP服务聚焦工作场所，目的是有针对性服务于组织/企业的诉求，帮助员工及家属解决身心相关的困扰，达成提升绩效、促进健康、幸福职场的目标。不同行业、不同工作岗位、不同工作经验、不同人生阶段的员工会面临不同的挑战和困难，有些时候，情绪波动及冲突的诱发更容易在深夜、凌晨出现，因此，7×24小时的电话服务，像一条永不停歇的温暖的生命线，随时随地出现在员工有需要的时刻。

对于客户公司或者EAP机构来说，更经常被问到的问题有：电话中心应该如何构建？坐席数量与服务人群的比例如何确定？初诊咨询师与一般咨询师在能力、要求、训练等方面有何不同？电话中心如何进行专业管理？电话中心如何进行危机个案的处理以及质量监控？电话中心在进行数据统计处理时如何保密？档案如何管理？

7×24 小时、365 天/年的 EAP 电话中心（call center）是连接来访者和咨询师的枢纽，是员工获得 EAP 服务的窗口，是 EAP 服务机构提供服务的开端。EAP 电话中心的功能是通过初诊咨询师（intake counselor）确定员工的问题和困扰，评估问题的严重程度，有针对性地转介给咨询师，同时通过电话回访等方式评估咨询效果。如果遇到危机事件，要在线及时给予帮助和危机干预。因此，EAP 电话中心的服务质量在整个 EAP 服务中起着至关重要的作用。

## 第一节 EAP 电话中心的岗位设置

EAP 电话中心设有部门经理、督导、部门主管和初诊咨询师等岗位，其中部门经理和督导直接对 EAP 公司的总经理负责，部门主管直接对部门经理负责。

### 1. 电话中心部门经理岗位职责

（1）电话中心经理直接对总经理负责；

（2）全面负责电话中心各项管理制度的实施与监控；

（3）负责签约咨询师的聘用、排班和日常管理；

（4）负责每月对电话中心全员工作情况进行考核，评定相应的绩效工资；

（5）管理签约咨询师的咨询反馈记录表；

（6）提高电话中心人员的整体素质，检查各员工的工作情况及工作纪律，及时指出错误并进行正确引导；

（7）负责对需要危机干预的来访者进行紧急处理，作好对现场紧急事件的应变处理，确保电话中心正常运转；

（8）负责处理电话中心的投诉事件；

（9）负责协调与项目管理等其他部门的对接，主持电话中心工作例会，与电话中心各岗位人员讨论工作中的难题并交流处理技巧，汇总后汇报至总经理；

（10）负责对电话中心各岗位应聘人员进行面试和推荐。

### 2. 电话中心督导岗位职责

（1）电话中心督导直接对总经理负责；

（2）负责对电话中心或咨询师申请督导的疑难案例及危机案例的来访者进行咨询、督导和专业支持；

(3) 提升电话中心初诊咨询师的专业水平，包括流程、话术、专业理论、问题处理能力等，定期开展培训，帮助初诊咨询师个人成长；

(4) 为初诊咨询师提供专业支持，及时解答初诊咨询师的各种专业问题；

(5) 对签约咨询师的专业水平、职业伦理、服务态度进行评估；

(6) 对电话预约以及咨询个案进行管理和评估。

**3. 电话中心主管岗位职责**

EAP电话中心一般设置两个主管职位：运营主管和质量主管。两位主管直接对部门经理负责，具体职责如下。

1) 运营主管岗位职责

(1) 负责电话中心初诊咨询师管理制度的制定和实施，协助部门经理及时纠正和杜绝工作中的不良现象；

(2) 按时提交电话中心运营数据和相应报告；

(3) 将电话中心运营中遇到的外部问题及时反馈给公司相关部门；

(4) 制定初诊咨询师排班表，协调工作时间、值班时间和休息时间；

(5) 落实部门经理的要求，在遇到部门营运及工作流程相关的问题时及时发起会议讨论；

(6) 协调初诊咨询师之间的关系，明确初诊咨询师的工作职责；

(7) 及时处理及通报现场紧急事件（系统问题、电话频繁掉线、突发的话务高峰）；

(8) 定期向部门经理提交工作总结和计划；

(9) 负责对电话中心各岗位应聘人员进行面试和推荐；

(10) 承担初诊咨询师的岗位职责。

2) 质量主管岗位职责

(1) 电话中心客服及专业质量考核体系的建立与完善；

(2) 根据初诊咨询师的岗位需要，有针对性地建立并完善集中及常规的培训系统；

(3) 根据常规及特殊案例，建立并完善系统化的客户服务手册；

(4) 定期进行客服及专业培训，质量考评及管理；

(5) 新进初诊咨询师的培训及考核；

(6) 新项目启动前、中、后必要的针对性培训及考核；

(7) 电话中心客户服务特殊事件处理；

（8）与部门内及其他部门间就改善整体质量的必要的沟通合作；

（9）承担初诊咨询师的岗位职责。

**4. 初诊咨询师岗位职责**

初诊咨询师包含助理咨询师和初级咨询师两种，两种咨询师岗位职责有共同之处，也有不同的地方，相同的部分包含以下七个方面：

（1）热线值班，24 小时接听 EAP 客户来电，了解和回应客户需求，妥善安排预约咨询；

（2）对来访者进行回访和跟进；

（3）及时提交和反馈特殊案例；

（4）初诊文件管理及数据统计与分析；

（5）参与分析和改善服务流程；

（6）参与对签约顾问及机构的评估；

（7）紧密配合咨询、服务和项目管理等相关部门的工作。

除了以上七种职责之外，初级咨询师还负责以下三项工作，这也是助理咨询师与初级咨询师岗位职责的不同之处所在：

（1）对需要即时干预的来访者进行少于 30 分钟的初诊干预；

（2）处理危机咨询电话；

（3）培训和指导新入职初诊咨询师。

## 第二节　EAP 电话中心初诊咨询的流程

EAP 电话中心的初诊咨询师在接听电话之前要做好充分的准备，通过电话沟通确定员工的问题和困扰，评估问题的严重程度，有针对性地转介给咨询师，之后还要通过电话回访等方式评估咨询效果。

### 一、EAP 咨询师的准备

初诊咨询师在正式接听电话之前要做好充分的准备，有利于与来访者建立良好的沟通关系，方便进一步评估来访者的问题，为下一步的咨询工作提供便利。一般来说，初诊咨询师需要做以下准备：

（1）要明确自身对来访者和公司的责任。初诊咨询师一方面要遵循保密原则，另一方面也要考虑公司的利益，比如咨询中遇到挪用公款的问题，必须及时向相关机构报告。

（2）明确电话沟通的目标，电话沟通主要目的是评估来访者的问题及严重程度，并有针对性地推荐咨询师，初诊咨询师要时刻牢记此目标。

（3）明确需要来访者提供的信息，准备相应的表格，比如“咨询预约和记录表”（本章附录一）。

（4）明确需要提供给来访者的信息，比如要向来访者澄清何种信息会汇报给公司，何种信息会严格遵循保密原则等（本章附录二“EAP服务需要与来访者沟通的信息”）。

## 二、评估来访者的问题

初诊咨询员和来访者的电话沟通是整个EAP服务的核心部分，初诊咨询师需要有清晰的思路，确保理解并正确评估来访者的问题。在评估来访者问题的时候，不能只是假设所有的问题都来自于来访者自身，还要将工作场所考虑进去，一般来说需要关注以下五方面的信息。

（1）了解来访者对问题的看法。询问来访者困扰自己的问题是什么，是自身的情绪问题、难相处的上司、糟糕的团队成员，还是恶劣的工作环境。了解问题严重到了哪种程度，以及对来访者的工作、生活有何影响。

（2）引发的客观事件。询问来访者现在的问题困扰是否有诱因，是不是因为遭遇或目睹某些事情才导致现在的困扰，比如遭遇组织变革、重组和并购等事件。

（3）过去的历史。询问来访者过去是否出现过类似的困扰，当时发生了什么，过去问题的严重程度，当时如何解决的问题，当时的问题与现在的有何不同等。

（4）生理方面的健康状况和疾病。针对来访者的问题要考虑是否有什么潜在的或有影响的疾病，如果是身体的原因并不是仅仅依靠EAP就可以解决的。

（5）精神状态。要通过电话沟通了解来访者的精神状态，比如对人、地点和时间记忆的定向性，有没有抑郁、焦虑等表现，有没有妄想或者幻觉等症状。

评估阶段是整个EAP咨询成败的一个关键因素，这个阶段需要初诊咨询师通过专业的知识和精湛的技能确定来访者的问题，考虑如何针对问题为来访者提供最有效的帮助，并与来访者达成同意进行下一步咨询的口头协议。

初诊电话咨询的认知分析疗法（CAT）评估流程详见本章附录三。

## 三、初诊咨询的流程

### 1. 一般个案管理流程

一般个案的管理流程如下图所示。员工来电后，初诊咨询师通过电话沟通确定员工的问题及方便咨询的时间后，针对来访者的问题，联系匹配的咨询师确认时间和地点。与此同时，需要电话或者短信通知来访者和咨询师。

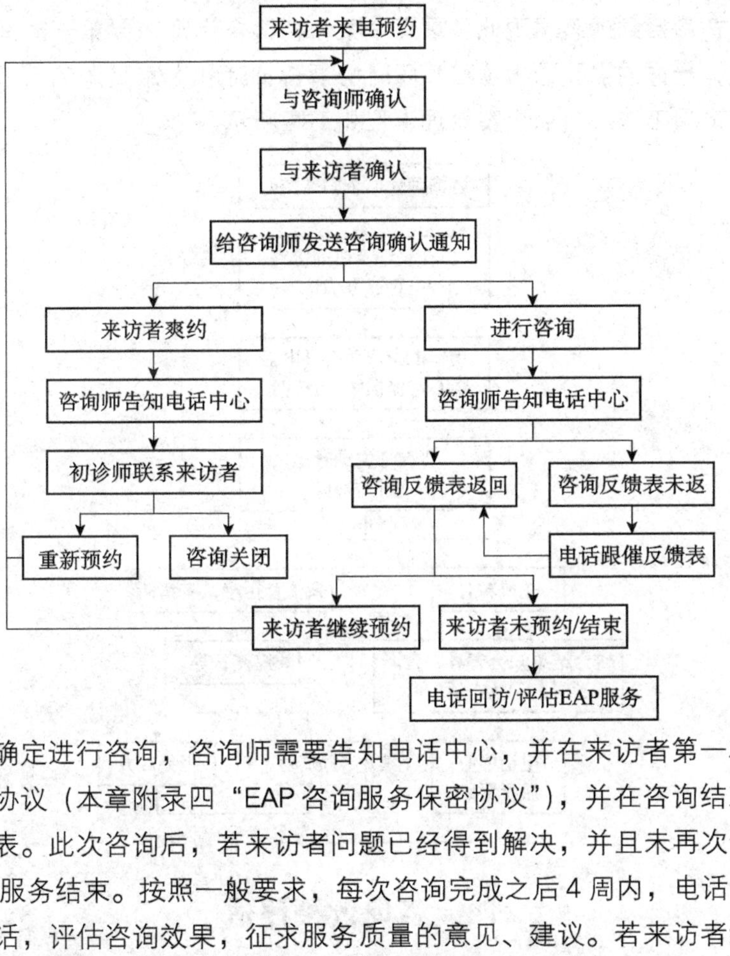


如果确定进行咨询，咨询师需要告知电话中心，并在来访者第一次咨询时与其签订协议（本章附录四“EAP 咨询服务保密协议”），并在咨询结束后提交咨询反馈表。此次咨询后，若来访者问题已经得到解决，并且未再次预约，则此次 EAP 服务结束。按照一般要求，每次咨询完成之后 4 周内，电话中心要给来访者电话，评估咨询效果，征求服务质量的意见、建议。若来访者继续预约咨询，初诊咨询师则继续联系咨询师确定咨询的时间和地点。

如果来访者爽约，咨询师同样需要及时告知电话中心，初诊咨询师要进一步联系来访者确认来访者爽约的原因。如果来访者已经不需要咨询，则此次 EAP 服务到此结束；如果来访者重新预约，初诊咨询师则继续联系咨询师确定咨询的时间和地点。

### 2. 重点个案转介流程

重点个案相对普通个案的管理需要多耗费精力。对于客户公司来说，这些重点个案处理好了，更能体现作为专业EAP公司的价值。重点个案包含以下两种情况：①处于危机状态、严重抑郁、主管转介或其他需要转出EAP系统的特殊个案；②属于EAP服务范围，但其问题需要长期心理咨询，无法通过EAP服务解决，建议将其转介至医院或其他做长期咨询的机构的个案。

通常初诊接到或者发现此类重点个案，初诊咨询师需要第一时间告知电话中心经理，严重的需要通报项目，同时协调咨询师和专家资源进行处理，并做好相关的记录工作。重点个案管理流程如下图所示。

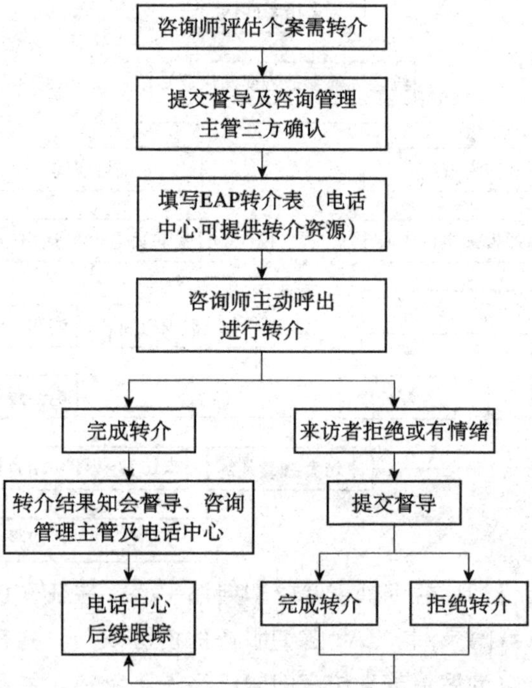


## 四、咨询效果评估

评估咨询效果是EAP服务的最后一个环节，也是一个非常重要的环节。效果评估不仅可以确保来访者的问题通过EAP服务得到了解决，同时还能让购买EAP服务的企业了解到该项服务的价值。通过对评估结果的深度分析，更能了解EAP服务现状，为进一步的服务改善提供可能。

**1. EAP 咨询师需要评估的问题**

（1）咨询师做了哪些起作用的事情？

（2）在 EAP 咨询中，哪种咨询方法效果最好？

（3）为什么咨询起作用了？

（4）哪些信息显示员工咨询起作用了？

**2. 如何评估咨询效果**

清晰一致的评估标准是一个好的评估的基本要素，适当的咨询次数对评估也非常重要。Klarreich 等（1985）提出了良好咨询效果的基本要求，包括咨询的可用性、可及性、灵活性、适应性，咨询的信誉，咨询要职责清晰，咨询要符合组织需求，咨询的公开化程度，等等。对评估的次数也同样有要求。咨询在产生效果之前往往不是直线的模式，来访者在变好之前可能变得更糟，咨询的效果往往是波动前进的，评估的次数越多咨询改进的可能性就越大。

评估的方法有很多。按照评估的内容可以分为统计性评估、过程评估和结果评估。

（1）统计性评估。EAP 咨询师要用统计方法撰写最常见的年度报告，统计的数据包括有多少员工来做咨询、咨询的次数、呈现的问题和主要时间、咨询结果，以及员工的年龄、性别、岗位等基本信息。这些数据主要来自来访者在咨询时提供的信息，是判断咨询服务使用情况的重要工具。

（2）过程评估。过程评估用来监控 EAP 咨询服务的优点和弱点，同时也了解 EAP 咨询是否达到了服务目标。过程评估包括管理层对服务的投入和承诺、行政服务如何进行、EAP 项目如何结合到企业构架中、EAP 是否足够胜任、EAP 达成目标情况（是否真实解决员工问题、有需求的员工是否得到服务）、使用服务的来访者情况（如年龄、性别、职位等）。

（3）结果评估。结果评估师尝试通过评估员工的咨询结果或者记录一些特定的指标（比如业绩指标和缺勤率的改变等），来考察 EAP 服务如何渗透到企业组织中给企业带来收益。结果评估需要用清晰的标准对变量之间的关系进行界定，选择合适的指标，在咨询前后进行测量，了解咨询后发生了哪些变化。EAP 电话中心往往没办法提供结果评估需要的全部数据，因此，需要个体、个体所在部门及整个组织的支持。

按照谁来评估，可以将评估分为来访者评估、咨询师评估和督导评估。

（1）来访者评估。通常在咨询结束后要求来访者填写表格，这种表格要求来访者评估咨询的有效性，往往是匿名的。这种评估一般包含关于接待的满意度、关于咨询师的满意度、关于咨询结果的满意度（本章附录五“EAP咨询质量评估调查表”），以及其他与咨询相关的问题（如咨询地点，咨询舒适性、保密性等）。

（2）咨询师评估。咨询师在每次咨询后都可以针对自己的咨询进行评估，思考咨询师和来访者的关系、来访者呈现的问题及问题是如何被解决的、介入和干预的方法是否适合来访者、是否存在违反伦理和职业道德的问题、咨询师在本次咨询中的收获和满意度、现在再来做这个咨询会有何改善等（本章附录六“咨询师评估流程”）。以上所述是咨询师采取自我评定的方式，除此之外还可以通过管理者、来访者和经理对其工作的反馈进行评估。

（3）督导评估。督导是整个咨询过程中除了咨询师外最了解来访者的人，因此督导报告是一个非常重要的评估EAP服务的工具。通过督导确认来访者的安全和受益、工作绩效的提高和改进；咨询师的个人和职业发展、咨询师有情绪的培训和发展的反馈；咨询中涉及的组织问题及不同层面的职责问题。

**3. 评估后需要关注的信息**

（1）是否获得了评估希望得到的结果？

（2）评估是否证明服务的成功？

（3）企业购买EAP服务是否值得？

（4）是否能定量评估EAP的影响？

## 第三节 EAP电话中心初诊咨询的技巧

### 一、初诊咨询的基本技巧

电话中心的初诊咨询师，一般要求是拥有人力资源与社会保障部颁发的二级咨询师职业资格证书的咨询师。他们具备成熟的咨询技巧和丰富的咨询经验。EAP电话初诊时间一般在15分钟以内完成，因此，在电话接诊过程中，要特别注意以下几个方面：表达共情；澄清问题；确定目标；达成共识；预约转介。

### 二、各相关问题的初诊咨询技巧

除了遵循以上基本原则外，在针对来访者不同的问题时，要重点询问不同的信息。这些信息对于正确评估来访者的问题及严重程度，进而有针对性地转介咨询师非常重要。比如针对职场问题，除了常规信息外，需要重点搜集来访者的学历、工作年限、工作岗位、工作内容等；亲子问题需要收集孩子的性别、年龄，是给家长咨询还是给孩子咨询，孩子是否知情并愿意参加咨询（普通员工的孩子不能单独接受咨询，但是可以与父母共同进行），父母双方的意见，家庭系统的评估等；婚恋情感问题需要重点收集来访者婚否、结婚年限、是否有孩子、是否与一方父母同住等。

关于职场问题的沟通可以参考以下案例。

## 案例 职场问题的初诊咨询

★ 案例介绍

初诊：您好！我是EAP服务预约热线，有什么可以帮到您？

来访者：请问我现在可以咨询吗？

初诊：我们通常是提前1～2天预约咨询，听起来您比较着急是吗？

来访者：我以为现在可以直接跟咨询师沟通。

初诊：我们是预约热线，收集信息，帮助您约专业的心理咨询师，您可以大致跟我讲讲您的困扰吗？

来访者：我说的你们会保密吗？

初诊：保密是我们最基本的职业道德，您放心！你的所有信息和资料不经您的授权，我们是不会泄露的。

来访者：这是我们公司买的服务啊。

初诊：确实，这是公司为员工购买的解决心理困扰的服务，我们也会提供给您的公司一些数据上的统计资料，但是不会把您的个人信息以及任何有可能识别您身份的信息提供给公司的。

来访者：你确定吗？

初诊：嗯，这点我是确定的。

来访者：因为我是刚毕业的学生，我觉得领导脾气太差，整天骂人，我有办法躲开他，不让他抓住我的把柄，可是有新来的同事，比较老实天天挨骂，我帮我的同事想了个办法对付主管，我有点担心，主管要是知道是我的主意会怎么样，有点担心。

初诊：嗯，您刚毕业时间不长，刚到这家公司，领导脾气很差，你还是能够应对的，同事比较老实，遇到这些事时您帮了他的忙，但是担心领导了解到这些情况，会对您的工作有影响，是吗？

来访者：是。我真的受够了，没想到工作后领导是这样，工作本身还好，整天挨骂，我想是不是换个工作哦，心情实在是太糟了。

初诊：领导的脾气不够好，让您听难以承受的，您希望通过咨询帮您达到什么目标呢？

来访者：我不知道，在单位待下去会很窝火，就是看看这种情况下我能做点什么，让我心情好些。

初诊：那你希望通过咨询让自己有些改善，是吗？

来访者：是，要是改善挺难的，不能改变我的领导。

初诊：也确实，工作环境不容易改变，让您有些情绪方面的困扰，可不可以在情绪方面让老师帮您一下？

来访者：嗯！

初诊：让您能够面对这个局面或者可以多些应对的方式。

来访者：我其实还想咨询，我是继续在这干还是换个地方。

初诊：嗯，希望更清晰自己的职业方向？

来访者：是！

初诊：您看什么时间咨询方便？

来访者：现在可以么？

初诊：我会尽量为您安排。如果咨询师不方便，您可以再给我提供一个备用的时间吗？

来访者：什么时间咨询？

初诊：从早上9点到晚上9点都可以咨询。

来访者：晚上9点吧，但我还是希望尽快。

初诊：嗯，我知道您很着急。怎么称呼您？

来访者：×××

初诊：您的工号是？

来访者：×××

初诊：电话是？

来访者：×××

初诊：您对咨询师有什么要求吗？

来访者：擅长职场的。

初诊：好。我稍后会打电话给您确认老师和咨询时间，您方便接吗？

来访者：好的。

★ 初诊电话点评

年龄、学历、工作岗位、工作内容没有问到；在这个过程中，来访者有想离开的想法，而咨询师没有共情这部分，是咨询师感到来访者提出这个想法，是情绪的一种表达，重点困扰是如何应对这样的领导而让自己平静；不用刻意询问来访者对咨询师的要求，除非在交流中感觉到对方的问题特殊，或者是比较挑剔型的来访者，提前询问对咨询师的要求可以为咨询做好充分的准备。

## 三、危机个体来访者的初诊干预技巧

### 1. 基本概念

危机干预包含两层含义：一是尽可能降低危机的消极影响；二是帮助企图自杀/杀人者打消其念头。危机干预包含两种形式：一是组织（如针对车祸幸存者、自杀目睹者等类似创伤群体所做的团体咨询）；二是个体（如个体处于自杀危机中）。其中第二种是电话中心需要重点掌握的类型。

### 2. 危机干预工作的重点

（1）高质量的倾听；

（2）坚定、坚持的态度；

（3）对有风险的来访者[①]要及时跟进；

（4）推进的进程放慢一点；

（5）团队是必要的（联系督导和咨询师）。

对来访者不可预先设定，尊重来访者独一无二的生命，给予其倾听和陪伴。咨询师不是给建议的教导者，而是一个坚定而温和的倾听者和陪伴者。

### 3. 参考话术举例

（1）这种情况下，换作别人，可能会考虑自杀，你也有过这样的想法吗？

（2）你打算怎么做？

（3）你产生了哪些消极想法？

（4）你想怎么报复她？

---

① 有风险的来访者指未能够达成承诺的来访者或即使达成承诺评估仍存在风险的来访者。未达成承诺指未能承诺放弃自杀行为的来访者，若承诺当天不死或两天内不死也算未达成承诺

(5) 你买的什么药？

(6) 你吃了多少片药？

(7) 你现在在哪儿？

(8) 伤口有多深？多长？流了多少血？

### 四、有关投诉与不满的沟通技巧

**1. 基本技巧**

(1) 要以成年人对成年人的态度交流，不卑不亢；

(2) 不要着急回答来访者的问题，把问题转化成来访者来电的真正目的，如咨询目标等；

(3) 提供解决问题建议的清单，至少提出两条，由来访者来选；

(4) 能够很好地自我察觉，不被来访者带着走；

(5) 回应时可以慢一点，不急着让自动化反应直接回应对方。

**2. 参考话术举例**

来访者："我约的是晚上八点咨询，现在都八点半了，咨询师还没打电话过来，你们怎么回事啊？"

初诊咨询师："看来您没按时做上咨询，如果是咨询师原因，真的很抱歉。您看今晚接下来的时间您方便咨询吗？我尽快和咨询师联系后给您答复。如果今晚时间不合适，您看明天什么时间方便呢？或者，您如果特别急，我帮您另约一个咨询师。"

## 第四节 EAP 电话中心的保密制度

### 一、保密制度的内涵

为客户保密是 EAP 服务人员的职业道德，EAP 服务机构的员工应尊重并尽最大努力保护客户的隐私，防止任何在未经客户允许的情况下，向外界或客户所在单位/公司泄露客户身份或评估、诊断、咨询等信息的可能。公司任何层级、任何部门的人都不会了解到某员工是否拨打了EAP电话，以及该员工的个人信息。EAP服务机构提供给企业的报告仅提供总体信息，任何具体的、可以识别个人的信息都不能出现在报告中。保密原则贯穿在整个EAP服务中。

1. **需要保密的信息内容**

(1) 客户的身份信息，包括姓名、出生年月、地址、邮编、工作单位/公司名称、身份证号码、工号、照片、电话号码、电子邮箱等。

(2) 评估、诊断和咨询有关的信息，包括：来访者的症状、情况，EAP诊断问题类型，咨询方案，转介机构的名称，初诊咨询员、督导及与其他同事之间互相讨论的有关于客户的内容等。

(3) 咨询过程中无意了解到的客户公司的商业秘密。

在同一机构内，关于诊断、咨询和转介方面的业务讨论是允许的，但讨论的前提是能够帮助咨询师更好地为来访者提供服务，讨论内容应隐去来访者的个人基本信息。如果在督导过程或讨论过程中，猜测出了来访者的身份信息或者发现参与讨论的人中有人与来访者有私人交往等情况，讨论应该立即停止。此外，为了工作需要，咨询师B从咨询师A处获得的客户信息不能向第三方再次透露，防止再次泄露来访者的隐私信息。

2. **如何做到保密**

EAP服务机构应尽最大的努力做好信息的保密工作，可以从以下几个方面努力，但是不局限下以下几个方面。

(1) 在一般情况下，以上提及的来访者保密信息不得向除助理咨询师和服务个案咨询师（或转介机构）外的第三方泄露。

(2) EAP服务计算机系统应该防止那些没有授权的人使用，并且用密码保护。所有书面的客户资料及档案必须在下班前交到档案库并锁上，并退出电子版的信息系统。

(3) EAP员工不允许把客户记录的复印件带出EAP办公室，除非是为了临床督导。如果记录需要转移，它应该放在一个上锁的保险柜里，并且由EAP咨询师亲自保存，案例的档案应该当天送还EAP办公室。

(4) EAP员工无论是通过邮件、电子邮件或传真给接受者传送文件，要提前给接受者打电话给予指醒，确保当事人亲自接收/发送这些信息。如果不是接受者本人接电话，在电话中应避免谈及任何与心理咨询相关的信息。

(5) EAP咨询师在公开场所碰见客户的时候，不能问候客户，除非客户首先问候EAP咨询师，而且应该由客户来决定他们的交往程度。当这种情况有可能出现的时候，咨询师应该事先与客户讨论。

## 二、关于保密信息的泄露

在一些特殊的情况下，如果有必要向来访者所属单位/公司泄露任何保密消息，需要客户的书面签字授权，并向来访者解释信息透露的原因和关于签订授权表格的内容和意图。授权表格应包含接受信息的人或者是机构的名字、哪些消息被泄露、泄露时间限制，以及日期、客户的签字和证人的签字等内容。例如，在正式的转介过程中，EAP咨询师会要求来访者签署泄露消息的授权，这样有利于EAP咨询师和来访者所属公司/单位相关部门的主管（如部门经理或是人力资源部门主管）之间的良好沟通，能够更好地帮助来访者解决跟工作有关的问题，沟通的内容一般限于员工参加EAP的程度和工作绩效的问题，那些有关来访者诊断和咨询推荐的具体内容仍是保密的。

在一些极其特殊的情况下，无需来访者授权，即可向相关部门提供来访者的信息。与此同时，要详细记录信息泄露的时间、泄露信息人的信息、接受信息的人的姓名和相关信息、泄露消息的原因、没有客户授权的原因、具体泄露的消息等内容。保密例外的情况主要有：①怀疑儿童/残障人士/老人遭到虐待或忽视；②医疗急诊（与当事人健康/性命相关的信息，为确保当事人的安全）；③来访者威胁伤害自己或他人；④心理咨询师受到卫生/司法/公安机关的询问（在法律允许情况下可以提供必要的信息，但应尽量为当事人争取最大利益的隐私保护）。

# 第五节 EAP电话中心的档案管理

EAP的整个服务流程，尤其是保密制度和对咨询效果的评估都要求EAP电话中心做好详细、周密的档案保管工作。从数据中分析规律，不仅有利于EAP服务机构服务质量的提高，更有利于帮助公司制定政策，为组织带来更高的收益。

## 一、档案记录的原则

（1）客观、准确。对信息的记录必须客观、准确，实事求是，不能模棱两可，对来访者主观的印象和假设必须标识清楚。

（2）具体、规范。对信息的记录要尽量具体详细，并要遵循一定的规范。在信息化的今天，EAP 员工应该学会将 EAP 信息系统作为主要的保存记录工具，方便初询和临床人员查找相关信息。

（3）及时。EAP 员工应及时处理记录，保存各个环节的信息，防止遗漏。

## 二、档案保管的内容

档案保管的内容包括：①客户的基本资料；②评估结果；③咨询方案或者是 EAP 的建议；④咨询进展和提供的服务；⑤转介的结果和跟踪情况；⑥经理和工会的咨询情况以及采取的行动；⑦保密信息透露同意书。

EAP 的记录员或者 EAP 经理负责监督这个档案活动的准确性和完全性。案例管理专家应该周期性地检查这些案例记录，确保相关的规章制度和程序得到了贯彻，发现缺陷的部分及时通报负责记录的咨询师/员工，并且给予充足的时间加以纠正。EAP 经理将与那些没有按时纠正错误记录的咨询师/员工做正式的工作交流。

EAP 来访者有权知悉 EAP 供应商在档案中记录了哪些消息。客户如果要求检查自己的记录，可以在咨询师监督的情况下进行档案查阅。来访者不能够复制全部记录，但是可以抄录部分内容。EAP 供应商尽最大的努力防止 EAP 档案记录在工伤、诉讼，或者是在员工和雇主及工会的争议中使用。EAP 档案记录应该与客户公司的个人档案或者医疗记录分开。

当案例记录被用作研究或训练目的的时候，首先要得到 EAP 经理的批准，并且客户的个人信息应该得到适当的保存，或者得到客户的签字授权。在所有的过程需要录音和录像的情况下，必须得到客户授权。当与督导讨论案例的时候，或者与 EAP 项目专业人员讨论案例的时候，不需要得到客户的授权。

# 本章附录

## 一、咨询预约和记录表

| | | | | | |
|---|---|---|---|---|---|
| 基本资料（请将来电者全名、地址和电话号码保存在一个保密的地方） | | | | | |
| 姓名 | | 性别 | | 年龄 | |
| 民族 | | 宗教 | | 婚姻状况 | |
| 是否有孩子 | | 有几个孩子（如果无，则不需要填写） | | | |
| 曾在哪里咨询过？第一次咨询日期： | | | | | |
| 转介人姓名、电话、地址： | | | | | |
| 转介原因和日期： | | | | | |
| 目前其他的专业帮助<br>全诊医生姓名和地址：<br>药物治疗（若有）：<br>曾在哪里咨询过：<br>咨询师姓名和地址：<br>督导姓名和地址： | | | | | |
| 评估 | | | | | |
| 来访者姓名 | | 咨询师姓名 | | 评估日期 | |
| 当前问题： | | | | | |
| 家庭历史/家谱： | | | | | |
| 咨询师评估规划： | | | | | |
| 咨询师评估规划：来访者关系：<br>（简要说明咨询过程中与来访者互动以及来访者的反应） | | | | | |
| 进度表 | | | | | |
| 来访者姓名 | | 咨询师姓名 | | | |
| 第一次咨询日期 | | 最后一次咨询日期 | | | |
| 出席率：<br>客户是否准时？①是 ②否客户是否定时出席？①是 ②否<br>如果不是，缺席的次数和理由： | | | | | |
| 问题范围/工作重点： | | | | | |
| 目标（是否已经达成，如果有变化，请详述）： | | | | | |

## 二、EAP 服务需要与来访者沟通的信息

1. 咨询是什么？

生活是复杂的——我们经历过的大部分问题都是具有多面性的。每当这时我们就需要在现实和情绪两个层面寻找答案。有些问题根本没有解决方法——但在过程中我们学会了理解并最终接受它们。咨询是一个帮助你探索和理解问题出现的情况，并因此得以选择满意的解决方式的过程。

2. 咨询帮助哪些人？

咨询可以帮助到大部分有工作问题或情绪问题的人。其中包括：发生在工作场合或家庭中有人际关系问题的人，经历丧失或者巨变的人，感到焦虑和沮丧并试图寻找内在原因或对应方式的人。

3. 我们提供什么？

一个初始评估，确认短期咨询，还是转介其他形式的帮助更加适合你。

一位符合经验丰富的咨询师。

4. 公平

我们不会去评判你和你的行为。也不会拥护任何第三方角色，或者在你们之间起中介作用。

5. 保密

除非你自己的告知，不会有任何人知道你使用了咨询服务。你的资料只会在咨询师和来访者之间沟通。只有当你或其他人的人身安全受到威胁，才会有例外的情况。

你的记录会作为咨询师备忘录的形式得到保存，并且只会以数字表示：你的名字和任何表明身份的信息都不会显示出来。

6. 咨询师会持续地接受外界的专业支持和督导，以保持咨询师的服务质量和你的隐私。

7. 快速的预约服务。你的咨询预约需求会在 24 小时内得到回复，在 48 小时内完成咨询服务。你预约的每次咨询一般在 50 分钟之内完成。如果有特殊需要，可与咨询师商量延长至 120 分钟，同时电话中心会得到咨询时间长度的报告。

8. 对你的期望：

准时参加咨询。如果不能准时参加，请提前电话取消预约，为其他人提供

预约的机会。

为了方便对我们的服务进行评估和改进，也许会要求你填写针对服务的调查表。为此，我们需要一个你的联系名称和地址，并与你的咨询记录分离开来，放至咨询经理处保存。

9. 如果你对咨询服务有任何问题或者需要投诉，请参见此联系方式：×××

## 三、初诊电话咨询的认知分析疗法评估流程

认知分析疗法评估流程主要包括以下五个方面。

### 1. 抱怨

当前探讨的问题是被当做一种让别人原谅的借口，还是真是存在的困难(身体症状)？它们是怎么演化的，有没有提前预兆？注意那些没有明确表达出来的隐患，如自我评价低下、内疚感等。在适当的时候，试着问以下问题：

(1) 为什么这个时候来做咨询?

(2) 问题是从什么时候开始的?

(3) 当时发生了什么事情?

(4) 在那之前发生过什么? 是什么时候?

(5) 是什么引发了问题?

(6) 感觉如何?

(7) 还有谁知道这件事情吗?(查看是否有支持系统的存在)

(8) 在此之前有过咨询的经历吗?

### 2. 历史

在做病史收集前，除了事实本身，观察来访者的阐述方式也非常重要。如是幽默、注重事实，还是充满绝望感、冷嘲热讽的，抑或是愤怒、疏离的；语速是过快（不想被人听清）还是过慢（让人一直提心吊胆)。

从来访者的姿势可以看出他生活中的态度和立场。仔细倾听遗漏的部分(如避免提及双亲或其中一位，或者回避生命中特定的一段时间)。

在谈到“我很虚弱”“我必须独自面对”“没有人理解”“这世界欠我的”等话题时，关注其倾诉的主题是什么。

在回顾生活历程时，从最接近当下的时段问起，但也要注意对以下几方面的察觉：

(1) 成年时光。如工作、居住环境、当下和过去的感情关系、亲密关系、社会和生活环境、生理残障或疾病。询问是否有任何重要的信息被遗漏了。

(2) 童年时光。如家庭构成、生活中的中断或混乱、行为榜样、竞争对

象、残忍的行为、药物滥用或虐待行为、生活中主要的分离、家庭规矩。询问来访者童年时对自己有何感觉；是否认可；他们对于某些事件的感受如何，他们是如何度过这些事件的。

(3) 青春期。如与家庭分离、从青春期到成人阶段是如何过渡的（存在哪些支持)、学校中的同学关系和成绩、性关系、性经验和问题、性取向。询问关于药品、酒精、犯罪行为、饮食失调和其他重要的问题。

(4) 任何精神疾病的历史。如抑郁、自残行为、精神错乱史，以及相关的药物治疗史。询问来访者是怎么理解自身这些问题的。

(5) 其他领域的情况，如用药史、分离和丧失、死亡、收养、宗教、信仰、希望和抱负。

### 3. 总结和澄清

在听到主要问题时给予回应，以确保来访者知道你在倾听。评估中的再形成，其本质是将来访者当下的问题和他们早年的应对技巧做简要的联结。关于总结和澄清的一个例子是："在我听来，你童年有一个酗酒的父亲，经常暴力虐待你和你的母亲，而对于此你选择了缄默和视而不见。而如今你因为这样的行为习惯经常受到忽视，最后感觉不到自己的重要性。"

总的来说，总结和澄清主要包含下列三方面的内容：①对方提供的信息；②咨询师对其的理解；③两人对信息的共同理解。

### 4. 目标

澄清来访者在咨询中的期望和自己能提供的帮助。澄清模糊不清的目标，如"我想变得快乐"。在来访者的期望（有时不切实际）和在一定次数限制内能达到的咨询效果之间寻找一个折中点。

### 5. 计划

如果这个来访者不适合由你来做咨询，在解释原因之后及时为其安排转介。如果还存在不确定因素，不妨再多安排一到两次评估。

确认来访者的联系信息（咨询次数，或者不限次数)、来访者可以接受咨询的时间、开始时间、地点、财政状况等。简要阐述 CAT 流程的架构和其协同合作的需求。

核对来访者对咨询师的性别/种族要求，是否有过紧急事件（如自杀)，是否有任何其他疑问。

## 四、EAP咨询服务保密协议

为保证你的利益，我承诺在双方共识的前提下，为你提供一个安全的环境，来使你探索你的问题和困境，并在合适的情况下图求改变。我会竭尽全力帮你在这样一个过程中取得进步。

作为来访者，你承诺在你我认可的时间里按时参加咨询，并且配合我将咨询时间最大化利用。

**保密**

咨询服务是保密的，但不排除以下情况：①当我接受定时督导时，你的案例可能会被提及。我会保证你的个人身份信息不被透漏。督导人员和我们不在同一家公司工作。②如果你给我的信息使我相信其他人会遭受危险或严重的伤害，在仔细考虑后，我也许会加以行动以降低这些危害。任何行动都会提前与你进行商讨。③在法律要求的情况下，我也许需要就某些信息与政府安全部门进行沟通（例如，与恐怖分子行动有关）。

**取消**

如果你取消咨询或更换咨询时间，请提前通知我。除非你要求接受咨询，预约将会被安排在其他时间。

**迟到或缺席**

如果你没有按时参加咨询并且没有提前取消，我会当作你参加了咨询。如果你在没有提前通知的情况下缺席咨询，我们会将你安排到其他时间，但时间上可能会有一定的延迟。

**时长和终止**

作为你的咨询师，我承诺结束咨询需要双方讨论。当然，你可以在任何时候终止咨询。如果要求结束，我非常推荐在此之前再进行一次最后的咨询。比较好的方法是提前计划好结束时间，但最后一次咨询也可以在一定程度上被当做终结。

**记录**

任何书面记录都会进行严格保密。根据我们的流程，最后咨询记录会被保留24个月。

**政策文件**

包括投诉流程和我们的道德规范。如有需要我们可以提供。

我理解并同意以上条款。

签名：　　　　　　日期：

## 五、EAP咨询质量评估调查表

我们非常感谢您填写此调查问卷，以帮助咨询服务更好地进行。您所有的反馈信息都将被保密，并只显示为笼统的描述。请在您认为正确的答案上打钩或者画圈。

**（一）一般咨询问题**

1. 第一次咨询时你的感受是：

A. 积极的、渴望的　　B. 不情愿、勉强的

C. 二者都有，复杂的　　D. 其他，请说明

2. 对接下来的咨询，你的感受是：

A. 积极的、渴望的　　B. 不情愿的、勉强的

C. 二者都有，复杂的　　D. 其他，请说明

3. 这项服务对你有帮助吗？

A. 有　　B. 没区别

C. 更糟了

4. 你希望：

A. 更多咨询场次　　B. 更少咨询场次

C. 现在的数量刚刚好

**（二）以下问题请按程度在1～10中选择一个数字，并在该数字上打钩或者画圈（1＝程度最低，10＝程度最高）。**

| | | | | | | | | | | |
|---|---|---|---|---|---|---|---|---|---|---|
| 1. 你认为服务的质量如何？ | 1 | 2 | 3 | 4 | 5 | 6 | 7 | 8 | 9 | 10 |
| 2. 服务是否达到你的期望？ | 1 | 2 | 3 | 4 | 5 | 6 | 7 | 8 | 9 | 10 |
| 3. 对服务的满意度如何？ | 1 | 2 | 3 | 4 | 5 | 6 | 7 | 8 | 9 | 10 |

**（三）以下问题是关于咨询师的描述，请按程度在1～10中选择一个数字，并在该数字上打钩或者画圈（1＝十分不实，5＝不实，10＝十分真实）。**

| | | | | | | | | | | |
|---|---|---|---|---|---|---|---|---|---|---|
| 1. 我觉得我可以打开内心，诚实地面对我的咨询师。 | 1 | 2 | 3 | 4 | 5 | 6 | 7 | 8 | 9 | 10 |
| 2. 我对我的咨询师没有什么信心。 | 1 | 2 | 3 | 4 | 5 | 6 | 7 | 8 | 9 | 10 |
| 3. 咨询师理解我的问题和难处。 | 1 | 2 | 3 | 4 | 5 | 6 | 7 | 8 | 9 | 10 |
| 4. 我的咨询师帮我更好地理清了我的问题。 | 1 | 2 | 3 | 4 | 5 | 6 | 7 | 8 | 9 | 10 |

续表

| | | | | | | | | | | |
|---|---|---|---|---|---|---|---|---|---|---|
| 5. 我和咨询师之间建立了一个良好的合作关系。 | 1 | 2 | 3 | 4 | 5 | 6 | 7 | 8 | 9 | 10 |
| 6. 我的咨询师好像没有怎么帮到我。 | 1 | 2 | 3 | 4 | 5 | 6 | 7 | 8 | 9 | 10 |
| 7. 我觉得我的咨询师的风格太具有挑战性了。 | 1 | 2 | 3 | 4 | 5 | 6 | 7 | 8 | 9 | 10 |
| 8. 当我讲述特定问题时，我的咨询师似乎有些不自在。 | 1 | 2 | 3 | 4 | 5 | 6 | 7 | 8 | 9 | 10 |
| 9. 我的咨询师帮我提高了在人群中互动的技巧。 | 1 | 2 | 3 | 4 | 5 | 6 | 7 | 8 | 9 | 10 |
| 10. 我的咨询师友善且令人轻松。 | 1 | 2 | 3 | 4 | 5 | 6 | 7 | 8 | 9 | 10 |
| 11. 我的咨询师非常关心我。 | 1 | 2 | 3 | 4 | 5 | 6 | 7 | 8 | 9 | 10 |
| 12. 由于咨询师的帮助，我应付问题的技巧提高了。 | 1 | 2 | 3 | 4 | 5 | 6 | 7 | 8 | 9 | 10 |
| 13. 能让这位咨询师为我咨询，我感到非常满意。 | 1 | 2 | 3 | 4 | 5 | 6 | 7 | 8 | 9 | 10 |

**（四）咨询师对你的生活有怎么样的影响？请按程度在 1～5 中选择一个部字，并在该数字上打钩或者画圈（1＝非常负面的影响，2＝部分负面的影响，3＝没有影响，4＝部分积极的影响，5＝非常积极的影响）。**

| | | | | | |
|---|---|---|---|---|---|
| 1. 与同事的关系 | 1 | 2 | 3 | 4 | 5 |
| 2. 与上级的关系 | 1 | 2 | 3 | 4 | 5 |
| 3. 与生活中其他人的关系 | 1 | 2 | 3 | 4 | 5 |
| 4. 你的自信心 | 1 | 2 | 3 | 4 | 5 |
| 5. 你的工作绩效 | 1 | 2 | 3 | 4 | 5 |
| 6. 投入对生活的享受 | 1 | 2 | 3 | 4 | 5 |
| 7. 作决定的能力 | 1 | 2 | 3 | 4 | 5 |

任何关于本咨询服务的其他意见：________________

以下问题可选择是否回答：

您的性别：　　　　　　　　您的年龄：

感谢您的配合协助！

## 六、咨询师评估流程

1. 见到来访者之前：

（1）确保咨询设置按你希望的进行！

（2）转介考虑：这是自我推介还是他人转介的项目？

如果是“他人转介”，来访者是否参与了这个决定？来访者对转介什么看法？认为本次转介是一次继续还是一次遗弃？

来访者一直受到的信息是什么样的信息？

转介推荐人的给我的信息都有哪些？

是否有转介信？

是否有必要再次联络转介人去了解更多信息？

2. 见到来访者时：

（1）介绍：自我介绍，引导来访者就座。

（2）介绍会面的时间和时长。

（3）与来访者分享你已知的信息（来自转介推荐人，来自来访者）。

（4）从开放式的问题开始咨询，例如：

是什么让你来到了这里？

你觉得我能如何帮到你？

要留意来访者潜藏的希望和恐惧，例如“我是不是有什么毛病？”“我是不是疯了？”同时还要注意来访者在“言语交锋”中的内容和形式风格，给他们带来谈话的机会，但是要马上将话题转移到他们的感受上。留意在谈话中带出的新话题。

3. 在会谈之后，用以下几个问题对自己进行评估：

（1）我对来访者的感觉怎样？

（2）我是否有能力应付这位来访者以及其所带来的问题？

（3）来访者在咨询过程中的感觉应该会如何？

（4）咨询时我们是否成功进行了联络？

# 第六章

# 有效的管理工具：
## EAP 与组织咨询和管理咨询

# 导　读

EAP服务一直遵循双重客户的理念，即EAP不仅致力于帮助企业员工及其家人解决困扰，同时服务于企业本身的特殊诉求，并致力于成为管理者有效的管理工具。

从2011年开始，海底捞从一个国内知名的餐饮连锁企业向餐饮、物流、原料生产供应甚至海外业务等领域集团化发展，组织架构不断调整，与之匹配的分配与收入机制、管理层调整密集进行。在组织快速变革时期，海底捞导入全员EAP服务，重点与EAP供应商一起为30余名中高层管理者研发和启动管理者心理顾问服务。帮助那些年轻的、身负重任的管理者快速成长，成为企业的中坚力量，为企业转型发展保驾护航。

有研究指出，EAP可帮助企业提高生产效率、降低成本，还可以帮助企业保留人才、降低缺勤及旷工率、降低事故发生率，并借此减少医疗成本，了解员工的真实问题，提高员工士气，增加员工归属感，从而树立企业人文关怀的形象。

# 第一节　EAP 与组织咨询

## 一、组织变革中遇到的问题

企业的发展离不开组织变革。内外部环境的变化，企业资源的不断整合与变动，都给企业带来了机遇与挑战，这就要求企业关注组织变革。尤其随着经济全球化进程的加速和现代信息技术迅猛发展，企业面临诸多不确定的因素，只有持续创新才有可能在变革中立于不败之地。然而，从心理学的角度来看，人往往渴望稳定和熟悉，不愿意面对一个新的环境，这种愿望得到强烈的体现，就会为组织变革带来巨大的障碍。

变革意味着失去，使得员工失去了原来的工作团队，破坏员工对企业的认同感，他们不得不去适应新的环境，去面对无数不确定因素。变革前，人们的感觉是安全、熟悉、适应的；而变革时，人们往往会产生惊讶、否定、怀疑、愤怒，这些负面的情绪往往会阻碍甚至破坏组织的成功变革。

很多员工在企业变革中难以正确处理自己的心理感受，他们或压力重重，或满怀焦虑，对企业甚至对生活失去希望，但他们不懂得如何主动克服消极情绪，只能被动面对，最终出现冲突、暴力、罢工等导致组织危机的事件。

## 二、EAP 在组织咨询中的目标

随着经济全球化的进程，EAP 越来越多地受到了企业的重视，也越来越多地被应用于解决企业各种问题。作为一项完整的 EAP 项目，在组织咨询层面上必须达到以下目标：

（1）了解组织的策略、运营、变化管理事项，以及与各团体阶层利益相关方面的信息。

（2）向组织提供人力资源问题咨询。

（3）当员工或者团队行为问题影响组织和工作团队计划或功能时，向组织提供行为问题咨询。

（4）向组织提供风险管理方面的咨询。

(5) 提供特定员工问题咨询。

(6) 在 EAP 项目中，向经理、主管和组织管理层人员提供培训。

(7) 确定 EAP 相关内容，向所有员工提供教育培训。

(8) 帮助问题解决的员工返回工作场所。

## 三、EAP 在组织咨询中的作用

### 1. 工作压力管理的组织咨询

有调查显示，目前有 20%的中国（尤其是大城市）员工感到压力过大，87.4%的企业经营者感到有压力很大、烦躁易怒、疲惫不堪、心情沮丧、疑虑重重、挫折感强和悲观等情绪症状。与此同时，一些与工作压力大有关的慢性疾病在企业经营者中具有较高的发病率。的确，在残酷的竞争法则面前，公司高管和企业员工都面临着内外压力的困扰，这无形之中使他们的心理问题更加突出，造成如高缺勤率、离职率、事故率及体力衰竭、精神恍惚、效率缺失、组织效力低下、抑郁症和自杀等一系列后果。中国疾病预防控制中心的调查显示，与 2004 年之前相比，几种常见慢性病（如高血压、高脂血症、慢性胃炎等）的患病比重都呈上升趋势。因此，企业经营者和员工心理健康问题已经成为 21 世纪管理者面临的新课题。当前，解决这一问题的有效途径之一是 EAP。据统计，《财富》500 强企业中，约 90%的企业为员工提供了 EAP 服务。

### 2. 工作团队冲突的组织咨询

冲突是不同利益阶层在观念和行为上的对立或对抗，是一种在满足各自需要的过程中遇到挫折、阻力或力图超越现状时的心理紧张和压力及其外部表现。美国的管理学教授曾巴达维就指出："倘若双方或多方对某些目标、价值或行为的看法不一致，相互排斥，便会产生冲突。"人际冲突在企业组织中是不会消失的，只要人是组织的参与者，那么冲突也会"参与"到组织中来。EAP 在降低冲突给员工及管理者带来的压力，提高管理者对员工冲突的解决能力，促进员工对冲突的理解等方面发挥了非常重要的作用。EAP 通过为企业提供情绪管理课程和沟通培训课程来帮助团队减少冲突，解决冲突。

### 3. 员工离职的组织咨询

在复杂多变的竞争环境下，企业员工的心理状态始终处于变动之中。在一个新的环境中工作，往往会产生漂泊无依之感，失去归属感。而对于企业来说，员工的频繁离职不仅造成巨大的经济损失，也绝对不利于企业的良好发展，一个好的企业往往需要一批稳定的员工，此时EAP的一个重点便是帮助新员工建立对公司的归属感与认同感，建立良好的组织承诺和心理契约。EAP通过帮助员工认可组织目标，崇尚组织愿景，增加企业与员工的情感链接，调整员工情绪来帮助员工建立对企业的认同感，从而降低员工的离职率。

**4. 裁员及裁员的组织咨询**

企业裁员会对企业中的各类人群都带来一定的心理影响。例如，组织的管理人员需要考虑以何种方式宣布裁员消息，预料员工会有何反应，应采取何种措施以应对各种问题，如何维护组织形象，等等；需要离任的员工会受到影响而感到惊讶、否定、愤怒、怀疑自己；即便是留任的员工，也难免会产生威胁和不安全的心理感受，大规模的变革甚至会导致他们对企业价值观念发生动摇，感觉自己的生活保障受到威胁。

EAP提供的裁员心理服务对于减少裁员过程的冲突和阻力，使组织顺利完成裁员任务，帮助被裁员工接纳变革，维护自我形象和心理健康，维持留任员工的士气和工作状态，减轻管理者的压力，降低管理成本，减少裁员对社会造成的负面影响，维护企业的形象，具有重大的意义。

**5. 并购中的组织咨询**

在企业或者组织成长的历程中，面临内部扩张或通过并购发展这两种选择，但随着企业发展的不断加快，通过融资来进行企业内部扩张成为一种高成本高风险的方式，而并购发展则成为众多企业的选择。并购的实质是在企业控制权运动过程中，各权利主体依据企业产权做出的制度安排而进行的一种权利过渡行为。并购活动是在一定的财产权利制度和企业制度条件下进行的，在并购过程中，某一或某一部分权利主体通过出让所拥有的对企业的控制权而获得相应的受益，另一个部分权利主体则通过付出一定代价而获取这部分控制权。因而，并购即意味着组织结构的调整，员工面临着环境改变、工作岗位改变、利益分配的变化、社会位置改变、被迫离职等，可能为其带来压力事件甚至是创伤事件，员工会出现恐惧、焦虑、不安全感，从而造成导致工作效率问题、归属感丧失和对企业丧失信心等各种不利企业的后果。此时，EAP在企业并购方面，从组织培训、团体干预和心理咨询的角度入手帮助企业度过动荡期，其作用就显得尤为重要。许多国际大型企业在进行并购前都会专门开展EAP计划，帮助员工顺利度过并购期。

6. 工作场所沟通问题

随着市场竞争的日益激烈，现代企业更加强调发挥团队精神，建立员工的归属感和认同感，而良好的沟通是一个团队提高组织凝聚力和提高工作效率的重要方面。以企业的绩效沟通问题为例来说明。绩效沟通是绩效计划顺利执行、绩效目标顺利实现的根本保障，是绩效管理的灵魂和核心。通过沟通，才能设定组织成员共同认可的绩效目标，才能在履行目标职责过程中不断勘误、提高效率，才能使绩效目标考核思想深入人心，考核结果令人信服。绩效管理的关键是上级同员工之间持续的双向沟通。EAP可以成为提升管理层组织沟通效果的有效工具，帮助组织提高沟通效率，达到满意的组织沟通效果。

## 四、EAP在组织咨询中的注意事项

1. 保密性

EAP咨询师在进行组织咨询过程中，会遇到很多问题，其中如何尊重员工隐私问题同时又做好组织咨询是比较棘手的问题。例如，酗酒、婚姻和家庭冲突、情感问题等都与社会评价有关，因此员工在这些问题上对于是否要向EAP寻求援助感到很犹豫。如果员工得不到隐私保证，不能确保有关他们的资料不会被泄露，他们会对EAP的服务产生疑虑、犹豫甚至抵触情绪。因此，EAP咨询师不仅要对参与EAP的员工实施保密措施，也要让管理层在接受EAP服务和使用EAP作为管理工具解决组织问题时做好保密的工作。这是EAP进行组织咨询和做好组织咨询的关键。

在EAP进行组织咨询的过程中，企业会需要员工的基本情况和一些相关资料，企业期待通过EAP的帮助能够解决组织存在的问题。在这种情况下，EAP咨询师在向组织提供咨询报告时，一定谨慎小心，在报告中可以有来自组织和员工的整体资料，但不能含有可能暴露员工个人信息的详细资料。以上情况在EAP组织咨询中尤为重要。例如，员工姓名、年龄、工作年限、工作岗位、特殊个人信息等，都是要严格进行保密处理的信息。处理组织咨询中保密问题的一个比较好的方法是：如果员工愿意并授权EAP咨询师，将自己的个人情况进行报告，以期对组织提供帮助，即获得当事人的同意并签署保密授权书，此时，EAP咨询师可以把员工个人资料写入项目评估或总结报告中。此外，报告涉及的员工个人信息，一定获得员工本人的书面认可，由他们自己决定哪些需要保密而哪些不需要。

2. **结合现实情况**

EAP 在推进现代企业过程中发挥了巨大的作用，对于组织压力管理，解决组织冲突等问题有重要的意义。然而，EAP 并不是一种万能药，尤其照搬一套 EAP 模式更是行不通的。在提供 EAP 服务的同时，EAP 咨询师需要结合中国目前实际情况和组织的实际情况，寻求最好的方式。例如，欧美一些发达国家和地区提供的 EAP 服务，普遍采用的是一种“外部 EAP”的方式，即由企业“买单”，聘请专业 EAP 公司为员工提供常年或短期的员工援助服务。但是，从我国的企业实际来看，某些大型企业，尤其是拥有良好资源的企业，也可以采用“内部 EAP”或者“内外结合的 EAP”服务模式更为合适。

例如，辽河油田自 2009 年开始实施内部 EAP 项目，取得了明显的成效，成为我国国企实施内部 EAP“第一个吃螃蟹的”企业。究其原因，可以看到我国的企业、特别是国有企业历来有重视开展职工思想工作的传统，许多企业设有党群工作部门，有常年从事这项工作的专业骨干队伍。近 20 年来，职工思想工作注重用行为科学来推进创新，初步具备了EAP服务的能力。由党群工作部门的专业人员来承担EAP服务，对企业来讲，既节省了聘请外部公司的费用，又对企业和员工的实际状况非常熟悉，使其服务的针对性、有效性大大增强。像辽河油田，在企业内部就拥有获得国家劳动与社会保障部认证的二级和三级心理咨询师200余名。企业内部EAP项目还聘请知名EAP专家和心理咨询专家进行针对性强化培训，加强了队伍建设，为内部EAP的开始打好基础。另外，组织如采用内部EAP形式，则EAP咨询师应特别注意保持客观、中立的态度和立场；如采用外部形式，那么专业EAP公司咨询人员则需要广泛而深入地了解、熟悉企业的内部情况，才能够在EAP服务的主动性、细致程度和连续性等方面做好工作。也有企业采用将内部EAP和外部EAP相结合的方式进行。

**3. 对象的特殊性**

EAP项目的重点是聚焦工作场所问题，针对的主要是正常的员工，而不是已经出了问题的员工，因而更多的是“预先防御”而不是“治疗疾病”，故具体实施项目时需要既全面又深入，照顾到不同类型和不同需求的员工。

**4. 反馈体系的重要性**

项目的有效实施需要有一个良好的反馈体系，咨询人员调查引起员工心理问题的原因，把培训、咨询中发现的与企业管理相关的问题反馈给管理者，并向管理者提供管理咨询服务，改善组织管理水平，帮助预防员工心理问题的发生，从而帮助组织改进和完善管理效能。可见，一个有效、顺畅的反馈体系十分重要。EAP组织咨询的反馈主要是以季度报告或者项目报告的方式呈现。

**5. 前期的调查**

对组织咨询的成功与否，前期对企业的了解和调查是很关键的，也是能不能确立一个好的开始的关键。根据组织咨询的目标和企业的不同需求，EAP咨询师会有不同的调查方案，在调查、访谈和分析的基础上整理出调查报告，这是成功开展组织咨询的第一步。

**6. 组织咨询目标要明确、有针对性**

组织咨询的目标是企业和EAP咨询服务机构共同商议出来的，目标要明确，在组织本身对情况的了解和掌握不太具体的情况下，EAP咨询师有责任帮助组织选择有效的方法，分析组织存在的问题，澄清组织咨询的目标，咨询目的与企业所思所想相吻合，不能南辕北辙。组织咨询目标的制定，是为了企业实现需要而确立的，组织需要被满足的程度，成为考量组织咨询的评估标准之一，也就是组织咨询目标设计的合理性非常重要。

**7. 各个环节围绕总体目标**

一个总体目标下面有许多小目标，小目标的实现是完成大目标的前提，大目标的实现是小目标的整合，小目标在最初制定的时候要围绕大目标，以总体目标为考量。另外，在组织咨询中，每个目标都是一个或者几个环节的活动，这些活动是不是能够达到最好效果也取决于各环节的逻辑编排和实施。在排列各个小目标的时候，除了要考虑和总体目标的配合，也要把各个小目标相互比较，合理地安排时间、次序和进度，这样才能达到预期效果。

# 第二节　EAP与管理咨询

## 一、EAP与管理咨询的关系

**1. 管理层是EAP的主要客户之一**

作为EAP服务的客户之一，管理者在工作中比员工面临着更大的压力，他们可能也希望通过使用EAP服务，来解决自身存在的个人问题，或得到关于工作场所事项的相关咨询，比如要求EAP帮助解决员工的个人问题，或帮助解决组织中存在的问题。在要求解决员工问题时，管理者可能会将绩效有问题的员工向EAP进行转介，也可能会寻求解决问题的指导方案；在要求解决组织问题时，管理者可能对组织面临的灾难、危机事件进行干预咨询，可能对工作场所暴力等行为现象进行政策咨询和管理咨询，还可能对组织正在面临的一些普遍性问题（如压力、工作-生活平衡等）进行咨询。

EAP在面对来自管理层的咨询时，最终目标不是引导管理层向EAP进行员工转介，而是把管理者作为客户，向管理者提供有用信息，帮助管理者发现处理特定情形问题的方法，使他们能够将管理工作做得更好，即EAP是管理者的有效管理工具之一。同时，当员工的工作表现出现问题，在管理行为不能奏效，或者员工工作表现不良甚至持续恶化时，EAP管理咨询还须帮助管理人员评估并确定向EAP的转介是否适当，并对管理层的转介给出相关的指导。

在进行管理层咨询时，EAP 咨询师首先要做的是将管理者当做客户，来倾听、了解管理者接触 EAP 的原因及对 EAP 有何期待，了解问题的存在时间、管理者所采取的行动、改进情形和员工对管理者行动的反应。在倾听过程中，EAP 咨询师要将关注重点持续放在工作场所事项上，如员工的出勤率、生产率、个人行为、同事关系等。在接下来的推进过程中，EAP 咨询师可以对管理者提出一些实用的建议。例如，不要因为员工而导致工作分心；不要为员工遮掩，而要使员工对业绩负责；不要分配其他员工来做该员工的工作；如果需要，可向人力资源部门或更高一层的管理者寻求帮助，以确认所遵循的人事流程是正确的。

此外，EAP 咨询师还应向管理者进一步解释 EAP 的角色，并对管理者的情绪做出适当反馈。在确认管理层转介时机适当时，EAP 咨询师要使管理者对转介做好准备，并帮助管理者完成转介，并对转介进行跟踪；如果 EAP 咨询师认为不值得向管理者推荐转介，则应该向管理者提出适当的解决建议。

### 2. 管理者是 EAP 的积极支持者

对一个企业的实际 EAP 需求进行评估，需要根据实际情况使用不同的评估方法，其中之一是管理者的观察。也就是说，管理者的观察和评价是企业 EAP 需求评估的方法之一。

很多时候，管理者常常容易忽视一点，即员工出现的问题是影响工作绩效的重要原因。例如，在国外，管理者会常常忽视物质滥用对员工产生的一些影响变化。管理者常常把这些问题解释为：“我当然知道他喜欢喝酒，但他干完了他该干的工作。”或者是：“他的确也曾出现一些问题，但我想那是因为他没有太注意。他常常这样。”管理者工作职责本身让他们通常能够发现员工的工作表现问题，但很难有意识地把这些问题与相关的原因联系起来进行分析。

要对员工工作表现的所有的数据进行分析的确相当麻烦，但“80：20”的标准常常是物质滥用问题的一个指标。当一个管理者总是花 80%的时间和精力来应付 20%的员工时，管理者就应该问问自己为什么会这样。除去一些明显的原因（比如这部分员工是因为到了新的工作岗位还不适应）之外，管理者应该对这部分员工进行深入分析，看看究竟是什么原因导致了其工作绩效问题的出现。

EAP 咨询师了解情况的一个好办法是对管理者进行匿名问卷调查。这种调查能够发现各种各样与员工绩效相关的问题，包括一些并非由物质滥用引起的问题（如缺乏技能培训、设备老化、长期超负荷工作等）。最后再以一个开放式问题结束，如："你认为你的员工出现工作问题，最主要的原因是什么？"在EAP的管理层咨询中，此类开放式问题往往会带来意想不到的收获。

另一种方法是与该企业中不同级别的管理者进行保密、结构化的访谈。这种方法常常需要在第三方介入的情况下，如在EAP资深咨询顾问的帮助下进行，以确保隐秘性，以及能够对一些敏感的管理问题进行充分交流。

3. EAP需要管理者的支持

成功的EAP项目要能够帮助组织增加收益，这需要EAP能够在员工的个人问题影响到工作质量之前提供帮助；但是为了保证来访者在咨询过程中能够积极主动，EAP又倾向于等待员工自己提出改变的要求之后才给予干预。不过，有些员工往往不愿意承认自己存在问题，或者拒绝接受帮助。此时，一旦工作中出现重大失误或人身伤害，组织就会面临无法弥补的损失。因此，管理者在发现员工存在心理困扰或出现工作效率明显降低时，应该鼓励员工向EAP寻求帮助。此外，管理者在工作中的权威角色，也有助于促使存在问题的员工接受心理帮助。可以说，管理者及相关人事部门对EAP的热心参与程度往往关系着EAP项目的成败，因此，EAP咨询师经常会在心理咨询项目开始前后，为这些人员安排一系列的相关培训。项目开始之前的培训往往涉及EAP的概念、执行程序等内容；项目开始之后，EAP咨询师则会对管理者进行一些旨在提高其员工工作状况评估和EAP管理转介技巧的培训。

## 二、管理层常见的咨询问题

1. 人事劳动管理

人事劳动管理是企业经营管理的一项重要职能。正因为人事劳动管理的对象是"人"，所以在人事劳动管理领域，从实务到理论的形成，都对人心理的研究和探求有不可分割的紧密联系。

创立世界第一家人事管理咨询公司的是Scott Miller。他提出了一个概念，认为人事劳动管理的目的是：维持工作所提供的机会、工作者的能力和兴趣之间的协调平衡状态，保持构成劳动工作者单位的人的健全，实现劳动工作者单位的劳动生产率。人事劳动管理的对象大体分为两类：一是把全体从业人员作为一个整理来对待的团体管理领域；二是针对每个从业人员的个别管理领域。属于团体管理领域的内容有工资奖励管理、从业人员福利、工会管理、关系管理；属于个体管理领域内容的有就业管理、人事安排、人事评价、教育训练、临时人员管理。控制着两个领域的核心系统是企业人事制度。

人事制度是指在统一的、一元制的组织层次内安置企业全体员工，在此基础上对个人实施各种管理措施（如工资管理、能力开发等）时发挥导向作用的职位分层制度，其中具有代表性的是职能资格制度。企业通过人事制度，向员工传达企业在“员工管理”和“能力开发”方面的指导思想。员工也可以通过确认自己在企业人事制度中的位置，来了解自己在企业内部的目标完成程度。因此，人事制度既是企业传达经营指导方针的手段，也是员工在公司内部自我确认的途径。员工劳动意识的评测，可以通过采用“员工士气评测”和“员工自我申报制度”等直接的办法来完成。

EAP咨询师在所服务的企业有与人事劳动管理方面的服务相关需求时，可以与人力资源部门合作调查，或亲自到各个工作现场直接调查员工的劳动意识和心理状况。EAP咨询师去接触或介入员工的内心领域时，要清醒、敏锐地意识到员工和企业、员工和人事劳动部门之间的关系问题，并采取慎重态度予以处理。EAP对于人事劳动管理方面的咨询与干预，一定要与所服务组织或企业的人力资源部门通力合作，遵循组织的管理规程，尊重组织文化，与组织的管理政策、方针与惯例相一致。另外，需要特别注意的是，除非组织有邀请，EAP不会主动介入到所服务组织的人事劳动管理事务中去；如果在EAP服务组织过程中，发现人事劳动管理问题造成组织绩效的重大损失，则需要与组织的人力资源部门和相关部门讨论，共同制定干预方案进行处理。

现在的企业环境，对人事劳动部门的管理者及EAP服务人员的要求也越来越高。他们不光应与员工、下属保持良好的人际关系，还要对心理相关方面的知识有系统、全面的理解，在正确认识双方各自立场的同时，能灵活有效地运用咨询知识和技法解决问题。

人事劳动部门的管理者面对制度变革的需求，应该正确掌握员工多元化、多样化的思想认识，改变过去那种人事部门主导的、单向推进的管理方法。在这方面，EAP咨询师所提供的心理咨询理论和具体操作技法，将是管理者解决上述问题时的巨大资源。

### 2. 人力资源风险管理

很多的商业风险都与人力资源有关，人力资源风险管理已经成为一个全面的商业风险管理的有机组成部分。好的人力资源风险管理应该从更广泛的视角看待人力资源相关问题，充分考虑人们在工作中的业绩表现和与他们的工作及组织有关的所有维度，而不是简单地认为人力资源就是雇用和解雇员工、制定薪酬水平和管理福利。

人力资源风险管理的过程包含两个类别的活动类别：风险评估和风险控制。人力资源风险评估由风险识别、风险分析、风险优先次序的区分所组成。风险控制包括计划、解决问题、持续监督。

在完成了风险评估过程之后，风险控制就成为 EAP 精确的切入点。正如 IPS 全球机构的专业服务主管 Bob Smith 所言，“EAP 有助于控制和监管组织，去降低人力资源风险，是人力资源风险管理的有价值的伙伴”。

在风险控制阶段，EAP 能够给人力资源管理的执行者提供有价值的资源。通过主动进行风险控制，如对员工进行问卷调查、对团队建设进行有效的练习、利用评估者进行 360 度评估，EAP 能够帮助人力资源管理的执行者们对这一努力的过程及结果进行监督和追踪，并能建立评价基准。而在这一环境中，EAP 面临的挑战是要将短期的操作性和长期的战略性结合起来。因此，EAP 有必要逐渐将组织中的高层管理者包含在其服务体系当中。

在人力资源风险管理的短期操作方面，一个组织应该寻求更高的效率、生产力和质量水平，以及更低的人员流动率，尤其是所谓的“知识型员工”的流动率。其间，生产成本在很大程度上地受到公司所处的背景、公司的性质、公司当前的地位及其商业策略的影响。一旦采纳 EAP 风险管理体系，人力资源风险管理最大的成本投资就必须用在以下方面：①人才能力的建构；②管理知识；③组织领导；④为改变职业道德规范、公司文化和工作环境而采取的措施。

需要澄清的是，组织并不需要为此做出巨额投资。作为一个全面的人力资源策划的一部分，EAP 所带来的每人每月的花费其实微乎其微，这种成本的节省将会随着 EAP 服务时间的延续而自然展现出来。

在 EAP 项目开始之前，使用商业成本、问卷、行业标准作为基准线；在项目进行中，使用监控系统去记录所取得的进步。这样，EAP 咨询师可以向管理层提供强有力的证明，证明 EAP 服务所隐含的巨大价值。除了提供由服务活动产生的报告以外，EAP 还可以使用组织的基本财务信息来增加 EAP 服务报告的维度，使之在行政高层管理者面前显得更为重要、更有分量和更有使用价值。事实上，公司的人力资源风险管理必须运用涵盖整个行业的整合信息，这意味着要使用一种节约成本的方式，去进行基本的沟通、制定特定政策和进行合作，以提高组织的整体业绩。

总之，组织管理员工时所使用的方法，将会变得日益精细与复杂。在 EAP

的参与下，许多更有效的方法将会被引进、调整并得到 EAP 所服务组织的支持，为组织创造巨大的价值。

### 3. 行为风险管理

行为风险管理最为简单的定义就是“对于影响组织财务和生产力成本的个人因素、人际因素、组织因素的评估和干预”。该定义的内涵为：①知道风险是什么；②在个体、人际和组织的水平上意识到风险；③意识到导致行为的因素。

对内部及外部 EAP 服务提供商的从业人员的调查结果显示，仅有不到1/3的 EAP 主要工作人员把自己看做是一个有组织的风险团体的一分子；而在最近的一个公共代理风险管理者协会（PARMA）会议上，几乎有 3/4 的风险管理者承认，EAP 在他们的风险管理策略中扮演着重要的角色。人力资源专家也倾向于把 EAP 看做是风险管理的一部分。这样的结果明显传达出这样一个信息：EAP 专业工作者应当把他们自己看做是行为风险管理的提供者和领导者，因此 EAP 专家们需要具备成功的行为风险管理所需要的技能、知识及干预方法。

完整的行为风险管理模式有五个基本阶段构成：①审查；②分析；③干预策略方案选择；④实施；⑤评估。

行为风险管理模式的第一步是审查。审查是对存在于病灶环境中的风险的确认过程，它需要诸如员工感知能力测量、管理信息系统、外在审查等工具。在另一种水平上，主管和经理应能意识到，并对当下环境的常见员工风险因素、信号及症状保持警觉。

第二步是分析。分析是确认一般的行为风险，并估计它们是否超出了一个特定的承受阈限。在组织水平上，分析可能包括高水平和标准程序的统计分析；在个人水平上，分析可能包括管理者对于其认为的一个潜在问题所处情境的主观观察。

审查和分析一旦完成，第三步就是选择干预策略的时候了。在最简单的水平上，干预策略会探讨以下问题：“我们将如何应对这个问题?”例如，如果风险因素是旷工，而且已知多数同类组织的平均病假使用率是 60%，而你所在组织使用率是 70%，你将使用什么方法来减少旷工事件的发生?

在管理的水平上，一名管理者可能会简单地寻求 EAP 咨询师来给予帮助，在旷工率较高的部门评估问题的类型，可能需要召开一个小组培训会议，或者进行更多的调查工作。有些组织可能想要为其工作组实施管理评估，或进行特定的问卷调查。

第四步是将所选择的干预策略付诸行动。在组织的水平上，这通常意味着时间和资源的投入。EAP咨询师作为行为风险管理者，要帮助组织看到风险控制上的投资所带来的成本回报及附加价值。在个体水平上，实施可能只不过意味着管理者究竟采取何种行动来实践自己对于行为风险的计划和步骤。

第五步也是最后一步是评估。如果评估结果发现干预是有效的，下一步就是转移到下一个被确认的风险上；如果干预无效，则必须重复一遍分析、干预和实施的过程，并将重点更多地放在如何形成对问题的准确定义上。然后，根据问题制定干预策略/方案，并组织实施和进行评估。

**4. 减少工作场所的暴力**

工作场所的暴力指的是工作场所中所有能引发人们恐惧或导致人们顾虑身体安全、心理健康的身体或非身体行为。非身体行为的工作场所暴力包括骚扰、暴力胁迫或威胁，以及语言、情绪或心理的虐待。

有研究显示，在美国所有公司每年为工作场所暴力所付出的代价高达50亿美元。这些代价包括丧失生产力、旷工、抑郁、焦虑，以及那些被员工认为不安全的工作环境给他们带来的压力感。轻微的暴力威胁就可以降低员工正常的工作水平。因此，减少暴力的发生和降低暴力所带来的影响、保证其员工的安全，就成了组织的基本需求。组织必须拥有恰当的工作场所暴力干预策略，以及能够帮助管理者和员工识别潜在危险行为警告信号的资源。

EAP咨询师可以协同保安部门、人力资源部门及管理部门，执行减少工作场所暴力的政策，并对管理人员进行培训，针对员工开设相应课程，如愤怒管理、与难以合作员工的交往、压力管理、维持工作-生活平衡等。在宣传方面，EAP咨询师可以将传单、小册子及明信片等，放置在公司的休息室、活动室和食堂餐厅中，提醒员工如果怀疑存在潜在的暴力，EAP咨询师随时可以为他们提供安全、保密并有效的帮助。EAP咨询成为员工应对工作场所暴力的强有力的支持系统。

管理人员培训的部分内容针对的是教育员工怎么有效地观察和记录危险行为，并提前干预，以避免可能的暴力行为。因为过去的行为是将来行为的良好预测指标，管理者有必要去识别常见的危险因素，并做出相应的反应，从而避免员工当中出现逐步升级的攻击性行为。

EAP咨询师可以开发一个针对员工的干预方案，比如愤怒管理项目，来为那些已经表现出不当行为、但还没有达到犯罪标准的员工提供帮助。在愤怒管理项目中，甄别潜在的、需要进行愤怒管理干预培训的成员，是正规程序的第一步。首先，EAP 咨询师需要制定一个用来判断员工行为是否适当的评估标准，而这些标准的建议和评估的实施取决于管理部门和人力资源部门向 EAP 咨询师所提供的信息。因此，EAP 咨询师应该清楚地意识到，在 EAP 所服务部门进行工作场所暴力行为管理项目，必须得到组织中人力资源部门和管理层的配合。

当评估标准制定出来之后，管理部门、人力资源部门、EAP 咨询师将形成一个工作场所暴力行为管理干预小组，一起回顾该员工过去的行为表现，辨别在过去一段时间，该员工是否有过暴力表现或企图。管理部门有必要提供该员工相关的信息，比如是否经常出现暴力相关行为，是否此类行为模式一再重复出现、现有的纪律维护或者管理措施是失败的，以及是否有过的非正式的 EAP 转介。

接下来是就工作场所的暴力行为向 EAP 愤怒管理项目进行委托转介。有必要向 EAP 咨询师和组织管理层强调的是，尽管此类转介是强制性的，但是它与一般的违规违纪行为并不是一回事。愤怒管理培训课程并不是一种治疗，而是教育性的，通常以团体形式进行，为的是可以提供一个较为安全的环境。课程内容可以包括认识愤怒、讨论愤怒的认知过程、对愤怒情绪及愤怒行为的鉴别、有效沟通、与难以合作人物打交道，最后再安排适当的复习课程。每节课后都会有家庭作业，每周也都会设定特定的目标。在项目结束之前，成员还须参加考核，EAP 咨询师将会以此决定是否需要延长某些员工参与该项目的时间。

## 三、管理层转介咨询

管理层转介是 EAP 服务中非常重要的内容。管理者由于观察到员工的绩效、出勤率或工作能力下降，而对员工做出转介行为，称为 EAP 管理层转介。管理层转介的原因主要有三点：一是许多生产率问题及员工冲突可以通过向 EAP 的转介而得以改进；二是许多员工不会就个人问题寻求帮助，但是在管理者的鼓励下，他们很可能会寻求 EAP 的帮助；三是当管理者为咨询而接触 EAP 时，他/她可能得到对于某种特定情形的好建议或者直接的帮助，而使得员工不需要向 EAP 转介，这样的好建议和帮助在管理层面上也是有极其有价值的。

EAP的管理层转介有两种类型，即非正式管理层转介和正式管理层转介。非正式转介通常是管理者建议、鼓励员工向EAP咨询师寻求帮助，一般不包含书面文档，管理者可能要求，也可能不要求来自EAP的反馈信息；正式的转介包含书面文档，管理者通常希望得到来自EAP的正式的反馈信息。

由于EAP要求保证员工在接受任何咨询时是自由且不是被迫的，因此管理者在就转介问题与员工进行沟通时，应基于员工的客观工作表现，而不是自己的主观判断。在上述两种形式的转介中，员工的参与必须是自愿的，且在转介前，管理者应就相关事项向EAP进行咨询。

在咨询过程中，管理者最常关心的事项包括：①管理层转介的员工会如何反应？②向EAP转介是否会伤害员工？③EAP转介是否会让员工感觉受到侮辱或者歧视？④员工的同事对此会有何反应？

此时，EAP咨询师应向管理者提出一些实用的意见和建议，并向其解释EAP在管理层转介中的角色，告知管理者尽管EAP咨询师向被转介的员工提供咨询，但是管理者仍对员工的工作表现和工作绩效负有责任；EAP咨询师会做一个保密的评估，并制订相应计划，以改善员工的工作表现、提高工作绩效，但同时员工也要对自己负起责任；接受EAP咨询师的咨询不会对员工的职业生涯造成伤害；如果员工表现不好，接受EAP咨询也不能成为员工不好好工作、绩效下降的借口。因此，接受管理层转介EAP咨询服务，并不能使员工免于绩效考核或者逃避管理规定的要求。

面对管理者在管理困难员工中的为难情绪，EAP咨询师应当做出适当的反馈，如向管理者保证将全力以赴解决问题，并强调与EAP咨询师及时沟通并寻求EAP帮助，管理者的行动是正确、专业的。同时，EAP咨询师要帮助管理者了解自己对目前情境的感觉和情绪（如愤怒、挫折感、压力感、负罪感等）都是正常的，帮助员工的最好方法是成为一个好的管理者，而要成为一个好的管理者，有时就意味着要从与情境有关的不良情绪中走出来。

在确认将绩效问题或者工作表现不良员工进行管理层转介是适当的之后，EAP咨询师需要与管理者确认这应该是一个非正式转介还是正式转介。如果是正式的转介，根据EAP程序，EAP咨询师需要对EAP转介服务所需要的文件材料进行检查，并帮助管理者预测员工的反应，练习一些向员工解释转介的方法。最后，EAP咨询师应与管理者一起回顾保密程序、设置转介时间，并确认后续联系的方式。

总的来说，在管理层转介中，EAP咨询师的立场应该是中立的问题解决者，在与管理者及其他相关人士进行适当沟通的同时，必须严格遵循保密规定。EAP咨询师必须知道如何设置工作界限，在为管理者提供咨询时，应采取EAP的专业态度，而不仅仅是临床态度。如果管理者对于抑郁或其他健康问题有负面观点或错误信息时，EAP咨询师必须对管理者进行知识教育和培训。

## 四、管理层转介咨询的注意事项

在管理层转介的过程中，管理者自身可能存在着一些潜在问题，如管理者可能期望EAP咨询能解决所有问题，对EAP咨询抱有不切实际的期望；管理者可能不愿为管理员工的工作而承担责任，或者希望得到过多的关于员工的隐私信息；管理者可能向其他人过多地谈论员工的问题，管理者的行为可能损害员工而不是真正想帮助员工。对此，EAP有一组设计好的流程，以便向管理者描述转介的整个过程。除此之外，EAP咨询师应对管理者提供与EAP有关的管理层转介培训，对于不适当的管理层转介，EAP咨询师应礼貌地回绝。另外，有书面文件材料的管理层转介将可以解决许多潜在问题。

在将员工转介到EAP之后，管理者可能因为很想知道他们的员工发生了什么而向EAP咨询师询问员工的个人信息，如果EAP咨询师不能与管理者进行交流，管理者们会感到失望。因此在接受管理层转介之前，EAP咨询师应该首先向管理者解释保密原则，并鼓励员工签署保密授权同意书，以便于与管理者进行交流。

在正式的管理层转介中，在没有得到员工保密授权同意书的情况下，EAP咨询师可以透露：

(1) 员工是否接受了EAP咨询；

(2) 员工是否同意遵守EAP的建议；

(3) 对于如何处理员工的问题提出一般性建议；

(4) 工作中的员工有随时自杀的危险；

(5) 工作中的员工需要精神科或其他医疗帮助；

(6) 员工威胁要伤害工作场所的其他人。

此外，EAP咨询师还可以与管理者讨论员工在工作中的表现、出勤率状况、与其他同事的关系等，而不得与管理者讨论管理者不需要知道的个人信息、EAP咨询师对员工的猜测、EAP职责之外的建议（如管理决策）等。

# 第三节　EAP在组织中的推广与实施

## 一、主要推动因素

### 1. 专业EAP咨询师队伍的成长

任何一种事物的推广都必须有一群对其坚信不疑的追随者。EAP要发展，要在世界范围内推广，必然离不开这样一群人。他们熟悉EAP，推崇EAP，致力于将EAP推广到所有组织当中去。

### 2. 媒体的宣传推动

随着通信和网络的不断发展，媒体在事物推广和宣传中发挥了越来越重要的作用。如果能合理利用媒体的巨大能动作用，必然能将EAP的事业在世界范围内更好地传播。

### 3. 组织本身的巨大需求

随着组织的发展和面临的问题，EAP应运而生。EAP能够为组织在提高生产效、降低成本、保留人才、减少缺勤及旷工率、降低事故发生率、减少医疗成本、了解员工的真实问题、提高员工士气、增加员工归属感、树立企业人文关怀的形象等方面做出贡献。在管理层面，EAP能够在减少员工的投诉、有效处理与员工下属之间的关系、避免涉入私人问题、有利于保持绩效期待、提高绩效追求目标，改善员工关系、更有效地在领导整个团队方面做出贡献。从员工层面，EAP能够在提高工作绩效、提高生活质量、提高工作满意度、增进身心健康、降低工作压力、更融洽地和他人相处、促进工作-生活平衡方面做出贡献。因此，在组织本身对EAP服务存在显现或潜在的需求，催生并促进了EAP的发展。

## 二、如何推广

### 1. 宣传

EAP的宣传有以下一些方式。

1）讲座

以讲座作为宣传推广工作的开端，是一个最优的选择。这种面对面的直接沟通模式，可以让组织内的人员在项目开始就对执行项目的 EAP 专业人员有一个感性的认识，增强双方的亲切感，使他们在日后接受服务时更有安全感，更加放心。同时，这样做还可以更快地让组织内的员工融入整体 EAP 项目中来。

2）EAP 使用手册

除了开场讲座外，也应该给所有 EAP 覆盖范围内的员工分发使用手册。使用手册的主要功能是向员工介绍 EAP 的概念、提供服务的类型和范围、获得 EAP 服务的途径、EAP 专家的资历背景。基本的内容和讲座相似，但作为印刷制品，它的优势就在于方便携带、易于保存，需要的时候可以反复阅读。当员工遇到任何问题或困扰时，能想到身边还有这样一份资料，按照它的使用指导就可以得到 EAP 专家的援助，使他们在心理上形成安全感，尤其是在对一些典型的企业危机事件（如员工自杀、重大工伤事故等）的处理中有非常重要的作用。

3）其他

除了使用手册和讲座外，还有其他宣传形式可以用在第一阶段的宣传推广中，比如宣传栏、海报等。这些宣传品的内容和使用手册基本相似，因为是张贴的形式，更容易引起员工的注意。在工作场所设置这些精心设计的宣传品，可以让员工在工作之余随时驻足观看，更好地起到第一阶段宣传作用，帮助组织中的员工了解EAP，信任EAP，达到促进其使用EAP的目的。

**2. 推动**

在宣传的基础上，对EAP的知识进行更深层次的讲解，包括以下一些内容：

1）系统培训

通过开设课程等方式让企业或广大员工了解EAP的思想和精髓。

2）具体实施

再华丽的宣传都不及在企业中进行真正的EAP实施，只有让企业知道EAP能够为他们带去什么，员工在遇到问题时得到EAP的有效帮助，才能感同身受，口碑相传，他们才会真正接受EAP，信任EAP，使用EAP。

## 三、推广中面临的问题

**1. 组织中的领导不够重视**

目前，中国的EAP市场还处在一个萌芽的阶段，企业对EAP的使用和认知还非常有限。外资企业中，外籍主管对EAP充分理解和接受，但中方的HR人员对EAP的了解不够；本土企业开始希望了解EAP，但是从理解、认同EAP理念到实际的购买，还需要一个漫长、艰苦的市场教育和培养的过程。

**2. 专业团队的成长和专业技术工具的使用问题**

由于各种先天或后天的原因，使得目前EAP专业团队相当匮乏，专业技术工具也不能够得到有效的使用，这使得EAP在推广中受到了巨大的阻碍，要让企业接受、信任EAP，需要更多专业人才来提供优质的EAP服务，产生良好的声望，形成规模效应。

**3. 接受服务人群的认可程度问题**

一个新生事物能否被接受，最终要看被服务人群的认可程度。EAP服务的是企业，是管理者，是员工。因此，要推广EAP，从企业和员工处着手是很重要的一方面。目前，企业及员工并没有给予 EAP 足够的重视，这是 EAP 推广过程中一个巨大的阻力。

4. EAP 使用价值的体现问题

EAP 服务机构通常是把它作为一种有偿服务推广给企业或组织的，然后由企业组织再作为一项福利项目免费提供给员工。在这个过程中，企业、组织会特别关注它的成本效益或投资回报，但如何在短时间内来评价一个 EAP 项目的成功与否，是十分具有挑战性的工作。事实上，一个企业、组织是否购买 EAP 服务，与该机构的决策者的人性观念和人本思想意识有非常密切的关系，同时取决于他们对企业员工心理、行为问题的重视程度，以及对 EAP 工作效果的影响等方面的敏感性。所以，EAP 要在组织和企业中得到认可，EAP 服务要有较大的发展，单纯靠专业的 EAP 服务公司单枪匹马地作战，成效会受到影响。对组织决策者进行有关 EAP 作用、理念、效果的培训教育是非常有必要的，新闻媒体的宣传支持也相当重要。

## 四、EAP 的实施程序

完整的 EAP 包括组织状况评估、宣传推广、管理层培训、心理健康咨询服务等内容。一般的操作步骤为：

(1) 在企业内部为员工建立一个心身健康评估系统，对与评定内容有关的信息进行汇总、分析、处理、保存、提取和实际的评定，尽早发现问题，并在问题尚未发展恶化前实施帮助并进行解决处理，实现人力资源管理从事后的补救处理功能转向事前的预先干预，达到防患于未然的目的。

(2) 在企业中对 EAP 进行宣传推广，提高员工的心理保健意识。一旦出现个人或工作问题并影响到工作绩效和满意度，员工就可提出申请，接受 EAP 服务。

(3) 进行教育培训。一是要进行管理者培训，使管理者能够在工作中预防、辨识员工心理问题的发生。强化管理层对 EAP 的了解和加强转介使用意识，关注员工与绩效相关的表现，及时发现员工存在的问题，使用 EAP 作为管理工具，更好地解决实际问题。二是对员工开展保持积极情绪、工作生活平衡、自我成长、职业生涯规划等专题的培训或团体辅导，提高员工自我管理、自我调节的技能。

(4) 对员工进行专业的心理咨询与援助服务。例如，开通 24 小时 EAP 咨询服务热线电话、开辟咨询室等，使员工能够顺利、及时地获得 EAP 专业咨询帮助和服务。企业可以利用自身资源或外部专业机构的力量来提供此项服务。如果利用自身资源，服务者必须接受专业培训，达到职业化标准。更重要的是，服务者必须对员工的所有信息保密，尊重员工的隐私，建立规范且严格保密的 EAP 客户档案。

（5）EAP 的提供特殊服务。根据 EAP 所服务组织的需求，在危机干预、企业裁员、企业大规模并购或转型等特殊时期或事件中提供专业的心理援助服务。

（6）除上述内容外，EAP 项目还应当有良好的监控和反馈机制，保证其正常、正确运行，并及时报告项目中发现的企业管理问题，提出相应的建议。

就 EAP 个体服务操作层面，总的来说可分为三个部分：第一是针对造成问题的外部压力源处理，即减少或消除不适当的管理和环境因素的影响；第二是处理压力所造成的反应，即情绪、行为及生理等方面症状的缓解和疏导；第三是改变个体自身的成长，即改变个体不合理的信念、塑造健康行为模式和生活方式等。

## 五、EAP 实施面临的问题及建议

### 1. EAP 评估中的实验设计

EAP 服务有效性评估历来为组织所重视。为了测量 EAP 的服务是否有效，EAP 咨询师可以设计一个有控制组的标准实验，但是这样的实验在实施时有较大难度。由于实验必须要考虑到评估的保密性，保证参与 EAP 的员工不被外人所知，所以在 EAP 效果评估的实验设计上，随机分配员工到控制组或者是接受 EAP 援助服务的实验组的可行性有一定困难。这种实验的随机分配有可能会导致参与 EAP 的员工在他所在的实验组里与他的上司、同事相遇，或者遇到别的熟人，这样他们就会知道对方也接受了 EAP 服务。因而在设计 EAP 评估实验时，要谨慎使用随机分组的实验设计，遵循 EAP 服务保密性原则的一贯性。

### 2. EAP 评估数据收集

由谁来负责收集数据是评估 EAP 过程中另一个让人感到两难的问题。如果由执行 EAP 以外的人员或研究机构来负责，那么就会出现下面两个问题：①保密性更加难于保证；②由于他们通常没有参与前期 EAP 计划的制订，EAP 服务评估所需要的很多数据有可能不会被收集。如果由EAP专业人员来负责数据收集的话，由于他们往往缺乏足够的研究专业知识而必须要先接受培训，而这又会花费更多的时间，使得EAP的评估又遇到时间上的问题。除此之外，EAP专业人员总是会去担心评估结果是否与他们的预想吻合，这种期望不仅会对评估产生影响，也会影响到数据收集人员的工作效果。

1987年，Akabas在研究中提出，由EAP专业人员负责收集的数据在基本的信息方面有所欠缺，如没有提供完整的成本-效益信息，这会对以后长期的后续追踪研究有所影响。同年，Califano也提出，对后续追踪研究的数据进行收集可以更好地证实接受EAP的员工是否真正获得帮助。为了使这种两难的情况不影响评估客观性和公正性，研究设计必须让那些缺乏专业研究经验的EAP专业人员获得在研究方面的专业培训或帮助。最好的方式就是通过合作来完成评估工作，让EAP专业人员和专业的研究人员组成团队来进行EAP的评估工作。

**3. EAP评估的数据类型**

EAP的评估需要基于质性研究与量化研究两种数据。Sonnenstuhl和Trice（1986）提出："那些有关的质性研究的数据资料主要适合描述，这种质性数据的研究方法适用于一些理论的产生；而基于量化研究数据的研究方法则适用于去验证那些理论。"因此通过访谈所获得的有关EAP的信息也是评估中必不可少的部分。

# 第七章

# “稻草变黄金”的秘密：EAP 服务中的心理健康讲座、培训与团体辅导

# 导　读

第二届中国EAP峰会的高层对话环节，世界500强企业内部EAP官员、EAP公司的老总、知名EAP专家和政府机构的代表热烈讨论EAP服务的最佳模式。大家提出解决方案的概念，由此涉及EAP服务产品与工具。大家一致认为，在中国本土的EAP服务中，培训非常重要。但是，EAP培训与通常大家耳熟能详的心理健康知识讲座、与管理顾问公司的培训、与专业培训机构的课程有什么不同？

首先，从目标看，EAP培训是服务于整体EAP目标的，是与EAP服务方案紧密联系的一个模块。其次，EAP培训呈现多样化的趋势。心理健康讲座、健康生活方式教练、理财与投资、正念与瑜伽、如何成为高效能父母和中医养生等都可以成为培训内容。最后，有关EAP项目的推介导入培训尤其重要，其效果会影响EAP服务的使用率和顺利推进，甚至影响员工和管理层对EAP的认知评价。

本章将对EAP培训讲座的意义、内容、类型和注意事项进行详细解读，并举例说明。

# 第一节　心理健康培训在EAP服务中的意义

现在，随着EAP在企业里越来越受到重视，特别是随着人才和市场的竞争日益激烈，人们生活和工作的节奏加快，压力加重，企业员工面对激烈的竞争和工作的压力，容易出现心理紧张、挫折感、痛苦、自责、丧失信心等不良心理状态，心理健康教育、培训、辅导十分必要。实践证明，良好的心理教育、疏导和训练，能够增强员工的意志力、自信心、抗挫折能力、自控能力和力量感，还能提高员工的创新意识、贡献意识、集体意识和团队精神。EAP中员工心理健康培训对企业的意义如下。

### 1. 创造良好的工作环境

EAP咨询师可以为员工和企业提供战略性的心理咨询，确认并解决问题，以创造一个有效、健康的工作环境。

### 2. 增加组织凝聚力

通过对员工的辅导，对组织环境的分析，帮助人力资源管理者处理员工关系的问题，消除可能影响员工绩效的各方面因素，进而增加组织的凝聚力，帮助公司提高效率增加竞争力。

### 3. 吸引人才

企业重视员工的心理帮助就可以吸引优秀人才的加盟。这不仅是企业本身的需要，更是人才自身的需要。据观察，许多人才在选择应聘企业时，其中一个重要的因素便是要考虑这个企业是否把员工作为企业最大的财富，从而是否为员工提供良好的员工心理帮助机会。有公司曾在北京的十几所大学进行过大学生求职意向调查，结果表明：80%以上的人把去外企谋职当作自己的第一选择。当问及原因时，他们几乎都把外企的员工心理帮助、人文关怀与发展的机会当做首选因素。

### 4. 培养人才

为了确保企业高效运行，企业管理者通过实施有效员工心理帮助可以迅速提高员工，特别是关键员工（如部门主管、中层管理人员、核心技术人员等）

的能力，这些关键员工的能力提升之后可以让他们带动一般员工的进步。

5. 留住人才

当员工无法有效地完成自己的工作时，就会形成工作压力，并在各方面表现不良。成功的员工心理帮助能通过员工技能的提高，有效地减少工作压力并增加工作乐趣，减少人员流动和流失。员工心理帮助是留住人才的重要手段，在企业发展的每个阶段，都有企业最需要的人才和相应的岗位，企业只有对员工进行心理帮助，让其得到相应的技能和素质培训和提高，为企业的发展做出贡献。如果员工没有企业需要的相应的技能和素质是不可能留得下来的，即便是留下来了，企业和个人也都不会有所发展。

6. 激发积极性

员工心理帮助可以吸引人才，更是激励人才的重要手段。在人力资源开发与管理中，对员工的心理帮助往往被视为企业的福利。通过员工心理帮助，可以最直接地满足员工的自尊，鼓舞士气，帮助其激发潜能、自我实现。通过心理培训，员工会感激管理层为他们提供了使自己成长、发展和在工作中取得更大成就的机会，自然有效地增强了对企业的向心力和凝聚力。通过心理培训，让员工拥有正确的观念和健康的心态，还可以强化员工的敬业精神。

7. 提高效益

通过心理帮助，员工的工作态度和表现将变得更加积极，工做出错率则会明显降低。反映在具体工作方面，就是降低了成本，提高了工作效率。当企业所有员工的工作效率得到提高之后，企业因此既可获得因人员素质的提高带来的实际效益，更可获得因员工主动性、积极性和创造性的激发所带来的面向未来的巨大效益。调查显示，摩托罗拉公司每花费 1 美元在心理帮助训练上，就可以连续三年每年获得增加的 30 美元的生产效率。哈佛大学一项研究表明，员工的工作满意度每提高 5%，企业盈利随之会提高 2.5%。越来越多的企业家已经明白一个道理，“投在人脑中的钱比投在机器上的钱能够赚更多的钱”。

8. 增强竞争优势

面对市场的竞争越来越白热化，企业决策者一定清楚，只有与对手相比存在一些特定的竞争优势时，才有可能在激烈的市场竞争中赢得一席之地。而最能体现竞争优势的就是企业的人才优势。因此，对企业而言，员工心理帮助正是增强人才优势进而增强企业竞争优势的最佳手段。

# 第二节 EAP 心理健康教育的类型

## 一、压力管理

### 1. 压力与压力管理

所谓压力，是指个体对某一没有足够能力应对的重要情境或事件的情绪、心理与生理紧张反应。当个体处于一定的压力下时，他将会处于一个比较紧张的状态，这时个体的反应能力、绩效等将会得到一定程度的提高，这也就是所谓的“变压力为动力”。然而，当个体处于一个高压的环境下时，他的绩效不仅不会得到进一步的提高，反而有可能显著下降，甚至出现紧张、焦虑、失眠、头疼等一系列的生理反应。所以，对员工进行压力管理培训对企业来说就显得尤为重要。

压力管理指的是在压力产生前或产生后，个体主动采用合理的应对方式，以缓解或消除压力的消极影响，从本质上而言是主动、有效的应对方式。压力管理的目的并非是彻底消除压力，而是通过一套有效的压力管理方法来缓解、调节和分散压力。压力不仅关系到员工身心健康，还关系到员工个人和组织的绩效。因此，要充分实现压力管理的目标，就需要员工和组织的共同努力。

### 2. 压力管理的具体内容

压力管理包括压力诊断和压力缓解两个部分，狭义的压力管理就是压力缓解。压力管理与其说是一种缓解和消除压力的技巧，不如说是一个过程。压力缓解的前提是压力诊断。压力诊断包括三个方面：

（1）压力状况评估。主要有目前面临的压力都有什么？影响最大的压力是什么？采用生活事件量表评估压力的强度有多大。

（2）了解自己的压力反应。包括生理反应和心理反应两个方面。生理反应是指当压力出现时身体会发出什么样的信号。与压力有关的身体反应主要有肌肉紧张或慢性疾病，如腰疼、颈部紧张等，慢性疾病主要有胃溃疡、心脑血管疾病等；与压力相关的心理反应主要有焦虑、抑郁、注意力集中困难、判断力下降、与朋友家人疏远、欲望缺失等。

(3) 了解自己惯用的应对方法。当压力出现时，每个人的反应方式可能是不同的，有人采用积极的应对方式，有人采用逃避、攻击、退缩等消极的应对方式。压力管理的一个重要方面就是要保持自己良好的压力应对策略，改正自己不良的应对压力习惯；增加社会支持系统的力量，获得有效的社会支持。

**3. 压力管理的原则**

做好压力管理的首要原则是要对压力的敏感觉察。人体对压力往往有一种天生的吸收－缓冲机制，一般的生活压力会被身体转化为动力与激情。有两种压力可能使肌体调节失常，一是突如其来的巨大压力，二是持续存在的慢性的压力。前一种压力使人压力调节机制瓦解，后一种压力可能逃避正常的肌体反应，造成压力的蓄积。如果一个人生活在流动的、不停变化的压力当中，他不仅身体健康，也充满活力与能量。压力过小的生活让人消沉，昏昏欲睡，肌体懈怠，思维变慢。压力的觉察有三个层次：①压力引发情绪反应；②较大的压力带来躯体各种不适反应；③过大的压力出现思维意识狭窄，对环境反应迟钝，心身处在崩溃的边缘。

压力管理的第二个原则是平衡。躯体与精神两种压力有点像跷跷板，躯体压力大，精神压力也会慢慢增大，反之亦然。通过放松来释放躯体压力，精神的压力也在释放。当集中心智工作太久，或者长期处在竞争的事态里，可以通过肌体的放松来释放内在的压力。当懈怠太久、无所事事的时候，可以通过肌体的运动来保持精神的活力。

压力管理的第三个原则是压力管理技术。如何管理好各类压力，有很多可操作的好方法，如书写压力管理日记、进行生物反馈、肌肉放松训练、冥想与想象、放松训练、自我催眠、内观、瑜伽等方法。

压力管理的第四个原则是保持积极心态。良好的心态增加人们应对压力的能力，不良的心态本身就像一团乱麻，干扰人的内心。当然，更主要的是要对压力有正确的观念，压力并不可怕，可怕的是对压力有不恰当的观念与反应。惧怕压力的人每天都生活在压力的恐惧中，喜欢压力的人在任何压力面前都会从容不迫，游刃有余。

具体而言，对员工个人来说，主要是通过改变对压力的感知，了解并掌握压力管理技巧，提高对压力源控制的能力，提高个体心理和生理抗压能力，减轻压力所造成的反应等方法来进行压力管理。对组织来说，则主要是通过控制压力源中的组织因素，帮助员工提高压力管理能力，为员工消除压力症状等方法，来帮助员工有效管理压力。

通过压力管理培训，不仅可以帮助员工了解、识别压力，对压力带来的危害有充分的认识，还能使员工掌握应对压力、提高心理素质的基本方法，制订个人压力管理计划等相关知识和技能，增强对心理问题的抵抗力。而且，管理者了解与员工心理健康相关的知识与管理技能，能在员工出现问题时及时找到解决方案。EAP是员工进行压力管理的强有力的社会支持系统，是帮助管理层进行压力管理的有效工具。

## 二、情绪管理

情绪就是人们对客观事物的态度体验及相应的行为反应，一般以独特的主观体验、外部表现和生理唤醒等三种形式存在。情绪也是身体对行为成功的可能性，在生理反应上的评价和体验，包括喜、怒、忧、思、悲、恐、惊七种。行为在身体动作上表现得越强就说明其情绪越强，如喜时手舞足蹈、怒时咬牙切齿、忧时茶饭不思、悲时痛心疾首等，都是情绪在身体动作上的反应。情绪是信心这一整体中的一部分，它与信心中的外向认知、外在意识具有协调一致性，是信心在生理上一种暂时的、较剧烈的生理评价和体验。良好的情绪状态可以使个体处于比较活跃的状态，从而使其绩效得到提高，而比较糟糕的情绪状态则会降低个体的绩效，由此可见，对于企业员工的情绪进行有效管理，是可以起到提高企业绩效的作用的。

情绪管理就是善于掌握自我，善于合理调节情绪，对生活中矛盾和事件引起的反应能进行适可而止的排解，能以乐观的态度、幽默的情趣及时缓解紧张的心理。情绪的长期压抑对个人的健康有很大的影响，影响的程度因人而异。

## 三、冲突管理

冲突是指人们由于某种抵触或对立状况而感知到的不一致的差异。

对组织中存在的冲突，有三种不同的观点：

第一种为传统的冲突观点。这种观点认为冲突是有害的，会给组织造成不利影响。冲突成为组织机能失调、非理性、暴力和破坏的同义词。因此，传统观点强调管理者应尽可能避免和清除冲突。

第二种为冲突的人际关系观点。这种观点认为冲突是任何组织无法避免的自然现象，不一定给组织带来不利的影响，而且有可能成为有利于组织工作的积极动力。既然冲突是不可避免的，管理者就应该接纳冲突，承认冲突在组织中存在的必然性和合理性。

第三种是新近产生的冲突的互动作用观点。与人际关系观点只是被动地接纳冲突不同，互动作用观点强调管理者要鼓励有益的冲突，认为融洽、和平、安宁、合作的组织容易对变革和革新的需要表现为静止、冷漠和迟钝，一定水平的、有益的冲突会使组织保持旺盛的生命力，善于自我批评和不断革新。

在对发生的冲突进行管理之前，首先要对现有冲突按照以下步骤做出界定，以判断这些冲突是否需要干涉。

1）功能两极：积极冲突和消极冲突

对管理冲突性质的认定，是确定对其态度和策略的前提。因此，从性质上区分管理冲突是属于积极类型的还是消极类型的，就不仅具有重要的理论价值，而且具有重要的现实意义。只有对管理冲突的性质准确判定、真正把握，才能端正态度，采取行之有效的相应措施和政策，给消极性质的管理冲突以有效的抑制、消除和排解；对积极性质的管理冲突给以充分展开和有效利用，从而达到调适冲突、推动事业的目的。

2）隶属分类：与上级冲突、与下级冲突和与同级冲突

在一定意义上可以把管理冲突归结为一种系统内部的结构要素冲突。需要指出的是，这里所说的系统是指一个较大的系统，包括管理主体、管理客体和管理过程，而不是仅指这个系统中的某个子系统或者小系统。由于与上级冲突、与下级冲突和与同级冲突，它们各自存在的前提和依据不同，因而其冲突的表现形式和解决方式也可能有所不同。

(1) 关于与上级冲突。由于上级处于主导地位，是管理的主体，所以作为下级，在一般情况下，有意见可以提，有要求可以说。但只能通过说理和动情的方式去实现目的，使冲突和分歧朝着有利于自己的方向发展。一旦不能达到目的，应该善于放弃，服从上级。这是由组织原则决定的。

(2) 关于与下级冲突。这应该区分是工作性冲突还是非工作性冲突。工作性冲突，尤其是上级对下属实施的批评、教育、矫正以及其他规范，这是领导职能在管理上的体现。作为上级必须坚持原则到底，不可中途妥协，不可无原则退让，否则就可能养成不好惯例，为以后工作埋下祸患。非工作性冲突则恰恰相反，作为上级应该有妥协、有退让和有风格，这样方显领导情操、水平和身份。

(3) 关于同级冲突。同级管理者之间的冲突，由于其前提是同级，因而其表现形式往往比较隐蔽，解决方式往往多是调和，最终结果往往是各方退让。

一些时候还需要上级领导参与解决，形成居高临下的裁判态势。

3）冲突管理要素构成：管理主体内部冲突、管理客体内部冲突和管理主体与管理客体交叉冲突

事物的性质和效能决定于事物的构成要素。管理主体和客体的状况如何，直接决定着管理的效能和效率。一般来说，管理的高效能和高效率，来源于其主体状况适应于客体状况和客体状况易于被主体教化，二者各自内部冲突及其交叉冲突是否属于良性互动，又起着很重要作用。冲突若属于良性互动，组织界限就会越来越清晰，组织目标就会越来越明确，管理就会发挥强势作用，取得理想绩效。相反，冲突若属于内耗性互动，甚至于恶性互动，组织界限就会越来越模糊，组织目标就会越来越丧失，管理就会难以发挥应有作用，就会出现低效甚至负效。对此，EAP咨询师必须能够清醒认识，并要力倡良性冲突互动，力戒内耗性冲突互动，使之为巩固组织疆界、实现组织目标服务。

对冲突做出界定后，EAP咨询师可以按照下列方法来对其进行缓解或提升。

**1. 缓解冲突的方法**

（1）审慎地选择要处理的冲突问题。

（2）评估冲突当事人。

（3）分析冲突原因和根源。分为三类：一是沟通差异。沟通不良容易造成双方的误解，从而引发冲突。人们往往倾向于认为冲突大多数是由于缺乏沟通造成的。二是角色要求、决策目标、绩效标准和资源分配等不同而产生的立场和观点的差异。三是人格差异。有些人表现出尖刻、孤立、不可信任、不易合作，导致冲突。

（4）采取可切实有效解决冲突的策略：①回避、冷处理；②强制、支配；③迁就、忍让；④折中、妥协；⑤合作、协同。

**2. 提升冲突的方法**

冲突管理的另一层含义是在必要的时候激发一定水平的冲突。管理者激发冲突可以采用的策略主要有：

（1）改变组织文化；

（2）运用沟通；

（3）引进外人或重用吹毛求疵者；

（4）重新构建组织。

## 四、职业生涯辅导

职业生涯规划的目的就是帮助个人达成其每一阶段生涯发展任务，并为下一个阶段发展作好预先的规划和准备。适当地完成人生各个阶段的生涯发展任务，即是“生涯成熟”的表现。美国学者 Super 将生涯分为五个时期，即成长期、探索期、建立期、维持期及衰退期。

“成长期”和“探索期”是指出生到 22 岁左右，一般来说就是大学毕业以前，是人生在校学习的阶段。虽然职业教育或大学教育也有分科、分系，学生可以学到一些专业的知识，并摸索到自己的兴趣所在，对自己的未来事业也会有些期望和目标。但事实上，由于种种原因，学校教育和实际的工作差异颇大，大多数学生对专业设置、自身的兴趣、社会未来的变迁也不能在刚进入校门就能完全了解和决定。因此，探索期及成长期对个人生涯的影响存在个体差异。探索期的主要任务是：职业取向逐渐具体化；职业取向的特定化；实现职业取向；发展合于现实的自我概念；学习开创较多的机会。

不论对组织或个人，“建立期”是生涯中最重要的阶段。因为 23 岁到 45 岁是一个人一生工作最主要的阶段，企业组织中 90% 以上的员工多在这个年龄范围内。刚出校门的职场新人，对企业运作、工作本质及职业的内涵特质并不了解，选择企业、职业多是父母、师长的意见或道听途说的。等到实际投入后，往往事与愿违，差异颇大。因此，不稳定是他们的特点，理想与现实的落差也使他们不断调职、跳槽、换工作，以寻求他们的理想，这就是“试验期”。一般要到 30 岁左右才会逐渐安定下来，而进入“稳定期”。

“稳定期”是指 30 岁到 40 岁这一段时间，大部分的人在此时应该已确立了其事业的目标，经过 10 年的努力和磨炼，无论在专业或人际关系上都有相当的基础和经验，正好全力发挥、贡献所能。

40 岁到 50 岁左右是所谓“生涯中期”，有人称之为危险期。在历经稳定期的充分发挥及个人的知识、能力和技能的竞争和评比后，小部分表现特殊或特别获得赏识的人员，可能更上一层楼进入企业核心，或成为独当一面的部门主管、高级顾问等，肩负更大的责任。但大部分的人员可没那么幸运，金字塔形的组织越往上层人数愈少，这是必然的。一般人心理上一时无法调适，因而对自己的能力、理想等产生怀疑。

生涯的停滞是危险期的特征，会使许多人重新评估自身生涯目标及工作，最后可能会离开现在的公司、自行创业、出国充电等，试图另创新的局面。也可能调整自己的生活重心，由工作转移至家庭、兴趣爱好等，以逃避工作上的挫折。

总之，“中年危机”是大部分上班族可能面对的问题，但正好也借此时对自身未来生涯再做一次思考。至于最终决定要如何，是否有好的生涯规划，就是其中最主要的因素了。转行或自行创业，行业的专业知识、自己的经济能力是否已具备？如果失败，家庭生计又如何维持？离开现在的公司，另谋他职，自己的专业、能力、人际关系又如何？这时个体的内外情况和20岁出头时完全不同。除非个体早有了规划，累积了相当的财富、能力和人脉，有长期失业的心理准备，否则，“负担”和“输不起”将是个体最大的考验和阻碍。

大多数的人在此时的抉择可能是“宜静不宜动”，而进入“维持期”，选择留在公司里。就算没能晋升，也可能被安排为一个中、高级的资深管理者、技师、工程师、专员等职位，也许他们能稍微放松一下。此时对组织所能贡献的就是他们多年累积的专业知识和判断力。能从事顾问、教导和技能传承的工作，这都是比较幸运的。在现实的企业环境中，他们也有可能被冷落、忽视甚至遭到讽刺，但又必须为了微薄的“退休金”而忍气吞声。所以“生涯晚期”的个人际遇差别会很大。

“衰退期”是指60岁或65岁退休以后至死亡为止。当然，每个人退休年龄不尽相同，在此是指从原公司、原工作退了下来而言。如果年龄不到60岁或身体状况还不错，许多人仍然选择退而不休。因为，对一个工作了近40年的人来说，一下子无事可做，真是难以面对。有些人退休后，突然老了许多，就是心理无法调适的结果。

美国学者Super的“生涯阶段”虽只是一个模式，但这个模式有助于个体规划生涯，排除不安的心理及障碍，顺利度过人生的各个阶段。

EAP项目通过对员工职业生涯计划的全面指导以激发员工自我发展的内在动力。EAP咨询人员可以为员工指引发展方向，使员工为公司提供最佳服务的同时，自身也不断成长和提高。在对员工进行终身学习理念熏陶的同时，还通过与员工个别接触，了解其个性、能力、知识结构和发展潜力，帮助他们设计个人学习计划和职业发展规划，并提供社会和企业发展方向、个人素质、管理技能、商业知识、沟通技巧等培训课程，使得员工的知识结构和能力适应企业和社会发展的要求，并达到持续学习的目的。

职业生涯有一定的发展规律，员工需要对这些规律有深入的理解，并能结合自己的特点和工作实践进行判断和决策。企业在实施员工职业生涯规划的过程中，有责任为员工提供比较专业的职业生涯发展咨询，包括帮助个体进行自我分析、为个体拟订有预见性的培养计划、建立现实客观式的发展目标等等。所有这些对提升员工对组织的满意度与忠诚感，减少职业生涯发展方面的压力，形成更有凝聚力的员工队伍都具有深远意义。

## 五、人际关系辅导

人际关系是人与人之间在一段过程中，彼此借由思想、感情、行为所表现的吸引、排斥、合作、竞争、领导、服从等互动关系，广义地说还包含文化制度模式与社会关系。

人际关系也可说是社会人群中因交往而构成的相互联系的社会关系，属于社会学的范畴。中文常指人与人交往关系的总称，也被称为“人际交往”，包括亲属关系、朋友关系、学友（同学）关系、师生关系、雇佣关系、战友关系、同事及领导与被领导关系等。人是社会动物，每个个体均有其独特的思想、背景、态度、个性、行为模式及价值观，然而人际关系对每个人的情绪、生活、工作都有很大的影响，甚至对组织气氛、组织沟通、组织运作、组织效率及个人与组织的关系均有极大的影响。

员工在工作过程中不可避免地要与各种各样的人进行交往，当员工与他人之间的关系因为某些因素发生变化引发矛盾时，往往会影响员工的情绪和工作状态，导致企业内部不融洽，进而降低工作效率，影响企业内部和谐与发展。

企业中的人际关系是一个很复杂的问题，有很多企业曾经因为未能找到有效解决人际关系问题的办法而遭受重创，因为人际关系一旦出现问题，整个团队的成功就会受到阻碍。所以，构建和谐的人际关系是企业必须重视的一个方面。具体来讲，员工可以从以下几个方面考虑如何构建良好的人际关系。

### 1. 积极参加活动

每个人的工作都需要得到同事的支持和认可而不是反对，所以必须让大家喜欢自己。除了和同事一起工作外，还应该尽量和同事一起参加各种活动，或礼貌地关心一下同事的生活，跟同事分享对工作的看法，多听取和接受别人的意见，不断获得别人的接纳和支持。另外，还可以通过兴趣爱好与其他员工进行交往，逐步建立友谊，并得到帮助和支持，这也有利于双方的发展。

**2. 理解容纳，求同存异**

工作上产生的人际关系，不能从“择友而交”这个角度考虑，而应当从工作需要去考虑。人们都有自己的兴趣、习惯以及不同于他人的生活方式、思维方式，和自己不喜欢的人交往，心理上难免出现障碍，既然不能避而远之，就必须正视并设法寻找解决问题的方式。克服这种心理的办法是：要心胸开阔、宽容，消除偏见，并积极寻找对方的优点，然后主动和他接触。这种接触的核心是为了公司利益，出于这种目的，必须把情感因素、个人好恶放在一边，在相处时理解对方、容纳对方、求同存异。在工作上，多进行一些沟通。

**3. 消除敌意，避免内耗**

巴克莱全球投资者公司的首席执行官帕特里·丹恩女士告诉她的员工们：作为职员最应该做的事是“不要为自己盘算”。也就是说，员工应该仔细想想，怎样做才能使自己真正成为企业里最有用的人。如果员工之间处于一种无序和不协调的状态之中，彼此之间互相推诿责任以致使各种力量被互相抵消，“既然我做不成，那么我也不让你做成”，这样的内耗既消耗了别人的力量，也消耗了自己的实力。因此，要实现双方合作关系，就必须杜绝上述想法或行为出现，争取在不损害自己利益的基础上充分保证对方利益。

**4. 澄清误会，消除摩擦**

误会往往是矛盾的根源，在工作交往中，遭人误解是难免的。误解大部分是由于别人不了解情况而产生的，员工应当寻找合适的机会，把事情向对方解释清楚，以求谅解，可以诚恳地通过申辩解释达到目的，要尽量心平气和、平心静气，不可因为过激的言辞而产生更大的麻烦。

EAP 通过在人际关系不良的员工之间引入第三方进行调节，针对个体矛盾的特殊性，使人际关系的协调更加具有针对性和可行性。同时从各个方面加以分析，挖掘深层次原因，使得协调更加有效，从而能有效地帮助员工解决其所面临的困境，缓解员工因人际关系不良产生的不稳定情绪，提高员工工作效率。

**5. 不搞小帮派**

很多员工对加入一个业已形成的小圈子很感兴趣，希望拥有一定实力的帮派能有助于自己的职场生涯，殊不知已经违背了职场禁忌。公司存在的派系在一定程度上阻碍了工作的有效开展，“边界战争”时起时落，消耗了团队成员

的时间与精力。“我们与他们”的派系做法与态度阻碍了团队与其他组织之间的相互关系，还会使团队的绩效目标被忽视。

## 第三节 EAP心理健康教育讲座、培训的大纲和内容

一般的EAP教育培训会包括涵盖管理层和员工工作生活的诸多方面，可以细化为生活教练系列、组织行为系列、心理健康教学系列、亲子关系教育系列、新员工入职教育系列、危机管理系列、人际关系管理系列、生涯规划系列等。下面列举几种健康培训及其内容，以供大家学习参考。

**1. 压力/情绪管理系列**

- 压力管理之一：挑战不合理认知
- 压力管理之二：压力源及问题解决

- 压力管理案例篇：笑傲压力 放飞心灵
- 情绪管理 ABC：提高情商
- 情绪管理实战篇：做情绪的主人
- 工作生活平衡：快乐工作、精彩生活
- 积极心理学：成功人生 阳光心态

2. 家庭生活系列

- 从了解到理解：解析婚恋关系的心理地图
- 从相爱到相处：经营婚恋关系的心理能力
- 在婚恋中成长：亲密关系中的问题及其应对
- 青春期亲子教育
- 做高效能父母：学龄少年儿童教育
- 陪孩子成长：幼儿教育初探

3. 管理者提升系列

- 心理学在人力资源管理中应用
- EAP 在组织管理中的运用
- 心理学在思想政治工作中的应用
- 价值观与员工绩效
- 领导与领导力
- 危机管理
- 沟通中的有效引领
- 自我认识：个人愿景、使命、价值观

4. 职场提升系列

- 组织承诺与心理契约
- 职场沟通技巧
- 职场人际关系
- 职场冲突管理
- 工作场所精神健康
- 成长与力量：销售人员情绪管理
- 拒绝平庸：打造职业化心态
- 快乐工作：发挥潜能
- 职业生涯规划

## 典型培训案例之一　人际关系与沟通技巧

<table>
<tr><th>项目</th><th colspan="2">内 容</th></tr>
<tr><td>课程背景</td><td colspan="2">人是社会动物，只要有人的地方就会有人际关系存在。人际关系质量优劣与否的关键是人际沟通，沟通的好坏不仅影响员工个人的生活幸福感、工作满意度和家庭关系，同时会影响到工作绩效、团队建设和组织目标的实现，由于其重要作用，对于人际关系影响因素的研究历时弥久，结果发现人际关系与沟通技巧是可以通过认知、情绪、行为三个层面的训练得到提高和改善。<br>当我们每天沦陷在大大小小无穷无尽的工作和事务中的时候，有时会无法控制自已的情绪和行为表现，但可以通过学习沟通技巧和人际关系核心构成等自我训练课程，达到清晰的自我觉察、了解自己的情绪状态，有效处理人际关系中的问题，解决冲突，达到通过了解自己，提高沟通技巧，保持和建立良好的人际关系，实现高效的工作和生活的目的</td></tr>
<tr><td>培训目标</td><td colspan="2">①协助学员了解社会和环境对职业人士的要求<br>②发现人际关系中的种种问题及表现，自己在人际关系中的局限<br>③学习和掌握人际沟通的理论与技巧<br>④进行有效人际沟通的训练，建立良好人际关系<br>⑤处理沟通中的特殊状况，如愤怒等<br>⑥有勇气真实表达自已，解决人际关系冲突</td></tr>
<tr><td rowspan="4">培训大纲</td><td>第一单元</td><td>①21世纪对职场人际关系的要求<br>②职场沟通面临的问题与挑战</td></tr>
<tr><td>第二单元</td><td>①人际关系的定义及其特点<br>②人际关系的三个阶段<br>③沟通背景、要素和构成<br>④人际吸引定律</td></tr>
<tr><td>第三单元</td><td>影响沟通的五个核心变量<br>①移情（empathy）<br>②控制（control）<br>③信任（trust）<br>④自我表露（self-exposure）<br>⑤确认（affirm）</td></tr>
<tr><td>第四单元</td><td>①沟通的具体技巧<br>②身体语言<br>③空间距离<br>④沟通中的倾听与触摸<br>⑤沟通中的愤怒与情绪处理</td></tr>
</table>

## 典型培训案例之二　压力管理

<table>
<tr><th>项目</th><th colspan="3">内　容</th></tr>
<tr><td>课程背景</td><td colspan="3">随着内外竞争环境的改变，工作压力越来越大。据WHO统计，北美地区因压力所付出的代价每年超过2000亿美元，其中在美国因为压力所造成企业的年损失就超过300亿美元，在英国由于压力所耗损的产值占了其GNP的3.5%。鉴于此，许多有前瞻性的企业陆续引入相关压力管理和训练课程，美国和加拿大的研究发现这些课程可以有效增加生产能力和减少保险给付，平均投资1美元在压力管理方面，在5年内可达20倍以上的资金回收效益，所以，目前职业压力的处理和相关综合征的预防和治疗，成为企业组织内最重要的课题之一。<br>许多研究表明：当个人不能有效地处理压力时，将严重影响个人在工作上的生产能力与效率，同时也会导致严重的情绪和行为问题，甚至严重危害健康状况，这对组织和个人而言都是严重的后果。<br>我们无法控制压力的大小和有无，但可以通过学习压力管理及自我训练课程，控制对压力的反应程度，保持自我稳定而弹性的心身状态，运用问题解决的技能，达到自我调试和转化压力的目的</td></tr>
<tr><td>培训目标</td><td colspan="3">①协助学员了解压力的来源，找出缓解压力的方法<br>②了解想法、情绪和行为之间的关系，帮助学员掌握有效的压力及情绪管理技术<br>③学会区别合理与不合理的想法，并学习合理想法，放弃不合理想法以缓解压力<br>④进行有效沟通技能的训练，提高人际关系<br>⑤学习问题解决能力，正常处理日常生活与工作中遇到的问题<br>⑥培养积极正面的生活态度，运用正确的思维模式，进行压力应对的自我管理</td></tr>
<tr><td rowspan="2">培训大纲</td><td rowspan="2">第一单元：压力源及压力应对方法</td><td>目标</td><td>①使每个学员都了解他们自己的压力源<br>②让每个学员都清楚应对自己压力的主要途径</td></tr>
<tr><td>内容</td><td>①压力的正确定义<br>②秘密问题游戏<br>③讨论压力源<br>④练习：工作事件和生活事件</td></tr>
</table>

续表

| 项目 | 内容 | | |
|---|---|---|---|
| 培训大纲 | 第二单元：改变不合理想法与压力应对 | 目标 | ①让学员了解人的认知对情绪和行为的影响<br>②帮助学员区分合理与不合理想法的概念<br>③训练学员掌握改变不合理想法的方法 |
| | | 内容 | ①思维模式和ABC理论<br>②合理想法与不合理想法的特点<br>③练习：区分“区分合理与不合理想法”<br>④练习：认识“自己的不合理想法”<br>⑤练习：改变“自己的不合理想法” |
| | 第三单元：沟通目标和积极倾听技能与压力应对 | 目标 | ①指导学员学习设定适当的沟通目标<br>②训练学员学会界定沟通中存在的主要问题<br>③提高学员在团队中的沟通技能 |
| | | 内容 | ①沟通模式与不合理想法、人际关系<br>②设定恰当的沟通目标<br>③练习：界定沟通目标<br>④沟通的方法和技能：积极的倾听（角色扮演）；沟通的技能（角色扮演）<br>⑤练习：沟通的方法<br>⑥练习：问题的转化 |
| | 第四单元：问题解决与压力应对 | 目标 | ①使学员了解问题解决的方法<br>②使学员掌握问题解决的方法 |
| | | 内容 | ①介绍问题解决的方法<br>②演示问题解决的方法<br>③练习一：确定问题<br>④练习二：发现解决问题的方法<br>⑤练习三：实施解决问题的方法 |

## 典型培训案例之三　如何做高效能的父母

| 项目 | 内　容 |
|---|---|
| 课程背景 | 你的家中是不是有一个任性的孩子让你倍感痛苦，左右为难，不知所措呢？自以为理性开明的父母，起初还能以宽容的态度接受孩子的任性，希望孩子能恢复往日的笑容，然而孩子却越来越不快乐，事实上，孩子的情绪会使得整个家庭生活变得阴沉。那个曾经可爱、体贴、温顺的小孩就这样突然间在家里便成了一个不讨人喜欢的、自私和霸道的陌生人。最受不了的是不管父母做什么努力，情况看来是更加糟糕。父母反复自问：“我们的孩子到底怎么了?”“我们是不是曾经做错了什么?”身为父母的多数人因孩子的行为而困惑和倍感挫折。如何帮助父母认识儿童任性背后的原因，提醒父母孩子在某种程度上都是反叛的，父母要帮助孩子解决问题，首先要改变自己，学习与孩子有效沟通的方法，适时运用隔离的技巧，掌握有效奖励的方法，提升任性儿童教养效能，培养出优秀的孩子。<br>每个父亲、母亲，养儿育女，都希望儿女身心健康，长大后成为一个有成就的、能与他人相处合作、对社会有贡献的公民。这是一项比任何工作更困难和更伤脑筋的工作。但是，执行这项神圣却又非常艰苦工作的父亲、母亲，有多少曾经为此受过训练呢？爱你的孩子，但他们是否真的知道呢？有爱心，但是没有正确的方法，不一定能结出爱的果实。因此，许多父母及家人都需要再接受培训，以期能与孩子达到更有效的沟通 |
| 培训目标 | ①基本教养态度：做个快乐、有效能的父母——秘诀在哪里?<br>②孩子的行为目的：了解孩子的成长过程，建立更积极的互动关系<br>③父母的情绪、期望与信念：了解自己的情绪、了解自己的价值观、活出真正的自己<br>④反映倾听：与孩子进行有效沟通的第一步<br>⑤问题所有权与“我”的信息：孩子哪些行为令我担心？我能说出我的感受吗？是谁有问题?<br>⑥怎样鼓励孩子：了解鼓励的意义及鼓励的策略<br>⑦行为结果：我的孩子能独立自主吗？能进行自我管理吗？能自己规划生活与未来?<br>⑧民主教育的原则：培养有责任感的孩子，成为称职、从容的父母秘诀在哪里? |

续表

| 项目 | 内　容 | | |
|---|---|---|---|
| 培训大纲 | 第一单元：民主的教养态度 | 目标 | ① 使每个家长都了解自己的价值观和教育观<br>②让每个家长都清楚民主教养态度的核心所在 |
| | | 内容 | ①回旋式的沟通<br>②画出我的家<br>③甜蜜的（角色）负担<br>④练习：分享与分析 |
| | 第二单元：了解孩子的行为目的 | 目标 | ①让家长了解孩子的身、心、灵健康成长的规律和过程<br>②认识孩子问题行为背后的动机、目的，兴奋和冲动的真正原因<br>③训练家长对孩子问题行为的正确处理方法 |
| | | 内容 | ①发展心理学与孩子的健康成长规律及特点<br>②孩子的行为与动机的关系<br>③练习：家庭星座<br>④练习："形容词"练习与认知改变<br>⑤练习：秘密问题游戏与"症状"分析 |
| | 第三单元：认知改变与鼓励有方 | 目标 | ①使家长通过认知改变，学会做一个高效能的父母<br>②让家长学会有效鼓励的技巧<br>③训练高效能父母的沟通技能 |
| | | 内容 | ①艾利斯的ABC理论与父母认知改变<br>②有效鼓励的七个原则<br>③沟通技巧练习<br>④练习：心理剧演出<br>⑤练习："我说你画"活动<br>⑥练习：沟通程序练习活动 |
| | 第四单元：自然与合理的行为结果 | 目标 | ①使家长了解惩罚措施的不良后果<br>②使家长掌握民族教养的精髓内涵<br>③让家长认清自然与合理的行为结果的重要性 |
| | | 内容 | ①合理行为结果与惩罚的比较<br>②自然与合理行为结果的定义与作用<br>③运用自然与合理行为结果的原则<br>④练习一："黑白配"活动<br>⑤练习二："亲情超市" |

# 第四节　EAP团体辅导：内部EAP专员培训

自2001年第一个EAP项目落地中国内地开始，EAP经历了14年的快速发展，国有大中型企业成为EAP服务的最有力量的实施者、推进者。一个好的EAP项目非常注重“生态化”，既EAP服务方案设计要遵循客户企业的特点、需求、资源及目标等。在企业内部，尤其是大中型国有企业内部，有非常强大的党政工团系统，有非常强的执行力和创造力。在新的形势下，党的思想政治工作、工会工作也在寻找新的途径、方法和工作模式。由此，内部EAP专员团队应运而生。

内部EAP专员不是需要具备诊断能力和评估能力的临床治疗和咨询专家，也不一定是获得国家职业任职资格的心理咨询师。但是，内部EAP专员一定要了解什么是EAP，深刻理解EAP服务的双重客户理念，掌握EAP服务的标准和规范，谨守保密等伦理原则，同时还需是具备项目设计、推广、实施能力，掌握一定的EAP服务评估设计和技术的复合型人才。

内部EAP专员的产生，根据各个企业/组织的不同情况，来源也不相同。有来自党政工团的专职人员，有来自人力资源/健康医疗/环境安全部门的专业人士，也有来自一线的班组长等基层管理者，还有来自企业各个部门的心理学爱好者和有意愿为大家服务的管理层和员工。

**1. 内部EAP专员的培养目标**

（1）学习权威、系统、完整的EAP标准设计、实施、推介、评估、伦理等方法和流程；

（2）深刻理解EAP服务，提升本土EAP产品开发与创新能力；

（3）研讨EAP在本土企业内的进驻、运营模式，拓展行业发展新实践；

（4）获得全球EAP行业技术、规范与标准最新知识，构建EAP事业的坚实基础；

（5）学习和掌握完整、系统、全面、有效运作EAP项目的流程和技术；

（6）掌握一定的企业危机管理与短程咨询技术，学习发掘组织与个人优势，不断提升组织绩效；

（7）通过与EAP专家的互动，可个性化地解决企业EAP实践中的困难议题，并通过与同学讨论，获得丰富的EAP实践经验和宝贵教训。

（8）有机会获得国际EAP组织或者国内行业协会的资质认证。

**2. 内部EAP专员的培养模块**

| 模块 | | 内容 | |
|---|---|---|---|
| 模块一 | EAP概述：EAP的哲学与EAP项目设计 | 第一部分 | ①EAP的哲学及其核心功能<br>②EAP在中国的现状实践<br>③团体活动：EAP经典案例讨论与练习 |
| | | 第二部分 | ①EAP项目设计<br>②EAP评估体系<br>③EAP项目报价策略<br>④EAP的市场推广及销售<br>⑤团体活动：EAP需求分析练习与讨论 |
| 模块二 | EAP运营：如何设计和实施EAP项目 | 第一部分 | ①EAP招标项目建议书的设计原则与内容<br>②EAP运营：EAP委员会、EAP政策描述、EAP执行程序 |
| | | 第二部分 | ①EAP运营：EAP推介与导入、EAP人员与设置<br>②EAP对于管理人员的培训<br>③团体活动：EAP服务方案设计练习与讨论 |
| 模块三 | EAP的双重客户：管理咨询、个案管理 | 第一部分 | ①EAP员工咨询与工作流程<br>②EAP的管理咨询与工作流程、演示与讨论 |
| | | 第二部分 | ①EAP个案咨询：摄入（intake）、评估、行动计划、追踪与个案管理<br>②团体活动：个案咨询练习与讨论 |
| 模块四 | 危机干预、短程咨询技术和行业未来趋势 | 第一部分 | ①EAP危机干预<br>②危机干预的准备、应对与复原<br>③基于韧性的危机管理<br>④团体活动：EAP危机干预练习与讨论 |
| | | 第二部分 | ①短程咨询技术<br>②EAP项目评估与EAP报告撰写<br>③新的机遇、市场预期、专业发展与职业伦理<br>④团体活动：如何成为一名合格的内部EAP专员？ |

### 3. 内部 EAP 团体辅导训练

## 训练一　了解和评估组织的需求

<table>
<tr><th>项目</th><th colspan="2">内　容</th></tr>
<tr><td>目标</td><td colspan="2">理解客户的特定需求和业务关注点对成功地设计和运营一个 EAP 项目至关重要。这个模拟练习将帮助你思考大多数 EAP 客户公司可能出现的需求和关注点，以及一个 EAP 项目如何满足需求</td></tr>
<tr><td>背景介绍</td><td colspan="2">知名零售商 JD 是一家拥有 180 家连锁超市的家族企业，这些超市遍布各地。JD 成立于 1991 年，当时只有一家超市，中国政府大力推进的城镇化政策推动了它的迅速发展，直到近期受全球经济衰退的影响，JD 的发展速度显著放缓。JD 现有 9500 多名员工，其中大多数是二三十岁的女性员工。一般 JD 会占有当地超市市场 20％～25％的份额。JD 超市的营业时间是早 6 点到晚 9 点，一周 7 天无休。每家店有一位店经理和两位副经理。企业总部在浙江温州，有大约 60 名管理者负责并监督业务的日常运营</td></tr>
<tr><td rowspan="3">活动内容</td><td>说明</td><td>小组成员将扮演 JD 中可能会参与决定是否开展 EAP 服务的主要领导和股东。这些领导和股东可能是高管、中层管理者、店长，或是党群/工会、人力资源、职业健康、风险管理、法律、安全、公共关系等部门的代表</td></tr>
<tr><td>任务 1</td><td>决定小组成员各自的角色：<br>①<br>②<br>③</td></tr>
<tr><td>任务 2</td><td>请小组成员思考以下问题并进行讨论：<br>①作为一个组织，JD 正面临哪些机遇和挑战（比如，经济，竞争，市场监管、客户、社区、产品、组织或人力资源相关方面）？<br>②这些机遇与挑战使得 JD 的管理层和员工有特别的需求和关注点吗？如果有，请列举说明。<br>③领导或员工的需求和关注点中哪些是 EAP 可以满足的？<br>④JD 如果开展 EAP 项目，外部 EAP、内部 EAP、内外结合 EAP 三种模式，哪一种更适合目前 JD 的情况？</td></tr>
</table>

## 训练二　危机事件的EAP干预

| 项目 | 内　容 |
| --- | --- |
| 背景介绍 | 东方电力集团（EPG）是一家大型国有企业，负责设计、建立、安装和维护中国内地发电厂的电力设备。EPG是一个拥有超过80万员工的大型企业，员工遍布全国各地及全球欠发达的偏远地区。大多数劳动力人群是熟练劳动力和训练有素的专业人员。约70%的员工拥有高中（中专、技校、大专）或本科以上学历。部分员工的工作岗位存在高风险。作为一家国有企业，EPG高度关注履行企业的社会责任，包括保障员工的合法权益，关爱那些焦虑/抑郁、有情绪障碍或有其他困难的员工。经过长时间的考虑和设计，电力集团的领导者决定选择内外混合型EAP，在离总部较近的三个工厂进行试点。EPG招聘了一位内部EAP经理，他的职责是和外部EAP提供商对接，进行EAP服务管理，履行合同服务，推介EAP咨询服务，并提供管理培训和咨询服务。EAP提供商有责任提供EPG公司所有试点工厂员工的个体咨询。目前，EAP在企业内稳步实施。<br>某天，某一个EAP试点项目的工厂的控制仪表上出现了一个问题，由一个三人维修小组去现场检查。这三个人穿上保护服，预备打开仪表指示出现问题的机器。其中一个员工用一根长杆打开了仪表盘，完全按照流程操作。突然一声巨响，一道弧光伴随着电流通过长杆传到他身上，他立即触电身亡，手套和靴子被烧焦。另外两位维修员工立即叫了救护车，并通知了他们的主管。附近很多工人目睹了这一事件 |
| 活动内容 | 小组任务，请讨论并回答如下问题：<br>①EPG公司的哪个人最有可能和你（EAP）联系探讨这个事件？<br>②你会如何回应和你联络的人？<br>③哪些附加信息是你想从和你联系的人那里获知的（如果有的话）？<br>④你会给他推荐什么样的危机应对策略？为什么？<br>⑤作为那些受到影响的员工及整个公司的长期恢复策略的一部分，你认为可能需要做些什么？ |

## 训练三　EAP项目操作手册（参考稿）

| 项　目 | 内　容 |
| --- | --- |
| 1. EAP服务计划和目标概述 | |
| 2. EAP专业人员的要求 | ①遵守EAP伦理守则<br>②遵守EAP行为守则 |

续表

| 项 目 | 内 容 |
| --- | --- |
| 3. EAP方案设计和实施 | ①进行EAP需求评估<br>②确定人员配置和工作网络要求<br>③开发和推介EAP及相关政策<br>④建立在企业内部实施EAP的工作方案及工作团队网络<br>⑤建立服务交付系统<br>⑥推进计划（时间表）<br>⑦提供管理层和EAP实施团队的初始培训 |
| 4. 项目管理和行政 | ①人员的资格和职位描述<br>②保密准原则<br>③行政程序和相关文档<br>④客户服务记录保存方式和保存程序<br>⑤数据管理和安全<br>⑥网络开发与管理<br>⑦账户管理<br>⑧服务质量监控与投诉处理<br>⑨EAP服务报告和评价 |
| 5. 直接服务 | ①管理咨询<br>②员工和家属咨询<br>③管理和员工培训和教育<br>④组织变革服务<br>⑤危机事件管理 |
| 6. EAP服务与相关服务的整合 | ①内部（如人力资源、安全、健康、安全）<br>②外部（如处理、法律、金融、政府） |

## 第五节 EAP心理健康讲座、培训与团体辅导的注意事项

### 1. 了解企业文化，以及该企业的工作设置结构，澄清企业的培训需求

EAP健康教育要结合企业文化和工作结构的特点，帮助员工适应企业文

化，适应工作环境。这样的健康教育更具独特性与针对性，充分协助企业培训目标的达成，满足企业培训的需求。

**2. 了解员工的心理辅导需求，及时发现并满足员工的需要**

开展EAP心理健康教育需要做到：①定时或不定时进行测评，对症下药；②多观察、多留心员工的情绪变化；

以下情形之下尤其应该注意：①问题出现较多的时候；②集体凝聚力弱的时候；③内部矛盾突出的时候；④生产绩效降低的时候。

**3. 掌握员工心理辅导的时机，分析员工不良心态**

常见的心理辅导时机主要有：①需要的时候；②困惑的时候；③迷惘的时候；④无助的时候；⑤年初、年终、节假日的时候；⑥成功或失败的时候。

**4. 健康教育效果的评估**

在健康教育培训结束后，做一个整体的效果评估，有利于总结EAP教育培训服务，也有利于下一个项目的开展。健康教育效果评估经常采用无记名问卷的方式，请参加培训者对本次培训的内容、接受程度、具体帮助作用及EAP咨询师的培训技巧、表达能力、对知识的掌握熟练程度等给予评价。对评价结果进行记录、分析、反馈，并结合EAP服务使用季度报告呈现给服务的企业。

# 第八章

# “悬崖旁边的守护者”：EAP 与危机干预

# 导　读

一家重型机器制造企业刚刚从上海引进一台先进数控大型机床。正午时分，太阳热辣辣照在头顶，小潘师傅吃过午饭又跑回车间，进到机床里，他希望能够尽快掌握操作技术。不多久，上海方面负责安装的师傅也回到车间，他认为此时此刻大家都在休息，没有什么人会在车间。为了赶上安装调试的进度，他按下了启动的按钮。伴随一声惨叫，鲜血从机床中缓缓地流了出来。刚刚回到车间的几位工友目睹了这一切，所有的人脸色惨白，现场一片死寂……

在EAP服务中，常见的危机事件包括自然灾害、工伤事故、意外死亡、自杀和伤害他人等。“一两的预防胜过一吨的干预”是危机干预的黄金准则，本章重点介绍了危机的类型、表现，危机干预的流程和核心技术。

# 第一节　危机与企业心理危机

## 一、危机与心理危机

一般而言，危机（crisis）有两个含义，一是指突发事件，出乎人们意料发生的如地震、水灾、空难、疾病爆发、恐怖袭击、战争等；二是指人所处的紧急状态。当个体遭遇重大问题或变化发生使个体感到难以解决、难以把握时，平衡就会打破，正常的生活受到干扰，内心的紧张不断积蓄，继而出现无所适从，甚至思维和行为的紊乱，进入一种失衡状态，这就是危机状态。危机意味着平衡稳定的破坏，引起混乱、不安。危机出现的原因是个体意识到某一事件和情景超过了自己的应付能力，而不是个体经历的事件本身。

心理危机，可以指心理状态的严重失调，心理矛盾激烈冲突难以解决，也可以指精神面临崩溃或精神失常，还可以指发生心理障碍。当一个人出现心理危机时，当事人可能及时察觉，也有可能“不知不觉”。一个自以为遵守某种习惯了的行为模式的人，也有可能存在潜在的心理危机。有严重不良癖癖的人，常常会存在心理危机。当去戒除瘾癖时，心理危机便会暴露无遗。

## 二、企业心理危机

对企业而言，危机是指令人感到危险的时刻，严重困难的紧要关头，指一种产生危险的祸根。当危机来临时，化解它的利刃其实就藏在每个人的心里，它的名字叫智慧。危险和机遇伴生，就是所谓危机。

**1. 危机的四大特点**

（1）意外性。危机爆发的具体时间、实际规模、具体态势和影响深度是始料未及的。

（2）聚焦性。进入信息时代后，危机的信息传播比危机本身发展要快得多。媒体对危机来说，就像大火借了东风一样，让火势迅速蔓延开来。

（3）破坏性。由于危机常具有“出其不意，攻其不备”的特点，不论什么性质和规模的危机，都必然不同程度地给企业造成破坏，造成混乱和恐慌，而且由于决策的时间以及信息有限，往往会导致决策失误，从而带来不可估量的损失。

(4) 紧迫性。对企业来说，危机一旦爆发，其破坏性的能量就会被迅速释放并且快速蔓延，如果不能及时控制，危机会急剧恶化，使企业遭受更大损失。

如果将企业比作是个人，企业的危机就像是人围在脖子上的围巾——有的企业被这个围巾勒伤甚至勒死，也有的企业将它作为服饰的点缀或者用来取暖。个人有心理危机，企业也会出现心理危机，可称为企业心理危机。

**2. 企业心理危机的界定**

企业心理危机指突发情况给企业部分或大多数员工带来心理上的不安，引起心理和生理上不良反应的一种状态。心理学研究发现，人们对危机的心理反应通常经历四个不同的阶段。首先是冲击期，发生在危机事件发生后不久或当时，感到震惊、恐慌、不知所措。如突然听到全世界范围内爆发“甲流”、亲人得了“甲流”、“甲流”患者骤增等消息后，大多数人会表现出恐惧和焦虑。其次是防御期，表现为想恢复心理上的平衡，控制焦虑和情绪紊乱，恢复受到损害的认识功能，但不知如何做，会出现否认、合理化等。再次是解决期，积极采取各种方法接受现实，寻求各种资源设法解决问题，之后焦虑减轻，自信增加，社会功能恢复。最后是成长期，经历了危机变得更成熟，获得应对危机的技巧。但也有人消极应对危机，从而出现种种心理不健康的行为。

对企业而言，企业心理危机可分为萌芽→形成→发展→终结四个阶段。每一个阶段都是危机发展与控制博弈的过程，每一个阶段的结果预示着危机是否延续。

在企业心理危机的萌芽阶段，一般表现为企业出现了某种突发事件，如员工灾难性事件、大规模裁员、自然灾害等。例如，近年在深圳某知名企业发生了严重的危机事件：一位员工在不理智的情况下，做出放火自焚的严重自伤行为，而且伤及无辜同事。很多员工在现场亲眼目睹了这起严重的事件，当时的情景对大家的内心造成了巨大的冲击，他们难于理解和承受当时强刺激情境的困扰。如果不及时对这种受到创伤后的情绪进行处理，就会有更多症状出现，严重影响今后的工作，最后导致集体性的心理危机。类似的企业危机事件还有“华为员工过劳死”、“百度裁员风波”等。

**3. 典型企业危机事件**

2004 年 3 月，我国某知名 IT 企业的部分员工陆续被电话叫到会议室，并被告之已经被裁员。20 分钟后，在经理们的陪同下，被裁员工开始三三两两地离去，整个过程不到 30 分钟。裁员行动 3 月 6 日启动，7 日讨论名单，8 日提交名单，9～10 日人力资源审核并办理手续，11 日面谈。这是该企业集团近年来最大规模的裁员，约占员工整体比例的 5%。企业在书面文件中表示，裁员是公司战略调整的行动之一，与员工的表现及业绩无关，同时该企业安排了周详的补偿计划，并为离职员工提供心理辅导、再就业支持等服务。但是，突然的大规模裁员导致企业员工大多处于惶恐状态，情绪也处于较高的应激水平，大规模的企业心理危机已经萌芽。

在萌芽阶段，如果突发事件没有得到较好的处理，企业相关部门没有对突发事件对员工的影响进行及时有效的关注和干预，就会导致心理危机的形成。企业心理危机的形成阶段表现为员工出现集体性恐慌，对公司失去信任与归属感，公司的形象受到较大的负面影响。2004 年，该企业大规模裁员最终就形成了心理危机，并引发了社会对公司产品品牌形象的质疑。在此次裁员过程中，由于公司的产品战略失误，一些部门员工整体被裁，领导者的战略错误，却要员工承担。所以裁员给被裁掉的员工带来了危机感，同时也给没有被裁掉的员工都带来了重大心理冲击。不仅如此，此次裁员还在社会上引起相当大的波澜，更有舆论尖锐地批评企业的经营出现偏差，曾经被推崇备至的企业领导者也被批评为是一个不富有远见和胸怀的商业领袖。由于业绩下滑及裁员事件所引起的公众对该企业的质疑和关注到今天一直都没有停止过。可见，企业心理危机一旦形成，其影响必定是深远、持久的。

在企业心理危机形成之后，企业将面临更为严峻的考验，能否较好地解决危机，关系着企业的生死存亡，这时就到了企业心理危机的发展阶段。在这一阶段，员工心理的不安全感上升，员工与企业间的冲突加剧，尽力挽救现有员工，还是听之任之，企业必须做出抉择。

任何事物都会经历发生、发展、灭亡的过程，企业心理危机也同样如此，但危机以什么样的形式终结，却有较多的选择。大部分企业在危机发展的紧要关头都会采取各种措施抚慰员工，将危机平息，尔后经过一段时间，危机的影响会逐渐消失。但是，同样有企业始终没有较好地对危机进行干预，为此埋下隐患，如“三鹿”的三聚氰胺事件，危机最终以大多数员工的离职或是企业的破产宣告结束。

# 第二节 企业心理危机类型与表现

## 一、常见心理危机

经济全球化进程的加速和现代信息技术的迅猛发展，将企业毫不留情地掷入到前景莫测的惨烈竞争旋涡中。面临诸多的不确定因素，企业顺应环境的变化和生存发展的需要，不断进行着自身机体的更新和调整，组织变革已成为企业界的“时髦”，同时又是现实逼迫的出路。在实践领域，企业变革的形式多种多样，重组、并购、裁员、联营、改制、上市均成为“通向罗马的条条大道”。为了在这条路上走得更好更远，运筹帷幄、高瞻远瞩的企业决策层往往习惯性地把目光聚焦在了战略规划、流程再造、架构调整、业务组合等领域。

然而，很多人忽视了这样的问题：战略是方向，结构是支撑，路还是依靠员工才能前行。管理者更不应该忘记：人往往有一种非常强烈地捍卫自己已知和熟悉事物的愿望，自己的员工同样如此。员工在企业变革中的心理感受如何，会出现哪些情绪问题并对组织产生何种影响？变革会对员工带来哪些心理方面的影响？这些影响会对工作和员工个人带来哪些变化和不适应？本身压力重重、满怀焦虑的员工会以何种心态和行为评判和参与组织变革？变革中不得不接受离开企业这个残酷现实的员工会有哪些心理危机？聚焦或放大的这些危机会对企业带来多大程度的伤害……

变革中，这种在很大程度将影响企业未来之路的员工潜在心理问题，极有可能是导致危机出现的导火线，这些，应该被企业管理者思考和重视。在组织变革中，常见的导致危机的事件有裁员、内部冲突、并购中的文化冲突等。

**1. 裁员**

在企业发展的过程中因各种原因出现裁员是常见的现象，但如果企业对裁员问题处理不当，不但有与被裁掉的员工发生纠纷的可能，而且还会给继续留下来的员工带来负面情绪，使其产生职业危机感，影响其对公司的忠诚度和工作积极性。因此，如何消除裁员带来的不利影响是企业人力资源管理的一道难题。

2005年5月23日，美国IBM员工进行罢工、游行示威、发表联合声明等

行动，反对IBM在全球裁员1万～1.3万人的计划。在企业大规模裁员事件中，被裁员工往往会产生被抛弃的感觉，同时，由于失业带来的经济、地位等方面的影响，其心理将面临巨大压力，会产生对公司的仇恨感、失落感等，导致心理问题的发生。直接后果是员工可能以各种方式诋毁公司声誉，甚至通过非和平的手段直接干扰企业的正常运作。一直以来，由裁员导致的员工罢工、冲突等事件并不鲜见。这些事件的发生，对公司的实际利益或是声誉，都有较大的负面影响。

同时，留任员工出现的心理问题也开始被关注。20世纪90年代，组织行为研究者们提出了“幸存者综合征”的概念，并归纳了“幸存者综合征”的表现形式。奥尼尔与莱恩于1995年发表在《管理执行学刊》（*Academy of Management Executive*）的一篇论文可算是关于“幸存者综合征”的经典论述。文章指出，工作没有安全感使人们遭受莫大的工作压力，出现愤怒、焦虑、嘲讽、怨恨、屈从、愤世嫉俗、过度疲劳、消极怠工甚至辞职等一系列情感现象。以后其他学者又增加了超负荷、士气低落、精疲力竭、无效率和易冲突等表现。

由此可见，裁员尤其是大规模的裁员对企业员工心理往往造成极大的影响，应该被企业所重视。

**2. 内部冲突**

有学者指出，当前我国已进入心理风险社会，员工职业心理健康不容乐观，公正缺失、价值失序等容易造成底层员工被剥夺感和不满情绪的发酵，企业内任何一个微小事件都可能成为矛盾公开激化的导火索。因此，认识和防范冲突极为重要。

在组织的内部冲突中，根据冲突双方的性质，可以将冲突分为人与人之间的人际冲突和部门对部门的组织冲突。

（1）人际冲突指组织中人与人在接触过程中由于认识、行为、态度以及价值观等方面存在分歧而产生的冲突。人际冲突是企业内部最常见的一种冲突类型，同时也是最易引起关注也最难解决的类型，每个人的价值观不同很难达成一致，这也使得管理人成为现代企业管理的一个难点和焦点问题。

（2）在一个企业内有很多的部门，如分公司与分公司、班组与班组之间、处室与处室之间，经常发生相互的碰撞与摩擦，这就是组织中部门对部门的组织冲突。这种碰撞又常常会影响部门工作效率，部门内任务分配的不合理以及成员之间的情绪变化与心理的变化对冲突的产生都有较大的影响作用。

**3. 并购中的文化冲突**

近年来，国际市场上的兼并重组一浪高过一浪。全球范围内激烈的行业竞争要求企业迅速扩大规模，降低成本，增加利润，进而提高国际竞争力。从奔驰与克莱斯勒的合并、惠普与康柏的组合，到花旗银行与旅行者保险先兼并后分家的故事，知名跨国公司不断地导演出一幕接一幕的巨型并购戏剧。

国际并购浪潮的经济目标，是通过整合之后提高企业的综合价值（1＋1>2）。但是历史的经验说明，企业并购不易成功。在整合的组织环境里能否迅速解决管理与文化层面可能发生的冲突，是并购企业在海外经营成功的关键。迄今为止，超过2/3的国际并购案以失败而告终。事实证明，并购企业一旦不能迅速适应新的政治、经济、法律和文化环境的特性，无法迅速调整使命战略、领导风格、管理文化，势必出现水土不服现象，最终摆脱不了失败的命运。

中国企业在国际经营兼并过程中可能遇到什么样的文化冲突呢？

（1）同床异梦，经营目标的差异。

（2）权力之争，领导个性的较量。

（3）理念、价值观、不同文化的冲撞。

并购后企业冲突最为突出的莫过于并购企业之间不同文化的冲撞。大家熟悉的戴姆勒-克莱斯勒的并购案代表了完全不同的欧美文化间的冲突。德国文化以人为本，工作严谨，计划周密，讲究平等；而美国文化则强调效益，提倡绩效，注重创新和短期行为。从并购的第一天起，两个公司就在重大文化理念和管理政策上发生摩擦和冲突。1987年，台湾宏基电脑公司收购了美国生产微型电脑的康点公司，但此后3年累积亏损5亿美元。1989年，宏基公司只好撤资。其失败的真正原因就是“人力资源整合策略”出现了故障。收购前后康点公司均发生了人才断层危机，而宏基公司又缺乏国际企业管理人才，无法派员工填补此成长的缺口，加上康点公司研究人员流失严重，无奈之下，宏基被迫宣告并购失败。

## 二、特殊事件导致的心理危机

除了上述经常发生的普通事件，还有一些特殊事件，也可能导致企业员工的心理危机。这些事件可能相对少见，但后果可能更为严重，同样值得关注。2008年5月12日，四川汶川发生的特大地震导致死亡人数高达69 000多人；2008年4月28日，胶济铁路火车出轨，死亡人数达到72人；2008年1月的雪灾造成107人死亡，8人失踪，因灾直接经济损失1111亿元；2007年4月18日，辽宁钢厂发生钢水倾泻事故，造成32人死亡，不少员工回忆惊魂一刻，仍心有余悸；2006年，中国官方统计矿难死亡人数为6072人。

北京大学第六医院的心理学专家吕秋云教授曾经参与过多次大型危机干预工作，包括克拉玛依特大火灾、大连“5·7”空难、SARS等，也有着很多企业危机干预的经验。吕教授曾从心理健康的角度，分析了人在突发危机事件之后会出现一系列心理、生理、行为的改变。生理上表现在心跳加快、血压升高、出汗或寒战、头痛等，情绪上表现为麻木、否认、焦虑、害怕、内疚、愤怒、孤立、易激惹，认知上表现为记忆力减退、注意力不集中、思考与理解困难等，而行为上就会体现在工作效率下降、发火、与人争执、沉默寡言、与人疏远等。她指出，灾难性事件发生之后，会有少数人群因不能承受而出现心理问题。目前，导致企业心理危机的事件主要有两类：员工自杀性事件和员工灾难性事件。

### 1. 员工自杀性事件

2008年3月11日，龙虎网报道，在短短的10天时间内，有两起华为公司员工跳楼事件接连发生。两年来，包括2008年3月6日华为公司深圳员工跳楼在内，华为公司已经发生6起员工非正常死亡事件。2010年富士康公司出现了一年以内的员工自杀“十二跳”，造成10死2重伤的严重后果，众多讨论引发的外界对富士康企业文化的怀疑非常激烈，对企业品牌及社会形象都造成了负面的影响。由此可见，员工自杀性事件对企业内外部都可能引发危机，应该重

视。赵然等（2008）认为，EAP 在构建和谐企业中有重要作用。

**2. 员工灾难性事件**

员工的灾难性事件主要指员工在工作场所的伤亡事件，或者是突发的自然危机等。灾难性事件具有极大的震撼性、突发性和危害性，不仅干扰或破坏员工习以为常的生活模式和社会秩序，而且使其产生对环境的失控和不确定感，从而破坏个体心理的安宁，引发心理危机，出现一系列心理反应。

灾难性事件后，一些员工可能出现情绪低落、容易烦躁等反应，继而影响到工作、人际交往，工作场所的冲突事件增加，进而引发员工集体性的心理反应，形成危机。

## 第三节 EAP 提供的危机干预服务

EAP 项目出现在 20 世纪 40 年代中期，最初的使命是解决药物滥用问题，在以后的 30 年中始终以此为重点。但现在 EAP 的使命得到了扩展，开始介入企业员工工作与生活的各个方面，以促进员工身心健康，保障企业的发展。而在社会高速发展的今天，员工压力和各种突发事件导致的心理健康问题可能引发的危机为EAP工作者和企业家们所重视，EAP已经在危机干预中扮演了一个重要的角色。EAP提供的危机干预服务主要包括以下内容。

## 一、危机前干预

危机前预防性干预是指根据企业的生产和经营管理特征，对可能发生突发性事件的员工进行危机意识和心理健康教育，居安思危，优化个性，提高员工危机应对心理准备和应变能力。其主要手段如下。

**1. 成立机构，分清职能**

要使企业心理危机预警及干预机制能真正发挥效用，就必须健全危机干预的组织机构，既要有心理危机预警及干预的领导机构，又要有执行机构和信息提供机构。各级机构要分工明确、各司其职。一般来说，由公司高管担任组长，以公司外聘EAP专家、人力资源、公共关系、行政后勤、工会、保卫等机构的领导为组员，负责制定企业心理危机事件的处理对策，对重大心理危机进行决策处理以及领导危机干预工作。由公司人力资源部负责通过向全体员工宣传心理健康知识、组织心理健康教育活动、建立员工心理健康档案、开展各种形式的心理训练活动等途径，对员工的心理危机进行干预。有条件的大型企业可以设置企业心理师岗位，负责技术指导和实施危机心理的干预，没有条件的企业则需要进行相关的知识学习和培训。

**2. 心理培训，提高素质**

心理培训是提高员工心理危机应对能力的重要手段。一般来说，可以通过三方面的工作来实现这一目的。第一，进行心理危机干预的知识培训。把心理健康教育形成制度，做到内容科学、教材规范、手段合理、重点突出、常抓不懈。例如，对在矿山工作的员工进行“灾难心理学”、“矿难事故处理程序”、“求生心理”等课程的教学，对警察进行“军人心理学”、“危机心理”等课程教学。第二，进行通用素质的心理训练，可以设置增强自信、磨炼意志、稳定情绪、战胜恐惧、心理放松、团队协作、应激心理、心态调整、工作适应等科目的心理素质训练。第三，进行针对性的职业心理素质训练。职业心理训练内容应根据企业性质和员工担负的任务特点设定。以消防员为例，职业心理训练应包括消防指挥员心理训练、驾驶员心理训练、防毒排烟特勤人员心理训练和消防调度员心理训练。

3. 心理测评，人职匹配

通过开展心理测评选拔合格员工是国外企业成功的经验。不同的行业、不同的工种所需要的员工的心理素质是不同的。在我国目前的职业选拔过程中，应用心理测验选拔武警、高空作业、航空等职业员工已经十分普遍，但对于医务、矿工、电力、乘务人员等岗位员工的选拔则很少应用到心理测验。这些岗位面临的突发性的危机事件的可能性还是较大的。因此，在入职和岗位调整时，采用心理测验手段，防止精神病、变态人格、严重心理障碍等倾向人员进入特殊岗位。另外，根据心理测试结果，建立包括其人格特征、心理操作能力、认知特点等内容在内的心理档案，为员工的岗位分配和心理训练提供心理学依据。

## 二、危机中干预

危机中干预是指当员工处于心理危机状态时，采取积极、及时的危机干预措施予以介入，以有效缓解其负性情绪和非理性行为，使其尽快恢复到危机前的平衡状态。危机中干预包括以下三个环节。

1. 制订计划，全盘考虑

这一环节由危机评估和计划制订组成。危机评估在整个心理危机干预过程中起着十分重要的作用。干预者必须通过评估确定危机的严重程度，从而确定有效的应对策略。在危机评估的基础上，确定员工的重要需求，确定所用的有效应对技巧和能够给予帮助的社会支持系统，明确治疗目标和方法，制订切实可行的干预计划方案。干预的目标要针对员工即刻的具体问题、员工的功能水平和心理需要制定，同时还要考虑社会文化背景、生活习俗、家庭环境等因素。

2. 实施干预，提供帮助

心理危机发生之后，干预者及时、迅速的帮助和干预将在很大程度上影响危机的发展演变，因此，实施反应性心理危机干预是帮助员工度过危机时刻的重要环节。具体来说，心理危机的反应性干预可以包括以下三个主要步骤。

1）确保危机个体安全

处于危机中的员工，其认知、情感、行为方面都存在不同程度的障碍，极有可能发生伤人或自伤的行为。在危机干预过程中，应将保证危机个体的安全作为首要目标。简单来说，就是将其对自身和对他人的生理和心理危险性降低到最小可能性。

2）积极倾听

倾听是危机干预中不可缺少的一环。通过倾听，一方面危机干预工作者能够更好地评估危机的严重程度；另一方面，积极的倾听过程也有助于危机个体体验到干预者的关注，有利于危机中的个体宣泄消极的情绪。因此，准确和良好的倾听技术是危机干预所必需的，实际上有时仅仅倾听就可以帮助危机中的人。在对员工危机个体进行干预的过程中，咨询师在倾听其诉说时要表现出全神贯注，不仅是要用耳朵听，而且要用心去听，设身处地地去感受，并表示乐于且有能力帮助他，使危机中的个体建立解决危机的信心。

3）提供切实可行帮助

危机干预工作者可以为个体提供的帮助有两方面：一是帮助危机中的个体认识到有许多可变通的应对方式可供选择。例如，环境支持，即有哪些人现在或过去能关心自己；应付机制，即危机中的个体可以用来战胜目前危机的行动、行为方式，以及积极的、建设性的思维方式等。二是当危机中的个体选择了应对方式时，危机干预工作者可以为其制订应对计划。制订计划时应该与危机中的个体合作，让其感到这是他自己的计划，危机干预工作者并没有剥夺他的权力、独立性和自尊。让危机中的个体将计划付诸实施，目的是恢复其自制能力和保证其不依赖于支持者。制订计划之后，还要得到其恰当的保证，如让个体写出计划实施的各个步骤并复述一下计划。

**3. 跟进咨询，消除障碍**

危机干预机制中一个很重要的步骤是后干预，它包括了心理治疗和心理辅导，如果当事人的精神状况严重的话，需要接受精神病学的治疗。危机后的跟进治疗和咨询以精神科医生和心理辅导员为主，以帮助当事人恢复创伤前的认知、感情和行为的功能水平，减少以后长期的心理风险，使他们可以用一种健康、适当的方法处理损失，结束危机对他们的影响。所以，在危机事件处理之后，要求当事人接受心理辅导是很重要的。在跟进咨询中一个很重要的方面是对与当事人有关人物的帮助。他们参与或目睹了危机事件，这也会对他们的学习和生活产生极大的影响。在实际工作中往往忽视了他们的心理危机，使他们难以得到关注和帮助。所以，在危机后的跟进工作中对他们进行心理辅导也很必要。

## 三、危机后干预

**1. 强化技巧，获得成长**

一般经过4~8周干预，多数员工的情绪危机可以得到解决或缓解，此时应及时中断治疗性干预治疗，转入到恢复性干预，以减少员工对干预者的依赖。恢复性干预过程中，要注意强化员工在干预中学会的应对技巧，以及运用新的应对技巧和社会支持系统来独立解决和处理问题，减少危机发生，从而获得新的成长。恢复性干预过程常用的干预方式是集体辅导。集体情境可以促使员工在交往中通过观察、学习和体验，认识、探讨和接纳自我，调整改善与他人的关系，学习新的态度和行为方式，以发展良好的适应。同时，针对心理危机中出现的诸如适应不良、紧张、恐惧、焦虑、人际冷漠、敌对等情绪，通过集体辅导中的分享可以让员工学习接纳自己的情绪，通过观察别人的反应和探讨自己的反应来获得应付危机的方法。

**2. 总结经验，改进提高**

同时，对企业危机干预工作自身的工作情况进行总结也是不可缺少的一环。对危机干预工作进行全面的评价总结，包括对预警系统的组织和工作内容、危机应对计划、危机决策和处理等各方面的评价，要详尽地列出危机管理工作中存在的各种问题，并提出改进措施。

## 四、危机干预的要点与注意事项

从以上对EAP提供的危机干预服务的论述中，可以总结出危机干预的几个特点与应注意的事项如下。

**1. 危机干预应作为企业发展中的一个需要重视的问题**

居安思危，思则有备，有备无患。从目前来看，企业管理者对员工的心理危机重视远远不够，在“9·11”之前，美国一些公司在考虑是否要取消EAP服务。面对员工保健费用的快速上涨，许多商业领导人认为取消EAP项目可以减少开支。但是，恐怖主义对美国工作场所的袭击为EAP提供了证明自己价值的一个机会，雇主们对使用EAP应对变化和挑战有了新的兴趣。而中国的“汶川地震”也引发了对危机干预的热潮，危机干预应该作为一个战略性的问题被重视，确保企业的稳定发展。

**2. 危机干预应做到防患于未然**

由企业心理危机形成的几个阶段可以看出，对危机的干预越早越好，在危机未形成之前的干预应该是最为及时、有效的。从EAP提供的危机干预服务也可以看出，危机前干预对员工危机应对有较大帮助。可见，很多时候是可以做到将危机消灭在萌芽中的。而这些，需要企业家和相关工作者超前的意识和敏锐的洞察力，更需要有细节决定成败的精神。一些时候，管理者对于员工冲突或是小的突发事件不关注，不采取措施，任其自生自灭。殊不知千里之堤毁于蚁穴，一些小的事件往往造成连锁反应，在被重视时可能已经为时已晚。

**3. 危机干预应该作为一个系统工程**

前文提到了危机前和危机后干预，危机前干预是预防，危机后干预是保障危机干预的效果。这两者都是危机干预的重要组成部分，不容忽视。

## 五、紧急事件晤谈

紧急事件晤谈（Critical Incident Stress Debriefing，CISD）是 EAP 服务中经常使用的危机干预方法。CISD 是为了减缓个体在危机后可能出现的急性应激障碍（ASD）或创伤后应激障碍（PTSD）而实施的短程会谈式团体支持活动，是当前开展心理危机干预的重要方式之一。

**1. CISD 的目标**

危机事件中的人员公开讨论内心感受，互相支持和安慰；资源动员，为参加者提供了相互交流、相互理解的机会，分享了彼此的感受，避免了误解，帮助参加者在心理上（认知上和感情上）消化创伤体验，促进了创伤的恢复。

**2. CISD 时间限制**

灾难发生后 24～48 小时之间是理想的干预时间，6 周后效果甚微。正规 CISD 通常由合格的精神卫生专业人员指导，事件发生后 24～48 小时实施，指导者必须对小组治疗有较深入的了解，指导者必须对应激反应综合征有深入了解。另外，在事件发生后 24 小时内不进行 CISD，事件中涉及的所有人员都必须参加 CISD。

**3. CISD 过程**

第一阶段为介绍期（introductory phase）。指导者进行自我介绍，介绍 CISD 的规则，仔细解释保密问题。

第二阶段为事实期（fact phase）。请参加者描述危机事件发生过程中他们自己及事件本身的一些实际情况；询问参加者在这些严重事件过程中的所处地点、所闻、所见、所嗅和所为；每一位参加者都必须发言，然后参加者会感到整个事件由此而真相大白。

第三阶段为感受期（feeling phase）。询问有关感受的问题。例如：事件发生时您有何感受？您目前有何感受？以前您有过类似感受吗？

第四阶段为症状期（symptom phase）。请参加者描述自己的应激反应综合征症状，如失眠、缺乏食欲、脑子不停地闪出危机事件发生的场景、注意力不集中、记忆力下降、决策和解决问题的能力减退、易发脾气、易受惊吓等。询问危机事件过程中参加者：当时有何不寻常的体验，目前有何不寻常体验；事件发生后，生活有何改变；请参加者讨论其体验对家庭、工作和生活造成什么影响和改变。

第五阶段为辅导期（teaching phase）。指导者讲解事件，介绍应激反应模式，应激反应的常态化，介绍正常的反应，尽量说明参与者经历的应激反应是正常的，本质上不是医疗问题。并努力让参加者确信他们的反应并不意味着有精神病理学意义。强调适应能力，讨论积极的适应与应付方式。提供有关进一步服务的信息，提醒可能的并存问题（如饮酒），给出减轻应激的策略。

第六阶段为恢复期（re-entry phase）。目标是关闭创伤事件，总结澄清，问每个成员还想谈什么，回答参与者的问题，指导者总结整个晤谈的过程、其涵盖的内容及应付危机技巧，提供后续服务的保证。讨论行动计划，重申共同反应，强调小组成员的相互支持和可利用的资源，并且评估哪些人需要随访或转介到其他服务结构。

**4. CISD 的注意事项**

CISD 整个过程需 2～3 小时。可以在危机事件后数周或数月内进行回访。

集体晤谈注意事项：①那些处于抑郁状态的人或以消极方式看待晤谈的人，可能会给其他参加者造成负面影响；②鉴于晤谈与特定的文化性建议相一致，有时文化仪式可以替代晤谈；③对于急性悲伤的人，如家中亲人去世者，并不适宜参加集体晤谈。因为时机不好，晤谈可能会干扰其认知过程，引发精神错乱；如果参与晤谈，受到高度创伤者可能为同一会谈中的其他人带来更具灾难性的创伤。

总之，危机干预是一个系统工程，作为企业 EAP 项目和人力资源管理的一项重要工作，它不仅仅要求企业从意识上重视，也需要企业从责任制度、人力物力、培训教育等方面提供切实的保障。只要有充分的信心和准备，只要对可能发生的危机实施及时有效的干预，就能把危机事件对员工的心理冲击控制在最低的水平。

下面仅以富士康事件为例分析危机产生的原因及 EAP 干预的途径与方法。

## 案例　富士康员工自杀系列事件

★ 案例描述

2010年5月26日23时许，富士康深圳龙华厂区又一名男性坠楼身亡。这是富士康一年以来在深圳厂区发生的连环坠楼事故的第12起。这一系列事故造成了10人死亡、2人重伤。

★ 案例分析

针对上述情况，EAP咨询师分析其可能产生的原因如下：

1）自杀者在年龄、地域等人口学变量方面的共通性

（1）年龄特点。调查显示，这些死者的共同特征是：年龄在18～24岁，入职时间不到1年。他们都是80后或90后，是现代大城市中新生打工族，这代人多是独生子女，抗压能力、吃苦能力相对较差。另外，富士康员工的年龄特点，提示他们多数人处于恋爱婚姻阶段，感情挫折发生率显著高于其他年龄人群，而感情挫折和创伤也是导致自杀的高危因素之一，需要给予足够的引导和关注。

（2）地域。这些青年大都来自农村，在适应城市环境和集体环境方面有一定问题。

（3）工作类型。这些员工的工作都属于密集型工作。员工入职后一般只接受简单的培训，但工作要求比较高，年轻员工身心难以适应。而每天重复性的工作也会磨损人的心理，如果再休息不好、缺乏情感交流，就会加重挫折感和孤独感，对生活丧失信心。“泰勒制”的“唯效率”管理方法，让劳动者就像流水线上的一颗螺丝钉，享受不到生命的乐趣与自由。这种无法预见未来的群体氛围，足以让自杀成为脆弱的个体的解脱方式。

2）感觉剥夺与社会支持

据报道，富士康一个厂区有几十万名员工，员工生活在集体管理之中，缺乏个人生活空间和情感联结。打工者又远离家乡和亲人，一旦出现不良情绪，找不到宣泄途径，缺少亲情抚慰和自我救助的条件。久而久之，不良情绪累积起来，造成了极端行为。这就像心理学上著名的“感觉剥夺实验”，一旦一个人的视觉、听觉、嗅觉、触觉等沟通渠道全部被切断的时候，不仅失去主观幸福感，连正常的生存都会出现问题。而生活在丰富刺激条件下的个体生理心理的健康水平都有显著提高。

3）入职前测评

富士康招收的这些员工主要是青年农民工，主要工作就是重复地做流水线

上的某一个环节，因此招聘成本低，又加上工厂本身规模巨大，无法全力顾及员工的身心健康与精神问题。鸿海集团公布：在自杀的12位员工中，有3位有精神障碍，其自杀行为跟工作环境和压力无关。虽然这份报告未经专家证实，但足以说明入职前精神健康状况测评也是一个应该重点主抓的环节。

4）维特效应

“维特效应”指的是200多年前德国大文豪歌德发表了一部小说，名叫《少年维特之烦恼》，该小说讲的是一个青年因失恋而自杀的故事。小说发表后，造成极大的轰动，不但使歌德在欧洲名声大噪，而且在整个欧洲引发了模仿维特自杀的风潮。从社会心理学角度分析，“维特效应”就像情绪上的“流感”。媒体对自杀新闻的大肆渲染对于一些徘徊在生死边缘的人具有强大的暗示、诱导性。比较典型的例子是，2003年4月1日，张国荣自杀事件发生后，媒体的报道连篇累牍、大肆渲染。结果从当天深夜到第二天凌晨9小时内，全香港有6名男女跳楼自杀，其中5人不治；当月香港共有131宗自杀身亡个案，较3月份增加32%。富士康12位跳楼员工中有6位集中发生于5月份。起先是因为个别员工有心理问题，但随后的连跳事件是否可能受了“传染”或者存在“模仿”？另外，某些人通过网络不负责任地随意传播未经证实的消息（网上有篇文章报道深圳某公司的最高纪录是35连跳），对员工心理上的影响也不容忽视。

5）宗教及精神信仰

这个在中国比较少见，但是也可能正是因为中国人缺乏宗教以及精神信仰，因此社会支持度不够，才会让这些员工觉得孤独无助，从而产生抑郁等心理问题。国外社会心理学领域的相关研究已经证实，有精神信仰的人会比没有的人意志更加坚定，对生活持乐观的态度。

6）金钱补偿行为的影响

对于意外死亡员工，富士康给予的补偿几乎是一个普通工人十年工资的总和。一名自杀员工写给父母的遗书中提到：现在我从富士康跳下去，你们不用伤心，因为富士康多少会赔点钱。因此，在自杀事件中，不排除部分遭遇挫折的员工存在补偿心理。这就提示管理层，需慎重考虑如何应对员工意外事件。6月9日，富士康已公布决定，不再给予意外死亡员工经济补偿，而是采用普遍提高员工薪酬的处理方式。

7）意外因素

意外事件的发生也可能导致跳楼等自杀行为的发生，像富士康某位自杀者在行为发生前还说过“自己觉得不好可以换公司，又不是一定要在一棵树上吊死”，结果突然与室友发生争执，就发生了惨案；另外一位自杀者在发生跳楼行为时，别人都觉得他迷迷糊糊，似乎没有睡醒，整个事件发生的过程还不到1分钟。在自杀事件中，突发的意外事件成为“扳机事件”可能是造成自杀的主要诱发因素。可见，这所有的事件并不一定都是企业或者员工共同的因素造成的，也可能有个案与例外。

★ EAP干预的途径与方法

“在关爱中心的电话中，大部分都是‘感情纠纷’，这给富士康的救助工作带来很大的难度。以4月份跳楼的饶乐琴为例，其舍友表示：出事前半个小时他们还通过电话，吵架，把手机扔下楼。然后，饶乐琴就跳了下去。救助的更大难度在于，几乎所有的死者都跳得十分决绝，速度之快，让人很难防范。比如卢新，之前情绪出现波动后，公司就安排其同学在招待所一直陪护，但卢新提出要看风景，同时以极快的速度打开窗户，毫不犹豫跳了下去，身旁的两个同学连其衣服都没抓住。同样，从‘第八跳’祝晨明最后跳楼瞬间的视频记录来看，她摇摇晃晃爬上天台，好像还没怎么睡醒的样子，整个过程也没超过1分钟。”由以上这段节选的报道可以看出，实施对危机事件的紧急防范措施难度很大。要进行心理干预，除了在事发当时进行，更重要的是从长远的角度来进行的一项工作。专家说，自杀是可以有效预防和处理的。从以下几个切入方向来分析，这样分类也更贴近组织行为学的内容。

1）个人层面

富士康事件中自杀者的年龄偏小，这个年龄的自杀者被学者定位为冲动性自杀者，他们往往更容易因急性事件而产生强烈反应。有学者提出：严格控制自杀工具的易得性，提高社会化解急性矛盾的能力，寻找导致冲动性自杀的特殊生活事件或社会环境，应是预防自杀的工作方向。人们都应自己主动学习一些缓解心理压力的方法。每个人也都应结合自己的能力和周围环境的条件，给自己一个恰当的定位。否则，给自己提出过高要求，反而会造成过大的压力。人们还应和周围的人形成良好的关系，这是对自己心理健康发展一个强大的支持系统。笔者认为，个人应该不断提升自己，不仅在技能方面，更是在心灵方面，如果有自己热爱的东西或者对于工作的内在兴趣高，那么就不会发生这样惨痛的事件；与此同时，企业可以应用激励的方法，让员工对工作本身产生兴趣，提高他们对工作的卷入度，同时实施有效的奖励方案，让员工对工作本身感到满意。

2）群体层面

自杀者缺乏社会支持，同时也缺少精神上的支撑。据富士康某负责人介绍，最近深圳市总工会将在富士康的科、线层面上建立工会小组，在厂和区要建立分工会，争取建立一个以工会组织为基础的员工关系互助网络。这是个好的方向与切入点。同时，企业的管理者应该多对员工进行心灵上的关怀。例如，定期组织员工娱乐活动，给员工过生日等，让员工感受到“人情味”，促进员工间的交流。在日本，企业有专门的心理健康保健组织；在美国，企业有专门的EAP，有专业心理人员提供指导和咨询。这些都是可以借鉴的方法与手段。

3）组织层面

（1）企业。一方面，可以引入EAP。这种方法通过专业人士的心理咨询、讲座培训等方式，帮助企业员工应对心理和行为问题，掌握心理调适的方法，获得成长并提高工作绩效。另外，EAP服务特点之一是极强的易得性。在员工有困扰时，任何时间都可以通过EAP电话中心，找到咨询师并得到及时的帮助。EAP被视为企业对员工的一种福利，对预防自杀也有积极意义。另一方面，企业同时也应该重视对员工的职业技能培训，帮助员工拓展择业范围，实现个人的成长和发展。让员工看到一个可以晋升发展的前景与未来可以提高他们对工作的兴趣，同时让他们感到生活更充实，充满动力。

（2）社会。为防止这样的惨剧再次发生，需要全社会的共同参与。专家列举的可用方法包括：卫生部门派出一批心理医生驻厂为员工提供心理咨询服务，人力资源保障部门帮助企业建立健全良好的劳资关系，改进安保工作的方式方法等。据报道，这些措施已被应用于富士康公司。此外，根据学者研究，在中国的自杀者中，60%～70%患有精神障碍类疾病，而在自杀未遂者中这一比例约为40%，抑郁症是精神障碍类疾病中的“第一杀手”。所以，政府也应增加投入，强化公众对心理卫生服务资源的可及性与可获得性。

富士康事件中的自杀者多为青年农民工。贵阳医学院公共卫生学院副教授严征曾对贵阳市的501名农民工进行了调查，结果表明：其中48人表示自己在近一年内曾想过主动结束自己的生命，18人实施过自杀行为。对此，严征分析，由于城乡在户籍、贫富、文化、人际交往上的鸿沟，农民工可能存在自卑、孤独、封闭、压抑、怨恨、被剥夺、缺乏安全感和归属感的心理感受。因此，对农民工自杀的最根本解决之道，还是应该让城市认可、接纳农民工，其中的关键便是户籍制度改革，政府真正建立以人为本的、服务型的管理机制。

# 第九章

# 他山之石：EAP 典型案例分析

# 导 读

一家全国闻名的电商企业有 4 万员工，计划启动 EAP 项目。被称为“少帅”的大区运营总经理被 CEO 钦点回到总部负责相关工作。在此之前，他对 EAP 一无所知！这位“少帅”采用一种他认为能够最快、最全面了解 EAP 的方式开始自己的工作。他向全国知名的 EAP 机构发出招标通知书，希望通过招标能够对 EAP 行业、服务、产品、效果等有全面了解。但是，当他见过第九个供应商的时候，真的有些晕了。企业购买 EAP 服务的甄选标准到底是什么？什么样的 EAP 服务适合自己的组织，或者能够满足 CEO 启动 EAP 项目的初衷？……他真的糊涂了，因为之前没有任何经验可以借鉴。

他决定去拜访一位 EAP 专家，听听专家的意见。专家没有给他任何具体的建议，只问了四个问题：①当你的企业实施 EAP 项目 1 年后，你的 CEO 看到企业/员工有什么不同，他就会认为 EAP 项目是成功的？②作为项目负责人，你在 EAP 实施的第一年最希望看到的结果是什么？③为什么是你被 CEO 钦点负责 EAP 项目？你有哪些优势或者资源？④你的部门的权利、资源有哪些？通过这个案例，大家可以看到，没有完全相同的 EAP 项目，真正好的 EAP 项目一定是根据服务企业的需求建构和设计而成的。

在长达 10 年的 EAP 服务和咨询督导过程中，笔者发现 EAP 服务和咨询有其特点和规律。因此，本章主要从组织咨询、管理咨询和员工个体咨询的三个层面，选取典型案例进行分析，试图就如何做好 EAP 咨询给大家最直观的感受。

EAP几乎适用于所有的行业和部门，不论是私企、国企，还是外企、政府部门。只要是有员工存在的地方，员工之间、员工与组织之间或者员工自身的工作和生活之间都会存在冲突和矛盾，他们都对EAP服务有需求，正如诺基亚中国分公司的EAP项目的名称一样：Live Life Assist。EAP是员工生活的助手，这个助手的作用不仅反映在为员工提供的帮助，同时也体现在为公司带来的益处，为高效管理提供的帮助。而对某些特殊行业和企业特殊的部门，EAP的价值尤其显著。

从更为微观的方面看，EAP服务内容包括压力管理、职业心理健康、裁员心理危机、灾难性事件、职业生涯发展、健康生活方式、家庭问题、情感问题、法律纠纷、理财问题、饮食习惯、减肥等各个方面，旨在为员工解决各方面问题。

约90%的《财富》500强企业都在实施EAP项目。研究显示，企业为员工购买EAP服务可以帮助企业节省广告、员工招聘、新员工培训方面的费用以及降低事故造成的损失。根据各企业的EAP项目报告，EAP投资回报率（ROI）如下：摩托罗拉：每1美元投资回报4美元；雪佛龙：每1美元投资回报14美元；康菲石油：每1美元投资回报14美元。总的来说，实施一个完整的EAP项目，每1美元投资回报为3～16美元。2005年，首届中国EAP国际论坛报告，某跨国公司2004年EAP使用报告数据显示：为员工提供EAP服务使整体缺勤率降低了78%；38%的员工精神健康有提升；年度EAP的投资回报为每位接受EAP服务的员工每年4000美元，全年全公司共计700万美元。随着EAP的不断推广，国内企业也开始认识到EAP的重要作用，它们也会越来越重视员工心理健康问题对组织的影响作用。

本章从组织层面、管理层面和员工个体层面介绍EAP服务中的典型案例，期待为广大EAP咨询师的工作实践提供借鉴。

## 第一节　EAP组织咨询案例

EAP对组织的作用很大，它可以改善管理效果，提高生产率，降低缺勤率，减少招聘成本及培训费用，提高公司士气，提升公众形象，减少赔偿投诉，减少客户投诉，降低意外事故出错率，改善组织气氛，提升工作间的合作关系，树立组织关心员工的形象。

## 案例[①] 企业新任管理层绩效不良

### ——某大型外企新任主管绩效问题处理方案

★ 案例介绍

成立近200年的这家外企总部设于美国，业务范围遍及全球，在业内有一定的影响力。设在中国上海的分公司也已经有一定历史，并在这里开拓了发展潜力极大的市场。该外企对人才的招聘门槛较高，其吸引人才的一大特点就是所有员工都有公平竞争晋升的机会，用实力说话，而不是凭借关系等旁门左道。因此，作为一家知名大型外企，该企业所招聘的员工素质较高，工作的积极性也较高。自从公司引入了EAP以来，公司对员工和管理层绩效的考察更为标准化，员工的大多数心理问题都在EAP的服务范围之内，员工身心健康程度提高，带动个人业绩的提高，同时EAP也为公司的绩效提高做出了极大的贡献。但近期公司在考察新任管理层绩效的过程中发现了一些问题。

最近一批新晋升的主管和经理已经在新的工作岗位上进行了一个季度的工作，通过对绩效标准化的测量暴露出了问题。新任主管和经理的工作责任感较弱。新任管理层由于任职不久，还没有注重员工的效率和自身责任观念的提高，有时以工作忙等借口推诿一些工作，这是对公司不负责任的表现。管理者这种责任心不强的现状如果持续下去，会直接导致员工的信心丧失和士气低落，组织的效率降低，甚至引发怨言和混乱。这样的局面是企业所不容许的。

面对问题，究其原因，首先是管理观念的偏差。由于新任管理层没有进行过专业管理理念和知识的学习，缺乏对先进管理思想的了解，尤其是缺乏管理经验的问题较为普遍。他们的不成熟还表现在等待着别人分配任务，缺乏领导者的自觉性和全局意识。在这个一切以市场为导向的时代，他们没有

---

① 本章部分案例分析、咨询目标和干预方案引自：James M. Oher，Daniel J. Conti，Arthur E. Jongsma，Jr. 2005. 雇员心理支持指导计划．袁荣亲译．北京：中国轻工业出版社．在此表示感谢

很好地理解市场的概念，没有充分估计到市场竞争的残酷，缺乏竞争意识，缺乏危机感；不能前瞻性地看待市场和竞争，不能主动出击，而是被动接受，被动应付。其次，缺乏必要的敬业精神。作为企业的管理者，在充分享受职权、职位带来的收益的同时，也应该更愿意付出，但新任管理层给人的感觉总是缺乏敬业精神和奉献意识，他们对责任与义务的问题考虑较少，低估了自己的影响力，没有意识到自己的举动给企业员工带来的不良影响。这种状态如果任其发展，无疑会在很大程度上削弱企业竞争力，限制企业的发展。最后，与员工沟通不畅。沟通不是一个偶然的过程，它需要管理人员具有良好的素质和技巧。新任管理层管理技能的不足导致他们无法指导员工的进步，也无法做到很好的授权与沟通，难以激发员工的工作热情。致使管理者在这种管理方式中无法得知员工的感受，无法得到员工的建议，造成管理者绩效和员工效率低下。

★ 案例分析

针对上述情况，EAP咨询师的分析是：

(1) 新主管和经理的工作胜任力差。新任管理层由于任职不久，觉得以前旁边的同事、现在的下属不听从自己的指挥，难以调动他们。

(2) 与员工沟通能力不够。新主管和经理无法做到很好的授权与沟通，难以激发员工的工作热情。这不仅仅是员工的不幸，也是管理者的不幸，因为管理者在这种管理方式中无法得知员工的感受，无法得到员工的建议，从而造成管理者绩效和员工效率低下。

由于这部分管理者是由相关岗位晋升上来的，前期除了短期培训之外没有进行专业管理理念和知识的学习，也没有管理经验，他们对在管理岗位上所产生的失误也是情理之中的。

案例分析发现，管理者消极的6个普遍表现为：缺乏工作动力，缺乏热情；工作态度有所转变；责任感较弱；观念跟不上；缺乏必要的敬业精神；管理能力有问题。该企业面临的问题确实也是在很多企业的管理层都普遍存在的问题。

★ EAP组织咨询的长期目标

组织的目标：急需解决新上任的管理人员的角色冲突和工作胜任力问题。

(1) 体会到作为管理层的满足和舒服。

(2) 增强自信心和作为领导的能力。

(3) 能够批评、训练下属以改善他们的工作表现。

(4) 与所管理的团队建立友谊。

(5) 巩固与以前一起工作但是现在是自己下属的人的关系。

(6) 能够从管理层的角色跳出来，并从事其他职业。

★ EAP组织咨询的短期目标

(1) 请新任主管描述自己的晋升是产生冲突的原因。

(2) 回顾这些冲突的来龙去脉。

(3) 认清现在作为一名领导者所需的责任和价值。

(4) 明白作为一名成功的领导者，应该做出哪些特别的行为变化。

(5) 参加领导者培训和教育计划。

(6) 锻炼自己的信心，给下属提供有建设性的建议，但是不能伤害别人。

(7) 证明自己有能力表达具体的工作要求，并能要求改善工作表现。

★ EAP的组织解决方案

(1) EAP咨询师接受企业委托，与人力资源部门配合，对新任管理层的典型人员进行访谈，深入了解事情的真相和问题发生的原因，了解当事人的感受，找到问题的根源。

(2) 形成EAP服务项目分析报告，对企业目前所面临的问题进行深度分析，找到原因，设计解决方案。

(3) 解决方案：团体培训和个别辅导相结合。具体方案为：①在新任管理层履职之初，首先在前期做好指导工作，在管理层变动前期对可能晋升的员工中进行考评，甄选有管理才能的员工，以确保表现突出、业绩优良、群众基础良好、具有管理才能的员工被选拔到管理岗位上。②在培养引导过程中，注意使他们了解企业主管的角色定位和使命职责，以做好承上启下的工作，锻炼他们责任心、敬业精神和沟通能力。③从知识与实践出发，针对新任主管的工作特点进行全方位的管理理论和技能训练，使他们具备基本的管理理念和管理素质，以提高管理水平。④在企业中设立"导师制"。把优秀的管理者作为新任主管的导师，起到具体传、帮、带的作用，帮助新人主管处理管理中的棘手问题。⑤在任职之后，通过专家对新任管理层的绩效做定期的评估，进行积极反馈，使新任主管能够发现自己的优势，改善自己的不足，更快地成长。

# 第二节　EAP 管理层咨询案例

EAP 作为企业有效的管理工具，在下列方面有非常重要的作用：减少员工的投诉；有效处理员工下属之间的关系；避免过多卷入员工私人问题；有利于保持对员工的绩效期待；避免提供错误管理建议；有更多的时间关注员工绩效问题；提高追求目标，改善员工关系；更有效地领导整个团队；等等。以下是 EAP 咨询服务中与管理层有关的典型案例。

## 案例一　重要生产岗位的员工出现情绪问题

——EAP 服务与保密处理

★ 案例介绍

孙强[①]是一位在重型生产制造企业工作的员工，他的工作岗位是在总装车间开吊车。这是一个安全敏感的工作岗位，3 年前曾经出现过重大生产人身伤

① 本书案例中所有的人名均为化名

亡事故。最近半年来，孙强与妻子的关系出现问题，妻子一周前搬到自己父母家居住，与孙强分居并带走了12岁的儿子。孙强因为婚姻出现问题来找EAP咨询师咨询。咨询师注意到他语无伦次，思维混乱，手舞足蹈，肢体语言激动。在咨询过程中，孙强一直在自言自语，并没有真正与咨询师进行沟通。最后，孙强感谢咨询师为他花的时间，但承认咨询实际上对他没有真正的帮助，并准备离开。EAP咨询师接下来应该做些什么？

★ 案例分析

(1) 来访者的工作是安全敏感岗位，曾经出现工伤事故。

(2) 来访者的情绪非常激动，思维混乱，并存在沟通问题。

(3) 来访者目前由于婚姻出现问题，正处于压力当中。

(4) 对于公司管理层是否了解来访者目前的状况，EAP咨询师没有掌握确切信息。

(5) 对来访者的情况是否做保密处理，或者如何做保密处理，需要咨询师考虑。

★ EAP解决方案

(1) 对来访者进行简单的精神健康状况的评估，排除来访者因为急性压力事件导致出现临床心理障碍，评估来访者的现实感和思维逻辑性。

(2) 对来访者能否回到工作岗位需要进行谨慎评估。因其工作岗位安全的重要性，EAP咨询师应建议来访者不要马上回到工作岗位，并休息一段时间。

(3) 如果来访者执意坚持回去工作，EAP咨询师有权利通知其部门经理，让来访者遵循公司的管理条例和规范的要求。

(4) 咨询师与来访者合作处理来访者的婚姻情感问题。

## 案例二　面对人身安全危机事件的经理

——管理层的EAP危机案例处理

★ 案例介绍

EAP咨询师接到一位接受EAP服务的公司的经理打来的紧急电话，他希望EAP咨询师马上去见他的一个员工，并对这个员工的状况做出评估。因为这位员工在工作场所说：他要么会杀掉他的主管，要么会自杀。

★ 案例分析

（1）直接的来访者是打电话的经理本人，经理目前急需支持和帮助。

（2）潜在来访者是那位自称要杀主管或者自杀的员工。

（3）危机事件的整个情况并不清楚，需要进一步了解情况。

★ EAP解决方案

（1）EAP咨询师需要了解确切消息的来源。例如：是经理亲耳听到员工说要杀人或者自杀，还是有其他人向经理转述以上情况？如果是转述，是何人转述？时间和地点？具体情况如何？

（2）EAP咨询师需要确定事情的真相。

（3）EAP咨询师首先给经理提供支持，如果需要，经理可以持续接受EAP咨询服务。

（4）当落实消息确切后，EAP咨询师需要与公司管理层、安全保卫部门取得联系，必要时建议报警，以确保杜绝人身伤害事件的发生。

（5）经过评估后，确定该员工是否需要强制转介到EAP机构或其他相关机构，接受心理咨询服务。

## 案例三　新任经理的工作适应困难

★ 案例介绍

唐晓丽36岁，作为公司的一线经理，她并不年轻了，但她还是一位新经理，在管理岗位上只有不到一年的工作经验。最近，她刚刚从成都调到上海从事目前的管理工作，她手下的员工主要是男性。唐经理因为员工张军的问题来找EAP咨询师。她听同事说，张军的经济出现问题，好像有财务方面的纠纷。并且，他的妻子因为他总是很晚回家离开了他。唐经理不太清楚这些是否是EAP需要了解的重要问题。唐晓丽身为一个新经理，有许多自我怀疑和不自信。她说，男员工对她不尊重，但他们的表现方式非常微妙、隐晦。因此，她是哑巴吃黄连，对此无能为力。

到目前为止，张军对唐晓丽的工作始终是支持的，她认为如果她对张军采取管理处罚措施，张军就会与其他员工一道拆她的台。但是令她非常为难的是，张军的工作分析报告总是延期不交，而且质量很差，她很在意自己的上司如何看待这件事情。

★ 案例分析

(1) 唐经理年龄不小，但管理工作经验仅1年。

(2) 她刚从成都调到上海，公司以男性下属为主。

(3) 唐经理感受到下属不尊敬她，但她好像对此无能为力。

(4) 张军一直支持她的工作，听说目前张军出现家庭问题、财务问题等。

(5) 她观察到张军出现工作绩效显著下降的现象。而且，此事有可能导致上司对她不满。

★ EAP解决方案

(1) 澄清事实。比如，公司的员工性别比例是否影响到管理工作？员工与经理的关系是否属实？张军的财务纠纷、家庭问题是否属实？上级对唐经理的绩效期待是什么？

(2) 帮助唐经理对面临的困难进行排序和评估。在EAP咨询中，EAP咨询师的职责之一就是要帮助来访者澄清困难或面临的问题，并与来访者共同确定首要问题或困难，以计划下一步的行为。

(3) 处理唐经理的情绪问题，可以应用一般化、支持、肯定、赞美等咨询技巧。

(4) 就张军的工作表现，建议其以经理的身份与他就绩效期待进行正式谈话。

(5) 当员工工作绩效3个月持续下降，没有改善时，建议进行经理层转介，并就转介程序进行辅导。

## 案例四　工作场所的性骚扰

★ 案例介绍

一位年轻的女工哭着打电话给EAP咨询师，但不肯说出自己的真实姓名。她说朋友鼓励她来寻求EAP帮助，但她仍然很害怕。她说，她的主管一直试图与她发生性关系。他威胁说，如果她拒绝，她就会被解雇。她的家在福建一个贫困的地区，她的工资收入是家庭的主要经济来源，她必须保住自己的工作。在进行咨询前，EAP咨询师应该考虑哪些问题和了解哪些相关的事项？

★ 案例分析

（1）性骚扰案例取证困难。

（2）处理该类案例如何保持中立。

★ EAP解决方案

（1）首先确认女方的陈述是否属实。

（2）了解男方在公司的地位和权势。

（3）了解EAP所服务的这家公司有无对此类事件的处理经验。

（4）熟悉相关的法律法规。

（5）确认来访者是否安全，与来访者探讨可以采用的应对方法。

## 案例五　管理层遭遇管理困境

★ 案例介绍

EAP客户公司人力资源部的员工关系经理给EAP咨询师打电话，他说：公司里工作压力非常大，而且随着公司的扩张，压力有增无减。他发现年轻员工只要找到新工作，就迅速跳槽到其他公司；旷工和请病事假的人数也正在增加，这些似乎都与工作压力有关。目前，他是公司内第一个公开提出这个问题的人，但是没有人回应。他的领导们似乎只关心利润，管理层普遍认为面对全球竞争日益激烈，员工必须超时工作。他非常希望EAP能够帮助他和公司员工。作为EAP咨询师，你和你的同事们将如何处理这个服务要求？

★ 案例分析

（1）具体澄清该公司的工作压力源是什么。

（2）了解员工的人口统计学资料，比如出现问题的员工的年龄、工作岗位、工作年限、婚姻状况等。

（3）压力的具体表现有哪些，如生理方面、情绪方面、行为方面，以及问题持续的时间。

（4）了解因为工作压力表现出抱怨的员工比例是多少。

（5）澄清HR的上级是否得到有关员工压力表现的相关数据报告。

★ EAP 解决方案

（1）与来访者建立良好的咨询信任关系。

（2）澄清来访者的期待、担心、目标及服务需求的迫切性。

（3）向经理介绍 EAP 服务的作用和限制，比如压力管理教育培训、团体辅导和个体咨询等。

（4）了解来访者目标与上级目标的匹配程度。

（5）澄清来访者的服务需求是否是来访者本人的需求。

（6）评估和分析来访者拥有的上级支持的情况和资源情况。

（7）与来访者合作，配合组织目标，设计 EAP 服务计划、方案和具体服务活动。

## 第三节　EAP 员工咨询案例

员工是组织最宝贵的财富，这样的理念越来越多地被组织接纳和认可。EAP 可以帮助员工解决很多工作和生活上的问题，例如，改善家庭和工作关系，降低人员流动率，提高工作绩效和满意度，减少酗酒、吸烟及其他成瘾问题，改正不良习惯，让员工可以更融洽地和他人相处，做好个人职业生涯规划，提高个人生活质量，保证社会安宁，增进个人身心健康，促进家庭和睦，降低工作压力，平衡家庭与工作的关系。EAP 的作用被组织认可的具体表现为，接受 EAP 服务的员工工作效率更高，工作满意度更高，主观幸福感更强，并能够有效处理与工作场所有关的问题。所以，要想企业运转良好，一定要让员工能保持较高的工作绩效水平。而只有让员工感受到企业的温暖，获得良好的社会支持，提高员工的身心健康水平，员工才能成为组织最宝贵的财富。

本节结合 EAP 服务中的常见问题，将 EAP 服务中遇到的八个典型案例进行分析，以期对 EAP 咨询服务工作提供参考。每个案例包括案例介绍、案例评估、长期目标、短期目标、咨询方案五个部分。

## 案例一　愤怒情绪的管理

★ 案例介绍

李建，男，35 岁，某大型国企生产部经理，大学文化，已婚，性格内向，不善交际，态度认真，有责任心。

李建发现自己近段时间常常控制不住自己的脾气，几乎每周都要和本部门或其他部门的同事发生争吵，有时还与其他同事发生身体冲突，并被公司警告过一次。李建知道自己容易愤怒，但有时候觉得突然有股不可控的力量充满内心；明知道自己的脾气不好，应该控制一下，但是一遇到事情就失去了理智。

★ 案例评估

EAP 咨询师先对李建进行评估，发现李建有以下几种表现：

（1）在工作场所中有不良行为记录（如与同事和上级发生争执）。

（2）对无关紧要的刺激反应过度。

（3）对他人有过度苛刻的评论。

（4）紧张的身体语言（如紧握拳头、紧咬牙齿、瞪眼看人、拒绝和别人有眼神的接触等），使别人感到紧张或威胁。

（5）有消极而好斗的举动（如因生气而退出社交活动、不能完全或适时地遵守规则、在背后说权威人士的坏话、不能遵守行为规范等）。

（6）常常挑衅或不尊重管理人员。

（7）有侵犯性语言。

（8）威胁要伤害同事或公司的利益。

★ 长期目标

EAP 咨询师和李建一起制定了咨询的长期目标：

（1）降低愤怒的强度和发生的频率，帮助他提高情绪觉察力，找到情绪表达的适当方法。

（2）帮助他认清伤害性愤怒行为的根源，找出对症治疗的办法。

（3）提高情绪控制能力，能敏感地感知并接纳愤怒，让自己变得更为平静。

★ 短期目标

（1）可以口头描述愤怒感及引起愤怒的对象和原因，尤其是和同事或管理人员有关的事情。

（2）能口头表达对工作场所准则的理解。

（3）确认过去或现在生活中哪些痛苦和伤害引起愤怒。

（4）给导致自己发怒的对象写信，表达愤怒的感觉及引起愤怒的伤痛。

（5）口头表示明白需要一个过程来原谅他人和自己，以减少愤怒。

（6）写邮件给导致其愤怒的对象寻求谅解。

（7）描述一次难以控制的发怒的情况，然后列出两个更有建设性和低攻击性的表达方法。

（8）用受控制和肯定的语气表达愤怒的情感。

（9）感到愤怒的次数和持续的时间减少。

★ 咨询方案

（1）找出最近在办公地点中发生愤怒的原因以及目标指向人物。

（2）阶段性地面对并反省发怒的行为。

（3）引导李建接受有关情绪控制的培训课程，或引导其阅读有关的书籍。

（4）与李建协商，写一封邮件给导致他发怒的人寻求原谅，并讨论这封信，作为释放愤怒感觉的一个步骤。

（5）让李建讲述最后一次因控制不了愤怒而产生消极影响的事件，找出两个不可替代的、更有建设性的解决办法（这里可以使用焦点解决短程咨询的寻找“例外”及员工控制自己情绪情况的技术）。

（6）通过角色扮演、认知行为疗法，帮助李建改变引起自己发怒的想法和信念。

（7）安排李建参加自信提高、深层肌肉放松和冥想的培训，帮助他学会放松自我。

（8）巩固解决的方法，用平静、尊重和肯定的方式表达自己愤怒的感觉。

（9）跟进李建的情况，看看有多少目标达成了，找出可能存在的障碍。

## 案例二　焦虑情绪的管理

★ 案例介绍

黄丹，女，46 岁，某外企部门主管，大学文化，已婚，性格内向，追求完美。

她刚提升为主管，但只工作了三周就遇到一系列棘手的问题，如人事变动、薪酬改革等，觉得无法应付，又累又烦，也感到自己的个性并不适合此岗位，所以提出辞职。但周围人都反对，家长、老领导、好朋友都劝她要坚持下去。这令她犹豫不决，十分矛盾。近段时间她感到身体不适，容易疲惫；每天凌晨三点就会醒，感到心慌，怕去上班，到下午才缓解。有时在办公室会突然出现心悸、胸闷、手心冒冷汗等现象。

★ 案例评估

EAP 咨询师先对黄丹进行行为评估，发现她有以下几种表现：

(1) 每天很多时候处于没有事实或逻辑根据的过度紧张和担忧中，影响到工作质量。

(2) 肌肉紧张的征兆，不安、疲惫、震颤、肌肉紧张等。

(3) 过度自律性反射征兆，如心悸、气促、口干、吞咽困难、恶心、腹泻。

(4) 过度警觉，例如，总感觉处于某种边缘状态，难以集中注意力，入睡困难或不能安眠，总是处于过度敏感的状态。

(5) 间歇性的剧烈恐惧或者身体不适，表现为出汗、颤抖、心跳加剧、感到呼吸短促、窒息、胸闷、头晕、害怕心脏出现问题。

(6) 因为压迫感和过度担忧而难以保持工作状态。

★ 长期目标

EAP 咨询师和黄丹制定的长期目标：

(1) 总体上降低不安的频率和强度，以保障事业的顺利发展。

(2) 在提高总体技能特别是工作表现的同时，稳定不安的情绪。

(3) 总结或调控恐惧感，如重拾自信、安心工作。

(4) 解决不安的根源。

★ 短期目标

（1）厘清错误的观点、概念、信念会引起焦虑症状的发生。

（2）列出健康、现实的自我提醒信息，以替代错误的观念。

（3）应用行为改善的方法后，每日的焦虑情况有所好转。

（4）通过适度的娱乐，放松身心，或者把注意力集中在工作上，舒缓焦虑的程度。

（5）认清主要的生活矛盾，特别是与工作场所有关的。

（6）深入分析过去的矛盾和现实的不安情绪。

（7）增加社交活动及工作时与别人的合作，提高工作的注意力和新工作的适应能力。

（8）进行跟踪咨询，定期汇报焦虑控制的进展情况。

★ 咨询方案

（1）与来访者讨论，辞职是否是问题解决的最佳方案。

（2）找出引起黄丹焦虑的原因，如个人的人格特点、引起焦虑的事件。

（3）解释观念和信仰能引起生理上的过度反应并使其持续的道理。

（4）找出黄丹的错误观点及信仰，这些错误观点和信仰会引起她的焦虑并使其延续下去。反过来，焦虑情绪又会影响员工的观点和信仰。

（5）让黄丹认识到自己的焦虑是没有理性根据的。

（6）帮助黄丹发展健康的自我提示以应付焦虑心理。

（7）帮助黄丹发展应对技巧（如增加社会交往，有规律、放松的空间休息，锻炼身体等）来舒缓焦虑。

（8）帮助黄丹逐步列出并认识过去或现在生活中的主要矛盾，并对解决方法进行强化。

（9）如果需要，可以与相应医疗机构进行药物的配合治疗。

## 案例三 抑郁情绪的管理

★ 案例介绍

刘英，女，27岁，某厂技术工人，大专文化，未婚，性格内向。近半年，她常常感到委屈、痛苦、抑郁、绝望、焦虑，容易早醒。

员工个人陈述为：我这两个月不知为什么心里烦躁，吃不下，脑子里老是想事情，想到觉都睡不着。经常在后半夜三四点钟醒来，有时甚至两点就醒了，醒后难以入睡。感觉周围的一切都是灰蒙蒙的，情绪低落，有力不从心的疲惫感。同事也反映我工作中老出差错，以至主管把我叫到办公室进行正式谈话，说不知道我怎么了，但总这样下去的话，就要停我的职。我很努力把工作做好，可是怎么努力都不如从前了。我觉得自己肯定是病了，请假休息也不见好转。我怀疑自己是不是脑子有病了，到医院检查，却没有发现有病。自己年龄都这么大了，别人都结婚了，但自己还没有男朋友，可能将来也不会有人喜欢自己。想起这些，就感觉活着很没有意思。

★ 案例评估

EAP咨询师根据以下几点评估刘英的抑郁情绪状态：

(1) 常常表示对生活、同事、工作场所有危机感。

(2) 对别人的交流表现得相当被动和顺从。

(3) 不能胜任岗位和达到团队成员期望。

(4) 缺少解决工作问题的基本能力。

(5) 生产率低于预期水平。

(6) 错误的数量高于预期水平。

(7) 旷工率提高。

(8) 缺少活力，抱怨、疲倦和拖拉。

(9) 与同事之间的关系表现为离群或孤独。

(10) 由于缺少专心而忽略安全常规和细节的注意。

★ 长期目标

EAP咨询师与刘英协商制定以下长期目标：

(1) 缓解抑郁情绪，恢复以前有效的工作水平。

(2) 承认抑郁是引起危机感、不满态度、低工作效率或缺乏活力的原因，寻求合适的治疗方法去解决情绪障碍。

(3) 发展能辨认引发抑郁状态的扳机事件的能力。

★ 短期目标

(1) 接受抑郁时引起工作效率低的原因。

(2) 识别抑郁在工作中的症状。

(3) 识别抑郁情绪的原因。

(4) 表示相信自己有过度压抑的感觉，理解认识情感和控制情感是不一样的。

(5) 说明当压力水平过高和恐惧过度会导致抑郁。

(6) 口头表达理解抑制愤怒与抑制情绪之间的关系。

(7) 对工作、同事和上级表示积极的态度。

(8) 提高工作场所的绩效水平。

(9) 能表示以积极、客观的信息取代消极的和自我击败的信息。

★ 咨询方案：

(1) 咨询师与刘英共同探讨，寻找导致情事情发生的原因，分析她在职场表现不佳、失去兴趣、缺乏活力、失去自信和社会功能退缩等与情绪有关。

(2) 帮助刘英识别引起抑郁心情的过去和目前的工作生活情况。

(3) 帮助刘英认识到积极的思维比消极的感觉能更好地控制自己的行为。

(4) 教导刘英识别压力过高的信号和症状（如精力减退、呼吸浅促、心率加快、出汗、虚弱、担心情绪或行为失控）。

(5) 进行放松训练，运用系统脱敏中的放松训练，让刘英掌握简单的放松技巧，在面对焦虑情绪时可进行自我调节，缓解失眠、头疼状态。

(6) 通过对具体事情的分析，促使刘英了解自身内心想法，使其矛盾清晰化，袒露真实愿望，并帮助其做出符合自身愿望的决定。

(7) 使用认知行为疗法，通过提问、自我审查、检查错误观念等方法，使其认识到其认知结构中不合理的部分，并帮助其建立新的认知及新的行为策略，掌握面对问题时有效的沟通方式。

## 案例四　表演焦虑的管理

★ 案例介绍

赵璐，女，25岁，某企业策划人员，性格外向。她和同事的关系融洽，但是害怕当众讲话。每次开会让其发表意见，她就会出冷汗、颤抖。由于无法表达、展示自己的策划方案，她的深感自己的策划才华被埋没。

★ 案例评估

EAP咨询师发现赵璐存在当众讲话焦虑的问题，对其的评估如下：

(1) 在工作场所与多个同事或者顾客进行语言交流时，出现焦虑、害羞、胆小的现象，由此造成职业挫折或职业生涯的停滞。

(2) 对来自于工作相关的听众的批评或不满较为敏感。

(3) 回避要求对一群人或诸多听众讲话的场所。

(4) 在一个群体面前总是担心说出愚蠢的话或者做出愚蠢的举动，或太过于情绪化。

★ 长期目标

EAP咨询师和赵璐制定了一个长期目标：

(1) 与相关工作群体口头沟通时无过分恐惧或焦虑。

(2) 明确、计划并有效实现与同事、上级或者顾客的有效口头沟通。

★ 短期目标

(1) 识别、认清当众发言相关的恐惧，以及过去、现在个人成长历程中重大的焦虑表现的体验。

(2) 认清引起当众讲话焦虑的不良认知及引起这些认知的原因，并试着改变这些认知。

(3) 学会放松、自我镇定的方法，并寻找以前能帮助自己解决当众讲话焦虑的方法。

(4) 与同事、上级或者顾客的讲话频率长度有所提高。

★ 咨询方案

(1) 探索赵璐当众发言时焦虑的过往历程，并探究其中的原因。

(2) 让赵璐列出提高当众发言技巧对职业生涯的积极作用。

(3) 挑战赵璐关于当众发言必然有灾难性后果，或者担心讲不好就会失去上级对自己的信任等观点。

(4) 推荐赵璐参加一些自信培训班，阅读有关的书籍，练习深呼吸、放松、演讲技巧。

(5) 给赵璐布置家庭作业，要求她在员工会议、团体小组会议、工会会议、顾客会议等场合发言。

(6) 让赵璐回顾或训练其勾画出有效书面表达或者口头表达的必要因素。

(7) 对赵璐以后的情况进行一个跟踪，如果情形严重并继续恶化，必要时可以将其进行转介到相应的治疗机构，配合药物治疗。

## 案例五　因家庭环境及公司环境不适应引起的情绪障碍

★ 案例介绍

李志，男，29岁，某大型国企销售部职员，大学文化，已婚，性格内向，不善交际，态度认真，有责任心。最近一段时间，他上班时经常打瞌睡，精神十分恍惚，工作不投入，常常一件事要催促好几遍才能完成，工作效率十分低下。

李志本是性格内向的人，然而进了企业的销售部，对于来自农村的他来说，这份工作的报酬是很不错的，他尽全力想做到更好，刚开始就硬着头皮与顾客打交道。他的努力与坚持使他有了一定的业绩，上司对他的工作也十分的肯定，准备提升他为部门主管。然而，在工作中游刃有余的他在与同事的交往中却并不圆滑，他的性格与大多来自城市中的同事稍显格格不入，参加聚餐、聚会都让他浑身不自在，后来就渐渐地与大家疏远了。在工作环境中难以找到伙伴，这一直让李志感到无比的困惑与无奈，常常产生强烈的无助与失落感。

与此同时，他的妻子怀孕8个月，在家中休假。由于夫妻都是背井离乡在外奋斗，没有亲戚能够来照顾临盆的妻子，因此对家庭负有责任感的李志最近都尽量抽出多的时间来陪伴妻子。但前一阵，他接到了从家乡打来的电话，得知父亲高血压住院，家里人要他马上赶回家来照顾重病中的父亲。一向孝顺的李志一下失去了方向，不知道如何在即将临盆的妻子与患病的老父亲之间选择。两边都是他的亲人，任何一方都难以割舍，他不得不游走于两个城市之间，每逢周末就回老家，火车来回近15个小时。而且经常受两边埋怨，他的苦衷得不到家人的理解。这样的情况已经持续了两月有余，这段时间，他表现得急躁、烦恼、失眠、心慌、易发火。虽能请假，但短暂的假期也被完全占用了，甚至比工作时更忙碌，压力更大。他在工作与生活上的苦衷都没有倾诉的对象，自己承受的压力越来越大，经常失眠，饮食状况也越来越差，工作效率大不如以前。

★ 案例评估

EAP咨询师通过对上面李志情况的评估发现，该员工需要解决的问题是：

因无法处理工作上的人际关系及家庭矛盾而产生的痛苦和焦虑。总结如下：

（1）工作中因家庭出身不同和性格原因，给李志带来的交友及人际关系方面的不适，造成了自身的孤独感，在遇到困难时更体会到一种无助感。

（2）妻子即将生产，无人照料，自己对妻子十分爱护，承担照顾责任。

（3）与此同时，父亲在老家病危，家中仅有母亲一人，自己十分孝顺，也要承担照顾父亲的责任。

（4）李志的平时行为举止比较正常，最近两个月变得急躁、烦恼、失眠、心慌、易发火、饮食不佳、工作效率低下、频繁请假。

★ 长期目标

EAP咨询师和李志制定了咨询的长期目标：

（1）缓解工作生活上的压力，身心健康得到恢复。

（2）与同事、亲人建立起良好的关系，提高人际交往水平。

★ 短期目标

（1）生理上的不良症状有所缓解。

（2）工做出勤率和效率有所提高。

（3）同事间的人际关系有所改善。

（4）能正视自己现实中的困难，并开始寻找解决的方案。

★ 咨询方案

（1）帮助李志就其遇到的生活压力事件列成一个表，并逐一进行分析压力的来源。

（2）帮助李志看到生活中积极的一面，以肯定、有理由的自我言语，取代非理性、消极的预测性认知。

（3）帮助李志接受相应的培训，学会缓解自身的工作和生活压力，调节好自身的情绪。

（4）帮助李志找生活中的好朋友进行倾诉和求助，帮助其分担生活中的压力。

（5）咨询师与李志一起，对李志的社会支持系统进行分析，帮助其找对应对压力的资源。

（6）与李志的管理层沟通，希望帮助他解决一部分家庭中的困难，减轻其生活压力。

## 案例六　与上司发生矛盾的员工

★ 案例介绍

王波，男，23岁，某企业技术员，大学文凭，未婚，性格开朗直率，事业心强，成就动机强，有毅力，刚刚工作一个月左右。

王波的父亲是公务员，母亲是教师。他从小在父母的爱护关心下长大，成绩一直很好，很少遭到老师、家长的批评，毕业后凭借优异的成绩很快找到了目前这份工作，并且十分努力。但在最近半个月内王波工作效率降低，抱怨上司的情绪较强，有跳槽意愿。

EAP咨询师了解到王波所遇的问题：王波是一位技术员，大学毕业后找到工作，但是工作没多久就因为一件小事被上司毫不客气地训斥了一顿："怎么搞得，这么点小事都做不好。这样下去工作还能干好么？"领导的话不多，但是态度十分强硬。年轻的王波连父母的批评都很少承受，所以感觉自尊心受到了伤害，想顶撞几句，但是没有勇气，最终压住了心中的怒火。几次以后，他发现领导对自己越来越严厉，虽然一些比较重要的工作还是安排自己去干，可见对自己的信任没有减弱，但是王某却心里暗暗窝火，感觉受了很大的委屈，但是难以公开抗衡上司，一直把怒火憋在心里。

最近半个月以来，他对上司交代的工作不认真完成，抱怨上司，在公司里经常说上司的坏话，表示出明显的跳槽意愿。王波需要解决的问题是：因无法正确面对上级的批评与上级产生矛盾，与上级存在着冲突，进而无法正常工作。

★ 案例评估

关于管理中上下级冲突方面的问题，EAP咨询师的评估如下：

(1) 王波经常、持续与上级意见不合，导致工作绩效下降，甚至会影响职业生涯发展。

(2) 缺乏与上级的沟通。

(3) 消极应对上级的要求。

(4) 拒绝和上级保持正常的接触，拒绝服从上级的命令和分派的任务。

(5) 身体上或者语言上对上级进行挑衅，或是用激烈的言语和动作回应上级。

(6) 在同事中煽动、挑起旨在针对上级的消极或攻击性的讨论。

(7) 在与上级的冲突中，针对上级发泄不满情绪。

★ 长期目标

（1）增加对王波在与上级的初期冲突和很久以来的冲突中所持立场的了解。

（2）培养王波解决与上级之间分歧的能力，采取成熟、可知、不偏激和不武断的行为去解决这些分歧。

（3）培养与上级之间的相互尊重。

（4）及时、积极地应对上级的要求。

（5）帮助王波服从上级的指示。

★ 短期目标

（1）列出王波与上级产生冲突的行为，并认识清楚导致冲突产生的原因。

（2）认识到能帮助缓解冲突的个人改变。

（3）理解和认识到对上级谅解的好处。

（4）开始每天和上级的交流保持中立，进而转向积极的方面。

★ 咨询方案

（1）请王波的一名同事从中立者的角度去分析他和上级的冲突始末。

（2）要求王波罗列能改善他和上级关系的行为，并列出一个表格，一步步执行。

（3）推荐王波参加人际交往培训课程，并介绍他阅读有关的书籍。

（4）利用角色扮演、行为联系及模拟场景等来帮助王波，解决他与上司的冲突，并与其进行积极交流。

## 案例七　面临青春期亲子冲突的妈妈

★ 案例介绍

周琳，女，43 岁，某企业人力部门主管，大学学历，性格内向，工作较稳定。她有一个 17 岁的女儿，但难以处理与女儿之间的冲突，焦虑且不知所措。

面对正处于青春叛逆期的女儿，周琳这段日子没有安心过，一会儿学校说女儿的物理不及格，一会儿邻居又说晚上常看到一个男生和女儿手拉着手回家。周琳想和女儿谈谈，但是每次提到这些问题，女儿就很反感。现在女儿在家和她交流越来越少。有一次周琳急了，骂了女儿几句，女儿当晚就闹离家出走，跑去她同学家住了1个星期才回家。周琳很苦恼，这样的情绪也影响到她的工作，近段时间她的工作效率低下，常常开小差，情绪也很不稳定。

★ 案例评估

从周琳女儿的年龄和周琳与女儿现在的问题，EAP咨询师发现，周琳现在急需解决的是亲子间的冲突问题。

★ 长期目标

周琳和EAP咨询师制定了一个长期目标：

(1) 降低周琳和女儿冲突的程度和频率。

(2) 建立亲密和关爱的亲子关系。

(3) 增加周琳的父母角色胜任力。

(4) 给予女儿符合年龄的独立权利。

★ 短期目标

(1) 降低周琳对女儿的责备频率和程度。

(2) 帮助女儿学会如何度过青春期，如何与身边的关键人物（同学、老师）建立起良好的关系。

(3) 增加亲子间的无冲突交流频率。

(4) 需要时，帮助女儿接受心理咨询。

★ 咨询方案

(1) 分析亲子冲突的起因。分析导致某个冲突产生的行为，冲突的过程，以及参与者冲突过后的表现和结果。

(2) 帮助周琳为孩子做教育心理评估，以排除孩子在学习能力方面的障碍，因为那可能是导致孩子与学校发生冲突和导致情绪发泄行为出现的根本原因。

(3) 鼓励周琳对于孩子的积极行为和良好的自我控制经常地给予赞美和肯定的支持。

(4) 提高周琳的亲子交流技巧和能力（如不要抱怨、积极倾听、无防卫的沟通）。

(5) 鼓励周琳一家人进行一次有计划的、符合现实情况的家庭活动。

(6) 用冥想和自我控制的策略（如与理性的自我对话、着眼于现在、注意力集中），使周琳避免发脾气，避免惩罚性地或严厉地处罚孩子。

## 案例八　自杀危机干预

★ 案例介绍

小吴，男，30 岁，原是一家工厂的技术员，2005 年开始利用业余时间炒股，不知为什么进入股市竟然如鱼得水，前几年业绩不错。但进入了 2007 年，他的好运似乎没有了，做了几个挺看好的股票都赔了。遭遇这次熊市，他情急之下急抛手中全部股票。这次“割肉”不仅把自己多年积蓄赔光，还欠别人十几万元债。在工作上，因为前段时间他把精力全放在了股票上，自己的技术被一批年轻的同事超越，上级给他的任务让他很吃不消。家里父亲患了糖尿病，每个月的医药费本来已经够呛了，现在的炒股失败让他雪上加霜。

他的情绪很低落，十几天没回家，也没去上班，后来同事在公司的库房发现了他。他觉得无法面对自己的亲人和朋友，他说：自己对他们很内疚，由于自己的无能，把他们的钱赔光，现在还不如死了痛快些。

★ 案例评估

EAP 咨询师对小吴进行评估，发现小吴存在自杀危机，原因如下：

(1) 他近段时间常和同事讨论成堆的工作或家庭生活的重压，且感觉无法应对，又多次表示希望可以得到解脱，在他失踪前有向别人谈论过死的计划。

(2) 小吴不再注意外表和个人卫生，以前大家都说小吴对衣着很讲究，但现在完全变了个样。

(3) 小吴对生活无望的观点和最近生活的事件相对应，如工作场所中的工作压力问题、经济方面的问题。

(4) 同事说小吴与他们的交流减少了，经常看到他无缘无故地哭泣，问他为什么他也不说。

★ 长期目标

EAP 咨询师在了解到小吴的情况后，和小吴一起制定了长期目标：

(1) 缓和自杀冲动/念头，回复到以前的日常生活状态。

(2) 稳定自杀危机，确定以工作为基础的能在未来判断自杀危机情况严重程度的共同信号。

（3）介绍并在可能的情况下促进小吴接受适当的照看及专业的帮助，以消除自杀危机。

（4）重拾工作积极情绪并了解其所提供的支持的重要性。

（5）重拾对生活各个方面的积极情绪。

★ 短期目标

（1）辨别引发自杀倾向的各种生活因素和刺激事件。

（2）理解并表达在自杀意念下可能产生的影响、情感和想法。

（3）有规律地进行心理治疗和精神药物治疗。

（4）降低自杀念头出现的频率和强烈度。

（5）恢复连续出勤的工作记录、正常的工作效率和合作的态度。

（6）能辨别过去工作中的困难，寻找帮助以找到有效的办法，减少以前可导致的问题。

（7）找到能使生活积极向上的调节方式，把对悲观的应对策略应用到日常生活中，不再退缩，能和别人进行正常的交流。

★ 咨询方案

（1）收集资料，对小吴进行自杀意念评估，考虑自杀意念的程度、引发自杀意念的范围、初步形成和强化自杀的计划、过去的自杀意图和家族史。

（2）定期与小吴进行交谈，了解并掌握任何的自杀潜在性。

（3）如果小吴的情况超出了 EAP 所能提供帮助的范围，应该为小吴进行转介到相应的、合适的治疗机构中。

（4）帮助小吴了解导致他有自杀倾向和沮丧的原因。

（5）帮助他看到身边的社会支持，他对家人、同事、上级的重要性，自己学会寻找积极的资源。

（6）和小吴所在的部门讨论在小吴返回工作职位上后其工作的安排，鼓励其多参加同事间的活动和交流。

（7）对小吴的转变、态度和情感表示关注和给予及时鼓励。

（8）告诉小吴，他将继续得到支持、指导及危机的基本干涉，且会经常与他保持联系。

# 第十章

# 启程之旅：
## EAP 咨询师的资格与督导

# 导 读

2013年，EAPA中国分会成立，并于6月在北京举行了第一届EAP峰会。2014年，中国心理学会员工援助工作委员会成立，象征着中国的EAP事业不仅获得国际组织的大力支持，并且在国内应用心理学领域开拓疆域，获得认可。行业的快速发展，需求的不断增大，呼唤着EAP服务的标准化、规范化，呼唤着一大批经过系列专业培训认证的、高素质的EAP人才为企业提供服务。

从2008年开始，笔者先后在北京、上海、台北等地做EAP咨询师培训和督导。有非常多的心理咨询师、HR、管理顾问公司讲师、心理学专业人士参加培训，期待成为EAP咨询师队伍中的一员。有更多的朋友迫切想了解如何才能成为一名合格的EAP咨询师。

目前，国内EAP咨询师资格认证体系正在筹建当中，由EAP中国分会主办、中美导师团队联合带领的CEAP咨询师认证培训正在进行中。本章将着重介绍EAP咨询师从业基本条件、资格认证体系、EAP咨询师督导的作用和咨询师的自我成长。

# 第一节　EAP 咨询师的基本条件

EAP 主要是通过专业人员对组织的诊断、建议和对组织成员及其家庭成员的专业指导、培训和咨询，帮助解决组织成员及其家庭成员的心理和行为问题，以维护组织成员的心理健康，提高其工作绩效，并改善组织的管理和形象，是将心理健康专业服务应用到组织中的先进理念和方法。在现实层面，企业之所以会选择 EAP，是基于对 EAP 的理念的认同和对 EAP 咨询师的信任。那么要成为一名合格的 EAP 咨询师，应该具备哪些条件呢？

## 一、EAP 咨询师的从业条件

### 1. 端正从业态度

不论你是刚踏入 EAP 咨询师的行列，还是已经从事 EAP 心理咨询多年，请用心回答一个问题："为什么选择 EAP 咨询师这个职业？"当然，真正的答案只有你自己知道。

随着时代的发展，人们已经意识到心理健康的重要性，管理者们也开始注重人性的管理，EAP 心理咨询成为企业管理的新的选择。EAP 咨询师往往被人们认为是一个时尚、高收入、越老越吃香的行业。目前还无法证明这样的想法是否正确，但可以肯定的是，以此作为 EAP 心理咨询职业目标的人，一般很难在 EAP 心理咨询中取得良好的效果。俗话说，兴趣是最好的老师。只有热爱这个职业的人们才能体会到其中的乐趣，才能在这个领域中取得较好的成绩。

首先，EAP 心理咨询涉及人与人之间心与心的交流，咨询师需要和来访者共情，才能帮助来访者解决其遇到的问题，才能准确聚焦并及时发现企业管理中的问题所在。其次，EAP 心理咨询也为咨询师提供了一个个人成长的平台，在进行 EAP 心理咨询时会促使咨询师自我的成长，让自己在职场和家庭中人际关系更加融洽，对自己的了解更加深入，内心世界更加丰富、安定、充实，这方面的价值巨大。再次，如果没有一个正确的从业态度，就无法体会到 EAP 心理咨询的魅力所在，也无法准确地掌握 EAP 心理咨询这个职业的内涵。因此，作为一名 EAP 咨询师，首先必须端正从事 EAP 心理咨询的态度，这样才有可能成为一名优秀的 EAP 咨询师，才有可能帮助员工解决困难。

2. 人格品质

有专家指出：有效的咨询更依赖的是咨询者本人的人格特质，而不仅仅是知识和技巧。人格魅力往往在互动中影响一个人，最有效的咨询者往往就是能将个人特质和知识技能融合在一起的人。EAP 心理咨询要求进入员工的内心世界，作为一名咨询师，应该具备高尚的人格品质，热爱本职工作，对来访者有积极的共情能力，这是非常必要的（具体要求参见第二章）。

3. 知识和技能

EAP 心理咨询往往需要从业者具有较强的沟通能力和逻辑思维能力，能够灵活地运用心理学、管理学、组织行为学和人力资源等方面的知识解决员工在工作生活中遇到的问题，为企业的管理者提供提高组织绩效的有效方法。北京易普斯咨询有限责任公司的资深 EAP 咨询专家认为：EAP 是一项综合性的服务，内容涵盖压力管理、职业心理健康、裁员心理危机、灾难性事件、职业生涯发展、健康生活方式、法律纠纷、理财问题、饮食习惯、减肥等各个方面，以全面解决个人问题。可见 EAP 咨询师这个职业对从业者的职业知识储备有较高的要求。具体的知识要求在第二章当中有详细描述。

4. 取得相关机构的认证

EAP 咨询师的职业认证是规范 EAP 心理咨询的一个重要措施，同时也让更多的企业认可 EAP 心理咨询的专业性，更愿意接受 EAP 服务。作为一名 EAP 咨询师，必须获得相关的资格认证，这是咨询师从业的基本条件，同时也是接受 EAP 服务的公司和企业信赖 EAP 从业人员的专业水平、相信他们的服务值得信赖的保证。

## 二、EAP 咨询师应具备的专业条件

1. 专业知识储备

咨询师不是能单凭自己的“工作经验”和“人生经验”就能从事的简单工作。当然，不能否认丰富的经验对从事 EAP 心理咨询工作有很大的帮助，但若单纯地依靠自身经验而不具备专业知识，效果可能适得其反。

按国家职业标准规定，心理咨询师所要掌握的基础知识包括普通心理学、

社会心理学、发展心理学、心理健康与心理障碍、心理测量学、咨询心理学及与心理咨询相关的法律知识。

2. 技能

丰富的知识储备是开展 EAP 心理咨询工作的基础，若运用到实际中，只有将理论知识与实践能力有机地结合起来，才能理解员工的问题起因、矛盾和冲突的根源在哪里。根据国家职业标准要求，心理咨询师主要需要掌握心理诊断技能、心理咨询技能和心理测量技能（具体要求参见第二章）。

3. 向他人学习

在 EAP 心理咨询工作中，EAP 咨询师之间提倡互帮互学、互尊互重，工作中团结协作、共同进取。要像《医家五戒十要》中所说的那样，“凡乡井同道之士，不可生轻侮傲慢之心，切要谦和谨慎，年尊者恭敬之，有学者师事之，骄傲者逊让之，不及者荐拔之”。因为一个人的能力毕竟是有限的，通过相互交流，可以从中得到顿悟、得到帮助、得到提高。EAP 咨询师应该多参加专业培训、学术研讨、经验交流、咨询例会、参观考察等活动，聘请专家督导。EAP 咨询师在业务学习和实际实践中接受有 EAP 心理咨询经验专家及时、集中、具体的督导，将自己所学到的咨询方法和技巧运用到实际工作中，加速自身专业水平的提高，对促进咨询师专业水平的提高和个人成长有很大的帮助。

4. 注意文化交流

经济全球化的今天，跨国企业众多，企业文化和其跨国分支机构所在国家文化的冲突日益鲜明，管理层希望借助 EAP 心理咨询解决文化之间的冲突。EAP 是西方的产物，如果直接运用到中国的企业中必会遇到文化差异的问题，EAP 咨询师应该意识到该问题，在进行工作时从我国的基本国情出发。加上员工有不同的生理、心理、性别、文化、种族、宗教、地位等身份背景，每个员工的观念和行为具有明显的个性。在咨询过程中，咨询师要从尊重、信任的立场出发，努力和员工建立朋友式的友好信任关系；在利益冲突的情况下，不能做出可能伤害到员工的事情；还要尊重员工的背景文化。因此要成为一个合格的 EAP 咨询师，学习、了解一些哲学、历史、艺术知识，培养自己良好的文化素质，多一点文化内涵是十分必要的。

只有将系统、全面的理论知识与实践能力有机地集合起来，才能很好地判断出真正的困难、问题所在，才能有针对性地协助企业管理者帮助员工分析问题所在，让员工尽早脱离困扰、走出困境。

## 第二节 EAP 咨询师的资格认证

### 一、海外 EAP 咨询师资格认证制度

1. 美国 EAP 资格认证系统

EAP 专业人员资格认证书由国家专门机构颁发，证明他们在信誉、知识、技能和专业性方面都有足够的能力。ALMACA、EAPA、EASNA 分别建立了各自 EAP 资格认证系统，在 EAP 专业领域开展资格认证工作，从业人员一旦通过考试即可获得他们颁发的资格证书。

1) EACC 认证系统

EAPA 下设员工帮助认证委员会（Employee Assistance Certification Committee，EACC)。EACC 为 EAP 专业人员提供资格标准及 CEAP 证书。

EACC负责制定与CEAP相关的专业标准、政策、程序。1986年CEAP项目启动以来，其证书的专业价值吸引众多EA人员竞相参与。CEAP证书在EA领域里早已成为专业EAP从业人员的标志。CEAP专业认证包括学历、工作经验、专业发展培训、督导、考试五个方面的要求，是一个严格的认证体系，代表了可信赖的知识、技术体系和职业操守。也正是因为这样，CEAP成为国际承认的EA领域资格证书，在全球被广泛接受和认可。

EACC是EAPA在1995年成立的，同年即开始进行EAP认证，颁发EAP资格证书。从1997年开始，EACC在原来认证系统的基础上发展出新的EAP认证考试考核方案，根据参加考试人员不同的相关学历水平EAP认证提供两种考试形式：

（1）得到EACC认可相关领域的本科学历。在督导的指导下，2～7年内在EAP领域中完成2000个小时的工作，这些督导必须经过EACC的认证。在参加考试前完成15 PDH（professional developing hour，专业发展小时）。从1997年开始，每年增加5 PDH。

（2）在督导的指导下，2～7年内在EAP领域中完成3000个小时的工作，这些督导必须经过EACC的认证。在参加考试前完成60 PDH。从1997年开始，每年增加20 PDH。

2）ALMACA认证系统

ALMACA（Association of Labor Management Administrators and Consultants on Alcoholism，劳动力管理及酗酒顾问组织）认证系统。1987年，ALMACA开发出第一套用于EAP专业人员的笔试测验，通过该测验的人员将获得EAP专业人员的资格认证证书，获得5年的认证资格。该测验覆盖工作组织、人力资源发展、EAP的政策和管理、EAP指导服务、药物依赖和上瘾行为以及个人的心理问题6个主要内容的150个简短问题。

3）EASNA认证系统

EASNA（Employee Assistance Society of North America，北美员工帮助协会）认证系统。与ALMACA的认证体系相比，EASNA的认证体系在构建上更难，他们向EAP咨询、EAP管理、EAP测量和转诊以及EAP专业人员助手方面的EAP专业人员提供认证。对EAP主管、EAP顾问、EAP评估与指导专家、EAP转介代理人4种EAP资格提出不同的能力要求。

## 2. 日本产业心理咨询师资格制度[①]

日本的产业心理咨询师在组织中的作用和 EAP 咨询师类似，可以说产业心理咨询是 EAP 在日本的应用，跟 EAP 的内涵基本相同。产业心理咨询服务的主要内容，一是员工的心理健康，二是员工的压力管理和员工职业生涯的规划与发展，三是员工工作场所的人际关系调试。产业心理咨询服务的对象是所有的劳动者和与劳动者相关的人（如员工的亲属）。通过对从业人员及其亲属的心理问题进行辅导，排解他们心理方面的困扰，解决他们的问题，增进其心理健康，提高其生活质量。产业心理咨询师的资格认证制度由日本产业心理咨询师协会制定，这个制度规定将产业咨询师分为初级、中级、高级。

1）初级产业咨询师

考试程度：判别考生是否具有作为产业心理咨询师所必须具备的基础知识、技能以及一般素养。

考试资格：大学专业为心理学或者相近专业，拥有学士学位；从事产业心理咨询工作 5 年以上实践经验的人员；达到实际工作年限的人员，须参加协会举办或者委托举办的产业心理咨询课程，或参加考试委员会认定的相同水平的培训课程。

考试方式：笔试和实际操作。

2）中级产业心理咨询师

中级产业心理咨询师考试的实施概要，与上述初级的内容大致相似，但是有些要求不一样。例如：

考试资格：拥有硕士以上学位，所学专业为心理学或相近专业；初级资格考试通过后，从事产业心理咨询工作 5 年以上实际经验人员；初级考试通过后，参加协会的提高训练，或考试委员会认定的其他团体培训，并且在初级考试过后有 3 年以上实际经验者。

3）高级产业心理咨询师

高级产业心理咨询师的考试，到目前为止还没有实行（预计近期实施）。因此没有具体规定的内容，概要如下：

考试资格：拥有博士学位，所学专业是心理学或相近专业；初级考试通过后，从事产业心理咨询工作 15 年以上实际经验人员；中级考试通过后，从事

---

① 本节内容主要参考自：杉溪一言，中泽次郎，松原达哉等 . 2007. 产业心理学 . 樊富珉等译 . 北京：中国轻工业出版社 . 谨表谢意

产业心理咨询工作10年以上实际经验人员。

初级考试从1992年开始实施，到1994年约有1400人通过，中级的从1993年开始进行考核。参加初级和中级考试人员需要本科或硕士以上学历，所学专业为心理学或相近专业。如果是现职产业心理咨询人员，需要达到规定的工作年限才能取得考试资格。然而参加考试的多数人（占80%以上）都是参加日本产业心理咨询师协会主办的产业心理咨询师培训课程取得考试资格的（中级产业心理咨询师的有所不同）。

**3. 我国台湾地区心理咨询师资格制度**

（1）资格取得条件：经咨询心理师考试及格，并依据《心理师法》有咨询心理师证书。

（2）应考资格：公立或立案之私立大学、独立学院或符合教育部采认规定的国外大学、独立学院咨询心理所、系、组或相关心理研究所主修咨询心理，并经实习至少一年成绩及格，获得硕士以上学位者，得到咨询心理师考试资格。

（3）继续教育：心理师执业，应该接受继续教育，并每6年提供完成继续教育证明的文件，并及时进行职业执照更新。

## 二、我国内地EAP咨询师资格认证现状

我国内地目前还没有建立起自己的EAP专业人员资格认证系统。国内现在存在两类不同的EAP从业人员，其中一部分来自心理学专业院校，如北京师范大学、北京大学、浙江大学这样的著名高校的心理学院系，以及中国科学院心理研究所一类的心理学科研机构中从事EAP相关的研究和培训心理学专家。另一部分主要来自EAP的专业公司，如北京易普斯咨询有限责任公司、天力亚太企业管理顾问有限公司、北京盛心阳光国际企业咨询有限公司、中国EAP服务中心这样的专业机构中的EAP专业人员。由于国内尚未建立起专门的EAP资格认证体系，目前EAP专业人员的资质主要是通过其所受教育的背景和接受的EAP专业培训，以及是否通过诸如心理咨询师、职业指导师等相关资格认证来判断。

下面简要介绍国内心理咨询师资格认证的有关内容。

职业等级：心理咨询师共设三个等级，分别为心理咨询师三级（国家职业资格三级）、心理咨询师二级（国家职业资格二级）、心理咨询师一级（国家职

业资格一级）。

晋级培训期限：心理咨询师三级不少于500标准学时，心理咨询师二级不少于400标准学时，心理咨询师一级不少于300标准学时。

培训教师资格要求：培训三级心理咨询师的教师应具有心理学、教育学、精神医学等专业副高及以上专业技术职务任职资格，或取得心理咨询师一级职业资格证书；培训二级心理咨询师的教师应具有心理学、教育学、精神医学等专业副高及以上专业技术职务任职资格经师资培训，或取得一级心理咨询师职业资格证书满3年，并具有800小时的心理咨询实践；培训一级心理咨询师的教师应具有心理学、教育学、精神医学等专业正高级专业技术职务任职资格经师资培训，或取得一级心理咨询师职业资格证书满5年，并具有1000小时的心理咨询实践。

申报条件：心理咨询师三级申报条件如下（具备以下条件之一者）。

（1）具有心理学、教育学、医学专业本科及以上学历。

（2）心理学、教育学、医学专业大专毕业的学生，经心理咨询师三级正规培训达规定标准学时数，并取得结业证书者。

（3）具有其他专业本科以上学历，经心理咨询师三级正规培训达规定标准学时数，并取得结业证书者。

心理咨询师二级申报条件如下（具备以下条件之一者）。

（1）具有心理学、教育学、医学专业博士学位者。

（2）具有心理学、教育学、医学专业硕士学位，经心理咨询师二级正规培训达规定标准学时数，并取得结业证书者。

（3）取得心理咨询师三级职业资格证书，连续从事心理咨询满3年，经心理咨询师二级正规培训达规定标准学时数，并取得结业证书者。

（4）凡具有心理学、教育学、医学中级及以上专业技术职业任职资格，经心理咨询师二级正规培训达规定标准学时数，并取得结业证书，连续从事心理咨询满3年者。

心理咨询师一级申报条件如下（具备以下条件之一者）（目前我国尚未实行）。

（1）具有心理学、教育学、医学专业博士学位，经心理咨询师一级正规培训达规定标准学时数，并取得结业证书，且连续从事心理咨询满3年者。

（2）具有硕士学位，取得心理咨询师二级职业资格证书，连续从事心理咨询满3年，经心理咨询师一级正规培训达规定标准学时数，并取得结业证书者。

(3) 凡具有心理学、教育学、医学副高或以上专业技术职业任职资格，经心理咨询师一级正规培训达规定标准学时数，并取得结业证书，且连续从事心理咨询满 3 年者。

鉴定方式：分为理论知识考试和专业能力考核，均采用闭卷笔试方式。理论知识考试和专业能力考核均实行百分制，成绩皆达 60 分及以上者为合格。心理咨询师二级、一级还须进行综合评审。单科考试合格成绩有效期为 2 年。

考评人员与考生配比：理论知识考试与专业能力考核考评人员与考生配比为 1∶20，每个标准教室不少于 2 名考评人员；综合评审委员与考生配比为 3∶1。

中国国际人才交流协会与 EAPA 建立了合作关系，CEAP 中国项目已经列为国家外国专家局“十一五”重点引进项目。CEAP 中国项目中心是 EACC 在中国的唯一业务合作机构和联系代表，负责完成 CEAP 相关知识体系的引进和本土化工作内容，负责组织项目培训、研讨及推广，帮助中国学员逐步成长为 CEAP 咨询师。

目前，我国 CEAP 咨询师资格要求①：

1）拥有 EAP 相关硕士或硕士以上学位的候选人

参加 EAP 基础培训并获得 EAP 证书：由中国 CEAP 项目中心与 EAPA 协会联合举办 EAP 基础培训，对学员进行 EAP 三大工作领域的完整知识和技能培养，取代由 EACC 认可的继续教育小时数 PDH 的要求。

工作经验：在至少两年的时间里，积累 2000 小时 EAP 工作经验。

督导：根据 EAPA 的规定，督导是指 CEAP 侯选人接受一位当前执业的 CEAP 咨询师（国际注册员工咨询师）在咨询、伦理等方面的讨论与指导。每位 CEAP 侯选人必须在 6 个月以上的时间跨度上，至少接受 24 小时的督导。

参加 CEAP 考试并通过考试：由中国 CEAP 项目中心在 EACC 的指导下，完成对中国 CEAP 侯选人的考试管理，包括考试申请、参加考试及证书发放。CEAP 考试将采用中文试卷，在中国本土进行。

成为 CEAP 咨询师：CEAP 是由 EACC 设立并管理、在世界范围内通用的 EA 职业资格认证。

注：EAP 相关学历包括心理学、咨询等专业。

---

① 本节信息来自 CEAP 中国项目中心

2）没有EAP相关硕士或以上学位的候选人

参加EAP基础培训并获得EAP证书：由中国CEAP项目中心与EAPA协会联合举办EAP基础培训，对学员进行EAP三大工作领域的完整知识和技能培养，取代PDH的要求。

工作经验：在至少两年的时间跨度上，积累3000小时EAP工作经验。

督导：根据EAPA的规定，督导是指CEAP候选人接受一位当前执业的CEAP咨询师在咨询、伦理等方面的讨论与指导。每位CEAP候选人必须在6个月以上的时间跨度上，接受至少24小时的督导。

参加CEAP考试并通过考试：由中国CEAP项目中心在EACC的指导下，完成对中国CEAP候选人的考试管理，包括考试申请、参加考试及证书发放。CEAP考试将采用中文试卷，在中国本土进行。

成为CEAP咨询师：CEAP是由EACC设立并管理、在世界范围内通用的EA职业资格认证。

# 第三节　EAP 咨询师的督导与成长

督导是指有咨询专长的督导者对心理咨询学习者或称受督导者，通过观察分析、评价，在业务学习上与实践操作上给予及时、集中、具体的指导与监督，不断提高学习者对心理咨询概念的理解和心理咨询操作技能，是心理咨询员业务提高与个人成长的重要环节。EAP 咨询师需要有督导为其成长做指导。

## 一、EAP 咨询师督导的设置、内容和作用

在日本，产业心理咨询师督导的实施，没有固定的方式，根据相近心理咨询学会的做法，一般有作业同盟（如治疗契约）、与来访者的人际关系、问题的把握、处理的方式、非语言的表现等方面。为了成为“学会认定的心理咨询师”，必须接受 3 次以上的督导。

EACC 协会把督导定义为在一位 CEAP 候选人和一位 CEAP 咨询师之间的正式指导关系。建立督导关系的目的是帮助候选人掌握 EAP 服务必需的技能、知识、态度和价值观。需要强调的是，督导关系不是业务主管关系，也不是临床实习关系。督导师和 CEAP 候选人有共同责任，以最大化督导关系的利益。在候选人申请参加 CEAP 考试时，双方共同提交正确和准确的督导报告。在向 EACC 申请参加 CEAP 考试之前，CEAP 候选人必须完成至少 24 小时督导，时间跨度至少为 6 个月。

和心理咨询一样，每名 EAP 咨询师最好有 1 名或者 1 名以上的督导。EAP 心理咨询督导往往从事 EAP 工作多年，有较为丰富的专业知识和经验，可以帮助初级 EAP 咨询师解决他们在 EAP 工作中遇到的问题。而且，因为我国目前 EAP 资格认证体系尚未建立，无法保证从事 EAP 工作的咨询人员都已经达到了相应的专业要求，但是如果有 EAP 咨询师督导，就能为初级 EAP 咨询师指明 EAP 心理咨询职业的发展方向。同时，EAP 咨询师在接触过多的员工问题后，有的难免会出现情绪枯竭，督导可以帮助 EAP 咨询师缓解情绪。

督导范围通常包括 EAP 专业学习督导、工作实践督导和对咨询者个人心理

健康的督导。EAP 专业学习督导要指定相关的专业知识要求，制定培训方案，指导 EAP 咨询师进行理论学习，考核 EAP 咨询师的专业知识掌握程度，进行个案分析，对 EAP 咨询师的资格进行考核和年检。工作实践督导一般是在 EAP 心理咨询实践工作中对 EAP 咨询师的职业道德和相关守法情况、工作态度、工作表现和专业性等方面进行实地考察评估，帮助他们解决实践运用方面遇到的问题。同时，督导应在充分分析咨询师所处环境后，对咨询师的工作情况做全面的考核。咨询者个人心理健康的督导指评估心理咨询师的个人人格品质、心理素质、心理健康状况，帮助其缓解职业压力，排除因职业带来的心理问题，指导其个人成长。

目前按照我国现行的心理咨询师督导条例，督导工作分为三个部分：

(1) 业务督导。首先，制订二级、三级心理咨询师的理论与技能培训计划，并进行教学；其次，对疑难个案进行专题讲习和分析；最后，对二级、三级心理咨询师定期进行业务考评、指导，其中包括：心理问题分类和心理疾病诊断进展的知识，国际、国内临床心理学发展的最新动态。

(2) 工作督导。首先，对二级、三级心理咨询师的职业道德和行为规范进行督导；其次，对心理咨询师的业务能力进行定期评估并指出努力方向；最后，指导二级、三级心理咨询师咨询过程中咨询关系的正常发展，包括：心理咨询与心理治疗的相互关系，各类心理咨询与心理治疗方法咨询效果的鉴别，国际、国内最新咨询手段与心理治疗方法。

(3) 二级、三级心理咨询师个人心理健康的督导。首先，评估二级、三级心理咨询师个人心理素质；其次，指导二级、三级心理咨询师，提高个人心理平衡的能力，对心理咨询对从业者心理健康的影响进行干预。

接受督导是十分必要的，因为心理咨询是一个复杂的过程，来访者的问题复杂多样，而单个咨询师的知识经验是有限的，咨询师要实现专业成长与可持续的心理健康必须依靠健全的督导制度。督导通过指导咨询师深入学习修正工作方案、提供咨询示范、解决咨询难题、疏导心理困惑，从而促进咨询效率的提高。

目前，小组督导的方式被广泛地运用到 EAP 心理咨询中。张西超认为这样的咨询师督导方式，可以获得以下的效果：

(1) 节省资源，提高督导效率。一位督导可以同时面对多名受导者，效率大为提高。

(2) 缓解焦虑，利于自我察觉。在小组中受导者了解到其他的咨询师和自己一样都会出现这样那样的问题，由此可以得到安慰，稳定情绪，减少挫折感。

(3) 多向沟通，促进专业成长。在小组中受导者可以彼此分享自己的体验，丰富督导资源。

(4) 相互支持，增强职业认同。彼此交流实际工作中的体会，有利于强化同行间互相支持的意识，减轻职业孤独感，缓解工作压力，促进咨询师职业定位的思考，增强自我保健意识，预防个人枯竭。

## 二、EAP咨询师的自我成长

有学者提出，“成长”指生长并向成熟的阶段发展，通常人们用“成长”或“迈向成熟”描述人的一种积极、方向正确的生活状态。根据成长的概念，个人成长除了指身体的成长，生理上的发展，还应包括个体的其他各个方面的发展、生长，它涉及个人的各个层面包括社会交往能力、情绪控制和精神信仰等方面。阿考夫说：“当一个人变得更有能力，更勤奋，更富于创造性、知觉力、洞察力、理解力，更有见识，更谨慎，更有辨别力时，可以说这就是他的成长。”成长是个体努力达到目标和方向所取得的自我能力内涵和人格方面的积极变化。

目前，我们往往重视EAP咨询师知识和技能的培训，而忽视EAP咨询师自身的成长。要知道EAP咨询师自我成长的程度常常会影响到咨询的效果，如果EAP咨询师欠缺个人成长的体验，就会缺少安全感和信心，自我效能感低，无法引领来访者面对现实生活，他的专业技能和知识的发挥也会因此受到限制。卡克霍夫和派瑞森认为，只有功能完备的人才有权利成为一名EAP咨询师。咨询效果与咨询师本身能否有效地活出生命的意义相一致。EAP咨询师自己越是能够活出生命的意义，才能越有效地使当事人的生命更有意义。EAP咨询师只有自己成为一个有活力的像“救生员”一样的人，才有能力解除“落水者”的负担，才能教会并放手让“落水者”自己去游泳求生，才会富有创造性和活力，在未来才有可能帮助其他人上岸。考瑞和卡拉安也认为，在治疗关系中，心理辅导人员应该而且必须同样开放地监视自身的生活。如果咨询员要促进当事人成长和改变，就必须通过探究自身的选择和决定来促进他们在生活中的成长。著名心理专家李子勋曾说过，没有充分的自我体验的咨询师如同“盲人骑瞎马，夜半临深池”，咨询师对来访者的帮助和觉察程度不会超过他对自己的觉察。

精神分析疗法强调咨询师在从业前要作为来访者亲历精神分析和系统的分析，以训练解决自己的“未完成事件”和完善人格。人本主义认为，咨访关系也是这样一种助益性关系，来访者来做咨询的目的就是为了改进自己的机能或者促进个人的成长。张松（2007）认为在咨询师个人成长过程中面临着的重大主题性任务包括：①提升专业伦理水平与价值观念；②澄清个人的人生哲学观；③探讨个人对重大生活问题的态度；④解决人生经验中的“未完成事件”；⑤完善“自我概念”，提高自我察觉；⑥正确对待职业枯竭现象。蔺桂瑞（2002）认为自我概念、价值观、个人未完成事件、情绪是影响咨询师个人成长的主要因素。

EAP咨询师应该如何进行自我成长呢？这里提出几点意见。

**1. 明确“自我概念”**

“自我概念”指一个人如何看待自己，包括提高对自己身份的界定、对自己能力的认识及对自己的理想或要求。伯格曼对246次心理治疗实例研究也发现，咨询师的自我探究和洞察力是影响咨询产生积极效果的显著因素。在优秀咨询师的自我概念中，对自己有比一般人更高的自我觉察，对自己更清楚、更肯定，知道个人的长处，也不回避自己的短处。EAP咨询师需要不断思考自己为什么要从事咨询工作、自己是否真的有能力去帮助某位员工等。

**2. 注意自己咨询能力的提高**

前面已经提出对EAP咨询师能力的要求。作为一名EAP咨询师，他面临的环境是多变的，必须不断地学习、实践，才能提高自己的专业能力，与时俱进。美国婚姻与家庭治疗协会（AAMFT）鼓励会员每3年需要接受150小时的继续教育。有很多刚出道的EAP咨询师往往会花很多的时间参加各种各样的咨询师培训班，有这样的精神是好的，但也要看到，一个人如果精力分得太散，没有重点，那么他所学的只是技能，是最基本的东西。我们鼓励咨询师根据自己的特点有选择性地培养自己某方面的技能。俗话说，好钢用到刀刃上。这样学习、实践就有重点，不需浪费时间和金钱。

**3. 不断反省总结，加强自我咨询能力的提高**

以前所走的路已经过去了，无法再回去再走一次，但是，为了后面的路走得更好，应该对前面所走的路进行一个总结。随时随地进行总结，一个好的咨询员要能够接纳自己的不完美，并能时常自觉与反省自己的不足与限制，善于觉察自己的“未完成事件”，勇于面对并做出恰当的处理，努力突破自我，完善自我。

4. 寻求并接受督导

EAP 咨询员接受督导是十分必要的，因为 EAP 面临的组织机构比较复杂，来访者的问题复杂多样，而 EAP 咨询员的知识经验是有限的，要实现专业成长与可持续的心理健康必须依靠健全的督导制度。督导是咨询师的教育者、支持者，也是 EAP 咨询的评估者。AAMFT 督导员鼓励并指导咨询师进行自觉、系统的自我反思，清楚地认识自己作为咨询师的个人成长，也能有效地促进咨询效果，并防止问题的出现。

5. 加入咨询师交流团体

EAP 咨询师之间可以建立个人成长小组。组员的人数一般以 5～8 人为宜，最多不超过 10 人，人数太多会影响小组沟通的效果。交流团体可以分享彼此之间的案例，相互分析、探索问题的答案；有时候还可以讨论自己生活中的问题，向其他咨询师寻求帮助。在相互的帮助和支持中，给 EAP 咨询师一个很好的社会支持系统，提高 EAP 咨询师的自我效能，以提高其咨询效果。

6. 时刻关注自我身心健康状况

很多咨询师被认为是“垃圾桶”，当来访者给自己的“垃圾”没有办法自己清理掉时，咨询师身心的平衡也会受到威胁。当发现自己无法处理自己的问题时，应积极寻求帮助。可以接受心理咨询，接受咨询的经验是成功咨询师成长的必备条件之一，也是他们探索自己、确定自己能否帮助别人的大好时机。

7. 提高咨询伦理道德修养

每个职业都有各自的职业伦理道德，这些伦理道德指引着从业者的职业发展方向，同时，职业伦理道德水平的提高对 EAP 咨询师的价值观、自我概念等方面的提高有很大的促进作用。具体的 EAP 咨询师的职业伦理道德将在下一章中具体讨论。

在自我成长中咨询师学会重新认识自己，重新面对自己的成长历史，正确分析和处理自己当时的情绪体验，勇敢地面对和修复自己内心的创伤，让自己活得更有活力，内心的体验更为积极。对自己咨询案例资料进行分析，咨询师从中会发现个人经验会对咨询过程产生某些影响（且不说这是好是坏），咨询师应在咨询过程中自觉地去培养自己的自我察觉能力，明确自己在咨询中的身份。

当发现自己遇到难以解决的问题时，咨询师应及时向督导提出，选择督导作为自己心理咨询职业中的指路灯。咨询师还可以参加相关的职业培训或者自我成长培训。但是，咨询师的自我成长很大程度上靠的还是咨询师自我察觉和自我反省的能力。

# 第十一章

# EAP 咨询师的工具箱：

## EAP 咨询的注意事项

# 导　读

花园里，一个孩子在追赶一只漂亮的蝴蝶。突然一只鸟飞过，引起孩子的注意，孩子开始追逐那只小鸟，当小鸟飞远了，孩子才想起了蝴蝶。在 EAP 咨询服务中，“聚焦工作场所的问题”就是 EAP 咨询师眼中的那只“蝴蝶”，而“小鸟”可能是咨询师在以往受训过程中不同流派要求其要关注的原生家庭、创伤、人格等诸多方面。EAP 咨询师要注意做到不被“小鸟”带离最初的目标，这并不容易。在 EAP 咨询开始前、过程中和结束后，评估始终是 EAP 咨询师工作的重点，也是关系到咨询成功与失败的关键。

尤为重要的是，EAP 咨询师要面对 EAP 服务中的伦理困境。当 EAP 咨询师被夹在组织利益和员工利益中间左右为难的时刻，其实是其自身的价值观、态度和专业度面临挑战的时刻。伦理议题永远是 EAP 服务中最重要的议题。

本章将介绍 EAP 聚焦工作场所的重要性、如何进行 EAP 咨询评估和识别来访者的隐藏问题，并对 EAP 咨询中的伦理问题以案例的方式进行探讨。

# 第一节　聚焦工作场所问题

“聚焦工作场所”是所有 EAP 咨询都必须要关注的一个重要问题，也是其区别于其他咨询和帮助的根本前提。聚焦工作场所意味着 EAP 的所有咨询活动都必须围绕工作场所中的员工进行，即 EAP 的真正目标是改善员工在工作场所的工作表现和心理状况，以提高员工工作绩效、促进企业发展。

EAP 对企业最具吸引力的是它所产生的实际经济利益。早期的 EAP 主要是在人道主义的支持下进行的，大部分资金都来自于政府福利机构。但后来越来越多的证据表明，EAP 能够产生很大的商业价值。于是，越来越多的组织和企业不再将 EAP 看成是一个额外的花销，而把它当成是能够提高企业效益的一种措施。

既然购买 EAP 服务的资金来自企业，目的也明确，这也自然而然要求 EAP 将重心放在企业的工作场所当中。“聚焦工作场所”也就理所当然地成为任何一个 EAP 项目所要注意的事项。

## 一、EAP 的基础

现代人力资源管理认为：①企业竞争实际上就是人才的竞争，健康、幸福、高效的员工是企业最宝贵的财富。②管理不是单纯的“控制与惩罚”，更多的应该是“服务与支持”。③员工的精神压力和心理障碍将是导致企业出现严重生产经营问题的重大隐忧。

工作场所中的员工和组织是进行 EAP 咨询的基础。企业内部的需求是 EAP 发展的内在动力，没有员工与组织的需要，EAP 项目也就无从谈起，而工作场所正是员工和组织正常工作和运行的主要环境，故而 EAP 咨询必须将主要的关注点放在工作场所。资金是 EAP 项目运作最重要的部分，企业为 EAP 提供资金支持，也就要求 EAP 咨询关注企业中的重要资源——员工和团队，“聚焦工作场所”中员工的表现。

## 二、EAP的目的

EAP的目的是通过专业的服务，解决员工的各种心理问题和困扰，改善组织的环境和气氛，从而提高员工的工作效率和企业的生产效益。

组织中员工出现了心理问题，会影响员工的工作热情，降低员工的工作效率，进而会影响到组织的生产。EAP服务通过为员工制订帮助计划，帮助员工缓解工作压力、消除心理困扰、改善工作情绪、提高工作积极性，员工的心理问题解决了，工作状态改变了，组织的生产效益也会随之得到提高。

工作场所中员工的工作绩效和企业的管理效能是企业最为关心的内容，也是EAP咨询努力的方向。

## 三、EAP的实施

在进行EAP服务的过程中，咨询师要把主要关注点放在员工在工作场所的行为表现，即员工在工作中遇到的需求、问题和困扰。如果员工的问题和困扰远远超出工作的范围，如精神障碍、酗酒、药物依赖、婚姻问题、健康状况等，那么EAP咨询师将会对员工的状况进行评估，要求员工接受专业心理咨询与治疗，从而通过帮助员工解决个性化的困扰，达到改善其工作表现、提高其工作绩效的目的。EAP并不仅仅只是关注员工的生活和个人问题，这是EAP咨询服务与一般心理咨询服务的重要区别。

首先，EAP咨询过程中，需要了解员工在工作场所中对有关事项的感受：

(1) 对工作的感觉如何？对主管有何想法？和同事们相处如何？

(2) 近期工作上有什么重大变化？有什么新压力？

(3) 工作中有什么冲突或危机事件发生吗？

(4) 有关工作绩效、骚扰、晋升、退休、同事抱怨等具体问题。

EAP咨询中要深入跟踪这些一般性问题。了解员工对工作场所的感觉可以以最快的速度发现问题的存在。当员工对工作场所的感觉是完全消极的时候，他的工作绩效肯定存在问题，而这正是需要EAP咨询发挥作用的时候。

其次，EAP咨询过程中需要收集与来访员工在工作场所中有频繁接触的人员（如其上司、下属）对其观察和评价的信息。员工在进行EAP咨询时，咨询师能否准确找出问题和及时提供解决方案，与这些人有着密不可分的关系。

特别是管理者，管理者需要给员工充分的关注。当员工出现异常行为

时，如持续缺勤、突然旷工、频繁的迟到早退行为、工作效率明显降低、出现工作失误增多且有持续的趋势、在工作中抱怨增加、与同事之间出现异常冲突、有较高比例的意外事件等，管理者应及时发现，并将情况反映给 EAP，进行 EAP 转介咨询，防止重大的工作失误或工作中的人身伤害。

最后，当员工不愿承认自己存在问题及拒绝接受帮助时，管理者和其工作场所中的同事都是影响他感受的关键。管理者在工作中的权威角色，有助于促使员工接受 EAP 帮助。而同事们对 EAP 咨询的接受程度也直接影响着员工对 EAP 的接纳。

## 四、EAP 的评估

既然 EAP 是企业的一项投资，那么其效果即企业能得到的回报，是企业最关心的问题。当然，他的评价指标也就自然与工作场所和员工密切相关。

(1) 满意度。满意度评估是检查接受 EAP 服务的员工的满意度，如“员工满意度问卷”(The Client Satisfaction Questionnaire)。

(2) 使用率。使用率评估提供了在项目实施中什么人使用了何种 EAP 服务及使用程度的信息。这样的数据能够很好地帮助咨询师决定一个项目是否涉及目标群体，以及 EAP 的各项服务是否使用过度或者使用不足。

(3) 绩效指标。绩效指标也是评估 EAP 咨询的重要方面，如出勤率、生产率、员工流动率等。因为这些指标才是企业使用 EAP 的目的。

# 第二节 准确评估问题

典型的EAP咨询师每年会做近百个咨询评估，但对于每个使用EAP的员工来说，评估过程是问题解决成功的第一个步骤。EAP的特殊能力就在于，针对来访者还没有被发现的“真实”问题进行精确的评估，识别、记录、评估来访者的强项、弱项、问题和需求，然后再对来访者做出最佳的转介。通过简短的咨询完成这个过程，之后才能开始有效地解决问题。在进行评估过程中，如何使评估准确、有效是EAP咨询最需要关注和努力的方面。

## 一、准确评估的前提

### 1. 寻找值得信赖的EAP机构是准确评估的前提条件

EAP咨询师必须有良好的心理学知识，对EAP常见问题和心理行为干预的各种理论都非常熟悉。与其他机构的临床治疗师不同，EAP咨询师必须对心理咨询的各个领域都非常熟悉，比如婚姻、家庭和物质依赖等，对各种干预也要有较深入的了解，包括长程的、短程的、门诊治疗、住院治疗和精神科治疗等。

### 2. 获得信息是准确评估的基础

信息搜集不仅仅是数据的积累，更是一种对来访者的问题及生活其他相关方面的积极探索，咨询师最终可以形成一个有意义的诊断，知道来访者是谁、真正的问题是什么、最好的干预行为是什么。EAP评估需要的信息有：

（1）人口统计学因素，包括年龄、婚姻状况、工作岗位、在公司工作的时间、薪酬、是否有孩子、生活和经济状况等。

（2）问题的特点，包括问题的发生、发展、所涉及的人员、与此相关的事或由此导致的后果、来访者为什么现在寻求帮助、是否还有其他人也认为这是个问题等。

（3）其他可以获得的信息，包括当前的家庭状况、家庭结构、家庭成员的状况、家庭成员的角色、家庭成员之间关系的质量等。

（4）对问题解决有价值的线索，以及非口头表达的信息等。

## 二、准确评估的要求

EAP 咨询的评估的准确性对咨询师和来访者都提出了一些要求。

(1) 咨询师必须让来访者有信心，使来访者接受咨询师在短时间内做出的判断。在许多的 EAP 案例中咨询师都会在 1～2 次会面后就做出咨询方案。EAP 咨询师没有很多时间来建立咨访关系，常常必须在第一次会面时就建立咨询关系，并通过以下方式加强咨询联系：①表达对来访者问题的兴趣和关注。②解释自己的角色和评估过程。③对来访者所说的问题、难题给予反馈，用热情的回应来传达自己和来访者的同盟关系，询问来访者对咨询师的反馈。④询问来访者，他们对访谈的期望和最终结果是什么。

(2) 和来访者一起对出现的问题达成共识，目的是为了获得信息、鼓励作为员工的来访者接受转介，而不是为了鼓励员工接受心理治疗。

(3) EAP 专业人员做的评估，必须和自己的能力范围相适应，不能做超越自己能力范围的事。

## 三、准确评估的关键

### 1. 为什么要识别隐藏问题

来寻求 EAP 帮助的来访者的问题涉及的范围非常广泛，并不仅仅是其工作环境所特有的如工作压力问题、物质依赖问题、婚姻情感问题、亲子教育问题等，而是在多种工作环境和工作领域中普遍存在的。EAP咨询师需要特别的技巧，来发现来访者背后隐藏的问题，或者说是基本问题。识别隐藏问题是准确评估的关键，原因包括以下四个方面：

（1）来访者经常不知道或不愿意说他们真正的问题是什么。

（2）来访者需要EAP的帮助，以识别和厘清自己的问题并做出优先排序。

（3）有时来访者会描述一个在社会层面“可接受”的问题，而他真实的困难在于更深层次、更严重的问题。

（4）当EAP咨询师以非评判的方式询问一个可能有损形象的问题时，来访者往往会轻易地识别这个问题，并且对其真实态度或想法进行掩饰。

**2. 隐藏问题的分类**

（1）隐藏的问题可能是工作问题。例如，无能力做好工作、性骚扰、社会地位丧失、害怕失去工作、被孤立等。

（2）有时候隐藏的问题并不严重，但是当事人耻于讨论问题，如婚姻问题、与性相关的问题、子女行为不当等。

（3）EAP咨询必须筛选的一些“隐藏”的问题，如抑郁（包括自杀倾向）、焦虑障碍、惊恐发作、酒精或药物滥用问题、强迫症、赌博、饮食障碍、严重的精神疾病（如精神分裂症）等。

**3. 如何识别隐藏问题**

（1）通过建立信任关系，让来访者感觉安全和舒适。

（2）向来访者解释，评估过程包括问许多的问题，以便能发现问题，真正帮助到来访者。

（3）向来访者重申EAP服务的保密性。

（4）解释EAP有能力帮助来访者解决许多问题，不管是小问题还是大问题。

（5）获得来访者的许可，如询问：“你是否介意我问你一些问题，这些问题可能适用也可能不适用于你的情况?”通常来访者会表示同意。

（6）咨询师请首先确认自己对问这些问题是否感觉自在。

（7）咨询师评估自己对有此类问题的来访者的假设。

（8）所问问题不要过于明显或过于含蓄、微妙。

（9）以平等的方式和态度询问来访者，对来访者的回答不做价值判断和评判。

（10）咨询师专注于来访者的表达、身体语言，以及所表现的症状。

# 第三节　EAP 咨询中的伦理问题

作为在广泛的领域中为组织、管理层或员工提供咨询和帮助的专业人员，EAP 咨询师为企业提供职业心理健康、压力管理、工作与生活协调、积极情绪培养等服务，其咨询活动触及组织内部人际关系和员工个人隐私。

目前，我国 EAP 心理咨询还处在起步阶段，至今还没有建立起专门的管理机构，对 EAP 咨询师的素质要求也没有严格的界定，统一的 EAP 专业人员的职业道德标准还没有形成。因为缺乏必要的行业规定和专门的培训，致使有些现有 EAP 从业人员素质欠佳。建立完善的 EAP 心理咨询职业道德规范，向 EAP 咨询师提出明确的道德、伦理、责任要求，促进其进行自我监督、从业人员之间相互监督及社会监督成为行业发展的必然。如果咨询者所提供的职业行为符合道德，那么他的行为就应该被接纳，就应该受到相应的法律保护。

因此，职业道德行为规范有利于推动 EAP 咨询事业的发展，保障 EAP 服务按其自身的发展规律运行，保障从业者自主地发挥他的职业功能，而不必由其他的法律或者法规来控制，使 EAP 咨询师向健康、正常的方向发展；职业道德规范可以为员工提供保护自己的法律依据，员工可以根据它对 EAP 咨询师的行为进行评判，或者采取必要的行为保护自己的利益不受侵害。因此规范咨询业的职业伦理道德标准，对 EAP 心理咨询业的健康发展具有重要意义。

这也对 EAP 从业人员的素质提出了极高的要求，要求 EAP 咨询人员遵守一定的伦理道德原则，有自我监督的意识和高度的职业责任感、使命感。而一些最基本的伦理道德原则是 EAP 从业人员所要注意和遵守的。

## 一、职业道德原则

EAP 咨询师职业道德原则，是贯穿于 EAP 咨询师工作整个流程中的基本要求，是 EAP 咨询师职业道德的精神的集中体现，反映了职业道德的本质。同时，也是一种行为规范，是调整 EAP 咨询活动中人们相互关系的各种规范要求的基本出发点和指导原则。EAP 咨询师职业道德基本原则包括下列七个方面。

1. 以人为本原则

EAP 咨询师坚持以人为本，促进人的全面发展，是尊重人、理解人、关心人的具体体现，也是必须遵循的一条基本原则。EAP 咨询师和员工在平等、尊重、和谐的环境中互动，尊重员工的生命价值和人格，尊重来访者平等咨询的权利。

以人为本要求咨询师“无条件接纳”来访者，是对这个人的整体接纳。其出发点是咨询师必须尊重来访者的潜能和价值，相信他是能够改变的，而且他现在已经具备一些积极因素感觉到自己需要改变。接纳的技巧只有六个字，即微笑、点头、专注。具体包括：①对来访者保持非评价、非批判态度。②接受个别性，不强求来访者按照自己希望的样子去生活。③平等。④创造一种温暖的氛围，让来访者感到温暖亲切。

2. 中立原则

EAP 咨询师在工作中始终保持不偏不倚的中立立场。确保咨询的客观和公正，不把自己的私人情感、利益掺杂进去，保持冷静、清晰的头脑，不把自己的价值观强加给来访者。

3. 知情同意原则

知情同意在近年西方咨询实践中引起了人们极大的重视。咨询师与员工必须发展和遵守一套良好的知情同意程序。EAP 咨询师在咨询关系建立起来之前，必须让员工了解咨询的工作性质、特点、可能的局限性，以及员工自身的权利和义务。EAP 咨询师在对员工进行工作时，EAP 咨询师应和员工一起对工作的重点进行讨论并达成一致意见。

4. 不伤害原则

EAP 咨询师在工作中必须坚持把国家利益、社会利益、组织利益和员工利益放在首位，并以此作为处理各种关系的根本准则。保障员工利益最大化是咨询职业的基本要求。

5. 保密原则

不能泄露员工的个人资料信息，也不能利用员工的资源和机密信息谋取利益，这是咨询业界普遍遵守的一条行为准则。EAP 咨询师在实际工作中要约束自己，在咨询工作中既不能泄露员工没有授权公开的信息，也不能利用员工的任何有价值的私人信息为自己或者组织谋取利益或优势。

但是，当咨询中涉及犯罪、自杀等特殊情况时，EAP 咨询师应及时向有关部门反映，并对事件进行预防。

**6. 理解支持原则**

理解支持原则要求 EAP 咨询师设身处地去感受来访员工的内心体验，以深刻了解其问题、困扰和行为动机。

共情是指咨询师愿意站在对方的立场，深入对方的内心，从对方的角度去体察、感受和思考一些心理倾向，达到近乎“感同身受”的境界。共情的关键是站在对方的立场上，摒除咨询师本人的偏见和主观判断。对于前来寻求帮助的每一个特殊的个体，咨询师都能够时刻保持敏感，觉察自己的体验。

**7. 真诚原则**

咨询师应坦诚面对来访者，开诚布公、直截了当地向来访者表达自己的想法，而不是让来访者去猜测谈话中的真实含义。EAP 咨询师应当表里如一，表现出真正的自己，为来访者树立一个榜样，促使他们不再去假装、掩饰、否认或隐藏他们的真实思想和感受。

## 二、中国 EAP 专业人员职业道德标准

目前我国尚未建立起专门的 EAP 专业管理机构。因此，心理咨询师职业道德标准成为目前国内 EAP 专业人士遵循的职业道德。按照《心理咨询师国家职业标准》（2005）规定，心理咨询师应遵守的职业守则为：热爱本职工作，坚定为社会做奉献的信念，刻苦钻研专业知识，增强技能，提高自身素质，遵守国家法律法规，与求助者建立平等友好的咨询关系。

同时，应遵守如下职业道德标准：

（1）心理咨询师不得因求助者的性别、年龄、职业、民族、国籍、宗教信仰、价值观等任何方面的因素歧视求助者。

（2）心理咨询师在咨询关系建立之前，必须让求助者了解心理咨询工作的性质、特点、这一工作可能的局限及求助者自身的权利和义务。

（3）心理咨询师在对求助者进行工作时，应与求助者对工作的重点进行讨论并达成一致意见，必要时（如采用某些疗法）应与求助者达成书面协议。

（4）心理咨询师与求助者之间不得产生和建立咨询以外的任何关系。尽量避免双重关系（尽量不与熟人、亲友、同事建立咨询关系），更不得利用求助者对咨询师的信任谋取私利，尤其不得对异性有非礼的言行。

（5）当心理咨询师认为自己不适合对某个求助者进行咨询时，应向求助者

做出明确的说明，并且应本着对求助者负责的态度将其介绍给另一位合适的心理咨询师或医师。

(6) 心理咨询师始终严格遵守保密原则，具体措施如下：①心理咨询师有责任向求助者说明心理咨询工作者的保密原则，以及应用这一原则时的限度。② 在心理咨询工作中，一旦发现求助者有危害自身或他人的情况，必须采取必要的措施，防止意外事件发生（必要时应通知有关部门或求助者家属）。或与其他心理咨询师进行磋商，但应将有关保密的信息暴露限制在最低范围之内。③心理咨询工作中的有关信息，包括个案记录、测验资料、信件、录音、录像和其他资料，均属专业信息，应在严格保密的情况下进行保存，不得列入其他资料之中。④心理咨询师只有在求助者同意的情况下才能对咨询过程进行录音、录像。在因专业需要进行案例讨论，或采用案例进行教学、科研、写作等工作时，应隐去那些可能会据以辨认出求助者的有关信息。

(7) 心理咨询师应遵守的相关法律法规有：①《中华人民共和国婚姻法》相关条文；②《中华人民共和国未成年人保护法》、《中华人民共和国妇女儿童权益保护法》相关条文；③《中华人民共和国消费者权益保护法》相关条文。

## 三、美国EAPA协会道德标准

EAPA主要道德标准：

(1) 保密：EAPA会员有义务为客户的信息保密。

(2) 专业资质：提供EAP服务的EAPA会员应该拥有工作组织、人力资源管理、EAP政策和管理及直接EAP服务方面的知识。

(3) 保护服务对象：EAPA会员不应该因客户的种族、信仰、国籍、躯体残疾、性别的因素而对其产生歧视，而且应该充分尊重和维护客户的权益。

(4) 评价及咨询：会员只能在自己专门负责业务领域中为客户进行评价和咨询。

(5) 公共责任和专家间的关系：无论是没有取得专业资格的从业者，还是EAP专业人员，都应该团结协作，一起推广EAP服务。

美国EAP专业人员除了遵守EAPA的EAP专业道德标准外，还要遵守美国心理咨询师的道德标准。

## 四、EAP 咨询常见困难案例的伦理冲突及伦理决策流步骤

### 案例一　存在潜在自伤（伤人）风险情绪障碍的经理

★ 案例介绍

一位中层管理者前来咨询，他离婚了。妻子决定带孩子回到老家生活。因此，他将很难再见到孩子。为此，他忧心如焚。咨询师发现他有自杀和暴力的念头。这个经理可能会对自己和他人造成危险，尤其当他的工作压力大的时候。咨询师该如何做？他对公司和对这位经理负有什么样责任？

★ 案例分析

首先，咨询师要评估经理的精神健康状况以及自杀/伤害他人的危险程度，决定是否将来访者的情况进行保密释放。如果经过评估来访者者的情况尚未达到进行保密释放的程度，在此基础上尽量获得对方的保密释放授权，来访者同意并确认咨询师在何种情况下，可以将其状况告知哪些相关人员（家人、领导、同事、朋友、安全保卫部门等）及具体告知内容（签署保密释放授权协议书）。

其次，获得对方的承诺，即在有可能采取伤害自己或他人行为之前，一定联系咨询师。

再次，评估经理的工作绩效及工作胜任状况，建议他在工作压力非常大、难以应付的情况下申请休假，以便调整休息和积极恢复，防止情况恶性循环，造成不良后果。

最后，与来访者保持联系，持续进行咨询和跟进。必要时转介到精神卫生机构，进行临床评估以及药物治疗。

### 案例二　存在安全事故隐患的敏感岗位员工

★ 案例介绍

咨询中，咨询师发现一位男性员工从事的工作是高安全风险岗位。他目前患有生理疾病，如果工作时疾病发作可能危及他人健康安全、造成生产事故。但是，因为害怕身体健康原因被解雇，来访者向公司隐瞒了自己的病情。咨询师该怎么做？他对公司负有什么责任？

★ 案例分析

首先，立即评估来访者因病造成生产事故危及他人安全的可能性有多大，并以此来决定是否向公司和相关部门做保密释放。

其次，建议来访者向公司说明自己的情况。同时，通过项目经理等渠道了解来访者公司关于人力资源、健康保险、劳动卫生等相关政策规定。

再次，邀请来访者妻子（家人）共同接受咨询。建议来访者休假，以便进行治疗和积极康复。来访者休假期间能够有效杜绝事故隐患。

最后，如果来访者拒绝向公司说明情况，也拒绝休假和治疗。咨询师需要提出督导要求，与项目经理、EAP管理层等进行讨论。必要时向公司提交一份EAP报告，在进行保密处理的情况下，建议公司对存在安全风险岗位的员工进行健康体检，以保证安全生产。

## 案例三　员工投诉管理层

★ 案例介绍

EAP咨询师在给同一个部门的三个员工分别做咨询时发现，他们都对部门的管理方式有很大的抱怨，但是没有一个人打算“公开”他们的抱怨并向上级提意见。咨询师该怎么做？

★ 案例分析

EAP咨询师清楚地了解，EAP服务有双重客户的概念。EAP咨询既服务于组织需求，也服务于员工及其家属的需求。当发生以上情况时，首先，咨询师要有意识地了解来访者所在部门的情况以及来访者的人口学资料，以便确认来访者反映的管理问题是普遍存在的问题还是个案问题。比如：来访者工作的部门有3000人，那么有3位员工对管理方式不满意不代表多数员工都不满意。如果3位来访者的人口学资料相似，比如都是接近退休的老员工，他们的不满意与公司的退休福利政策有关，而部门经理只是执行政策而已，也不代表其管理有问题。

其次，还要了解部门的情况及部门管理者的情况。比如，公司快速发展需要提拔大量的基层管理者。因此，有一大批技术岗位的优秀员工被提拔到管理岗位上，他们不具备管理经验和技能，需要进行培训、学习和教练指导。此时，EAP咨询师可以与项目经理讨论，向客户公司提交一份EAP报告，建议公司对刚刚提拔的新的基层管理者进行技能培训和指导。

再次，对于来访者的问题进行咨询。澄清来访者的咨询目标，建立良好的咨询关系，发掘来访者的内在资源和成功例外经验，找到问题解决的一小步，讨论如何落地实施，达成解决困扰、舒缓情绪、提高绩效的目的。

## 案例四　员工与管理者发生冲突

★ 案例介绍

一个员工的绩效很差，严重影响了他涨工资和晋级。他告诉咨询师，他的主管“就是要跟他过不去”。主管告诉他，就算他表现好，也只会给他差的评价，因为主管不想让他留在这个部门。咨询师该如何做？

★ 案例分析

首先，EAP 咨询师应该非常清楚，来访者是当前寻求咨询帮助的员工，而不是来访者提到的部门主管。咨询师不会、也没有责任主动呼出、联系来访者的主管进行咨询，也不会贸然把来访者反映的情况告诉客户公司管理层。记住，咨询师不是来访者矛盾双方的传声筒，也不是直接介入纠纷的仲裁人员。

其次，咨询师需要对来访者进行精神健康状况的评估，排除迫害妄想、焦虑、抑郁等精神疾病，确认来访者有良好的现实感和自我监控的能力。

再次，咨询师与来访的员工讨论其咨询目标，建立良好的咨询关系。帮助来访者澄清咨询目的是如何进行情绪管理还是如何与部门主管改善关系，是如何提高工作绩效还是准备辞职转换工作岗位等。根据来访者的目标提供咨询服务。

EAP 咨询中，咨询师遇到的伦理挑战非常尖锐，各种伦理困境也千变万化。如何在 EAP 咨询过程中保持中立的原则，严格遵循保密的要求，同时又能够提供高质量咨询服务，让公司和员工双方受益，是 EAP 咨询师必备的素质和能力。

Carroll M（1996）认为，EAP 咨询伦理决策可分为 7 个阶段。

**1. 伦理问题或者伦理困境的确定**

- 当下的限制因素是什么？
- 员工或者咨询师冲突的原因？
- 这个冲突是个人与个人、个人与群体还是个人与组织之间的？
- 员工和咨询师之间存在冲突吗？
- 冲突是否涉及法律/伦理/宗教/道德/文化/性别/价值观？

- 对于发生的一切，咨询师有何感受？
- 怎样能清晰、明确地描述问题，尤其是在情绪化的时候？

### 2. 可能涉及的潜在问题

- 可能发生的最坏的结果？
- 如果不采取措施，将会发生什么结果？
- 这一问题或者困境发生，意味着什么？
- 所有涉及各方的权利、责任、利益是什么？

### 3. 相关伦理道德条款

- 是否有相关条款/规章/法律可以提供解决方法？
- 咨询师价值观、道德和伦理与相关条款、规章是否冲突？
- 咨询师意识到价值观的影响了吗？咨询师采取的行为是否合理？
- 还有与此有关的法规、文件、文章、书籍吗？
- 要解决问题，还有什么进一步的信息需要了解吗？

### 4. 获取建议

- 请督导帮助分析。
- 情况允许，与同事讨论。
- 情况允许，与主管讨论。
- 情况允许，与律师等专业人士讨论。

### 5. 考虑可能采取的行动

- 还有什么别的选择吗？（进行头脑风暴，不评价结论是否有用）

### 6. 列举各种选择的结果

- 员工个人会怎么样？
- 其他人会怎么样？
- 咨询师会怎么样？

### 7. 选择最好的行动方案

- 如果其他咨询师遇到类似情况，你会向他推荐这一方案吗？
- 如果其他咨询师这样做，我能容许吗？
- 如果这一方案被曝光，我能坚持它的正确性吗？
- 如果再遇到同样情况的其他员工，我会用不同的方法处理吗？

# 主要参考文献


百度百科．2009-09-30. 团体心理咨询．http：//baike. baidu. com/view/1504863. htm

蔡福英，李中斌．2008. 员工援助计划研究综述与探析．价值工程，(2)：140-143

曹国兴，何秀花．2007. 国内员工援助计划相关研究述评．企业科技与发展，(3)：15-16

程燕婉．2008. 突发危机事件后的员工心理干预．交通企业管理，(8)：68-69

邓云龙，彭玮婧，范华等．2004. 员工帮助计划：促进员工心身健康和企业发展的新措施．实用预防医学，(12)：1159-1161

丁正员，湛海燕．2004. 论心理咨询员的素质要求以及其修养途径．九江职业技术学院学报，(1)：40-42

杜杏华，邹俊．2005. EAP——企业管理的"爱抚师"．人力资源，(1)：60-61

高翔，戴艳，郑日昌．2004. 焦点解决短期治疗简介．心理科学，27 (6)：1442-1445

郭念锋．2003. 心理咨询师．北京：民族出版社

何红娟．2009. 浅析高校心理咨询师的自我成长．文教资料，(9)：179-180

何红娟．2009. 高校心理咨询师自我成长的不同诠释与启示．中国农业银行武汉培训学院学报，(6)：68-69

贺靖雯，陈子林．2005. EAP 的发展趋势及其应用．企业改革与管理，(3)：28-30

侯书森，张秀红．2007. 职场心理健康大讲堂．北京：石油工业出版社

加菲尔德．2007. 短程心理治疗实践．章晓云译．北京：中国轻工业出版社

杰拉尔德·科瑞．2006. 团体咨询的理论与实践．上海：上海社会科学院出版社

孔庆庆．2007. 酒店员工情绪管理 EAP 策略．CHRP 论文选登．人力资源前沿网．http：//www. hr163. net/www/11/2007-07/778. html

老诚．2005. EAP：现代企业的必胜之道．经营管理者，(12)：46-47

雷五明．2006. 心理咨询员的素质结构与个人成长．高教发展与评估，(5)：70-74

李攻．2007. 员工帮助计划．经营与管理，(5)：53-54

李美兰．2007. 新手咨询人员的训练与成长．咨询与辅导，(12)：59-63

李永鑫，务凯．2008. 职业健康心理学的发展和展望（综述）．中国心理卫生杂志，(22)：455-459

李援．2004. 浅析职业心理压力产生的原因及解决对策．河南社会科学，(4)：101-102

李志，李兢，牛丽琴．2005. EAP 在中国企业人力资源管理中的应用探析．人力资源管理，(22)：56-58

蔺桂瑞．2002. 心理咨询员的个人成长．中国青年政治学院学报，(2)：57-60

刘强．2008. 加拿大高校心理咨询工作概况及其启示．教育探索，(3)：84-85

刘青．2007. 工作中的心理学．北京：机械工业出版社

Marie Mccormic. EAP 的问题解决过程开始与精确的评估．CEAP

蒙正秋．2008．焦点解决短期心理咨询技术的具体运用．科技信息，(25)：527-528
欧明臣，凌文辁．2003. 国外企业员工协助方案及其应用．外国经济与管理，(7)：14-16
Oher J M，Conti D J，Jongsma A E. 2005. 雇员心理支持指导计划．袁荣亲译．北京：中国轻工业出版社
潘兰．2009. 甘于淡泊 乐于奉献：心理咨询师的自我成长报告．社会心理科学，(3)：73-75
祁雅琼．2009. 中美心理咨询资格认证制度比较与启示．黑龙江教育学院学报，(2)：67-69
沙因．1996. 陈千玉译．组织文化与领导．台北：五南出版社
杉溪一言，中泽次郎，松原达哉等．2008. 产业心理学．樊富珉译．北京：中国轻工业出版社
石国兴．2004. 英国心理咨询的专业化发展及其问题．心理科学进展．(12)：304-311
时勘，王欣丽，徐敏．2006. 员工援助计划（EAP）在中国的发展思考．新资本，(3)：14-17
苏善生．2005. 试论组织心理健康教育机制的创新．浙江纺织服装职业技术学院学报，(4)：73-76
孙静，张林．2007. 知识型雇员工作家庭冲突及干预策略研究．中国集体经济，(5)：63-64
陶金花．2007. 从社交包括的三个方面提高人际交往能力．安徽师范大学心理健康教育中心．http：//www. ahnu. edu. cn/site/xljk/
王斌．2007. EAP与和谐社会建设在企业中的探索．法制与社会，(3)：348-349
王怀齐．2005. 心理咨询师的工具箱．上海：上海画报出版社
王继文．2006. 企业改革与管理．企业改革与管理，(1)：66-67
王菊香．2007. 疏解员工心理危机．中国石油企业，(2)：96-97
王香玲，高文斌．2007. 心理咨询师的需要特点和人格特点调查．中国临床心理学杂志，(4)：443-444
王雁飞．2005. 国外员工帮助计划相关研究述评．心理科学进展，13 (2)：219-226
王雁飞．2005. 员工援助计划（EAP）在我国的现状和前景．人才开发，(6)：10-11
谢瑷如．2009. 多元文化咨询师应有的知能．咨询与辅导，(6)：26-29
谢东．2005. EAP及其在企业的应用．中国培训，(9)：19-20
许维素，蔡秀玲．2008. 高中职辅导教师焦点解决督导成效之研究．教育心理学报，(4)：603-622
杨坚，杨德森，龚耀先．1987. 违法犯罪青少年家庭特征研究．中国心理卫生杂志，(1)：107-110
姚春艳，张光旭，李少刚．2007. 员工帮助计划（EAP）服务中心模式——中国发展EAP的首选模式．现代商业，(7)：29-31
叶浩生．2004. 西方心理学中的现代主义、后现代主义及其超越. 心理学报，36 (2)：212-218
伊夫·阿达姆松．2008. 压力管理．方蕾译．哈尔滨：黑龙江科学技术出版社

张松．2007. 心理咨询师的个人成长问题研究．许昌学院学报，(1)：153-156
张西超．2006a. 员工帮助计划．北京：中国社会科学出版社
张西超．2006b. 组织变革时谁来疏解员工心理危机．中外管理，(8)：106-107
赵然，张晟南．2008. EAPs 在构建和谐组织中的作用．河北学刊，(28)：52-53
赵霞．2007. 高校心理咨询工作者心理成长文献综述．内蒙古师范大学学报，(1)：150-152
郑传才，张光旭，孙德升．2007. 当代美国 EAP 领域改革的研究及对我国的启示．科技与管理，(2)：120-122
郑意儒．2006a. 探讨企业咨询人员角色与任务．品质月刊，(5)：25-28
郑意儒．2006b. 企业心理咨商人员能力内涵之研究．辅导与咨商学报．(1)：73-94
郑意儒．2006c. 提升"企业咨询"专业性：探讨企业咨询人员资格与训练．品质月刊，(8)：75-77
朱晓平．2007. 心理援助支持裁员成功．人力资源管理，(8)：59-63
Arthur A R. 2000. Employee assistance programs: The emperor's new clothes of stress management? British Journal of Guidance & Counselling, 28 (4): 549-559
Carroll M. 1996. Workplace Counselling: A Systematic Approach to Employee Care. London: Sage Publications
Carroll M, Walton M. 1997. Handbook of Counselling in Organizations. London: Sage Publications
Cunningham G. 1994. Effective Employee Assistance Programs: A Guide for EAP Counselors and Managers. New Delhi: International Education and Professional Publisher
De Shazer S. 1979. Brief therapy with families. American Journal of Family Therapy, 7 (2): 83
De Shazer S. 1985. Keys to Solution in Brief Therapy. New York: Norton
De Shazer S, Kim I B. 1992. Doing therapy: A post-structural revision. Journal of Marital and Family Therapy, 18 (1): 71-81
Dessler G. 1994. Human Resource Management. Englewood: Prentice-Hall Inc
Gollwitzer P M. 1999. Implementation intentions: Simple effects of simple plans. American Psychologist, 54 (7): 493-503
Googins B. 1987. Occupational Social Work. New Jersey: Prentice-Hall Inc
Grant A M. 2011. The solution-focused inventory: A tripartite taxonomy for teaching, measuring and conceptualizing solution-focused approaches to coaching. The Coaching Psychologist, 7 (2): 98-106
Grant A M. 2012. Making positive change: A randomized study comparing solution-focused vs. problem-focused coaching questions. Journal of Systemic Therapies, 31 (2): 21-35
Grant A M. 2013. Steps to Solutions: A process for putting solution-focused coaching principles into practice. The Coaching Psychologist, 9 (1): 36-44

Grant A M，Cavanagh M J，Kleitman S， et al. 2012. Development and validation of the solution-focused inventory. The Journal of Positive Psychology，7（4）：334-348

Grant A M，O'Connor S A. 2010. The differential effects of solution-focused and problem-focused coaching questions：A pilot study with implications for practice. Industrial and commercial training，42（2）：102-111

Greene J，Grant A M. 2003. Solution-focused Coaching：Managing People in A Complex World. London：Momentum Press

Klarreich S H，Francek J L，Moore C E. 1985 The Human Resources Management Handbook：Principles and Practice of Employee Assistance Programs. New York：Greenwood Press

Lewis J A，Lewis M D. 1986. Counseling Programs for Employees in the Workplace. Monteray，CA：Brooks/Core Publishing Company

Locke E A，Latham GP. 2002. Building a practically useful theory of goal setting and task motivation. American Psychologist，57（9）：705-717

Marlatt G A. 1985. Relapse prevention：Theoretical rationale and overview of the model. *In*：Marlatt G A，Gordon J R（Eds）. Relapse Prevention. New York：Guilford Press：250-280

Megranahan M. 1989. Counseling：A Practical Guide for Employers. London：Institute of Personnel Management

O'Connell B，Palmer S. 2007. Solution-focused coaching. *In*：Palmer S，Whybrow A（Eds）. Handbook of Coaching Psychology：A guide for Practitioners. London：Sage：278-291

Palmer S. 2007. PRACTICE：A model suitable for coaching，counseling，psychotherapy and stress management. The Coaching Psychologist，3（2）：71-77

Quick J C. 1999. Occupational health psychology：Historical roots and future directions. Health Psychology，18（1）：82-88

Sherman A W Jr，Bohlander G W，1992. Managing Human Resources. Cincinnati：South-Western Publishing Company

Spence G B，Grant A M. 2007. Professional and peer life coaching and the enhancement of goal striving and well-being：An exploratory study. Journal of Positive Psychology，（2）：185-194

Sonnenstuhl W J，Trice H M. 1986 . Strategies for Employee Assistance Programs：The Crucial Balance Ithaca. New York：ILR Press

Wasik B. 1984. Teaching parents effective problem-solving：A handbook for professionals. Unpublished manuscript. Chapel Hill：University of North Carolina

# 附录一 《EAP标准和操作指导》(2010版)

## 第一部分 序

### 一、目的

EAP的行业协会EAPA制定《EAP标准和操作指导》的目的是：

(1) 定义EAP及其职业。

(2) 促进EAP服务质量的提高。

(3) 提供评估和鉴定EAP的基础。

(4) 确定EAP服务的范围。

(5) 指导EAP服务购买者。

(6) 明确EAP实施的标准和操作指导。

(7) 服务于EAPA成员和其他专业人士。

《EAP标准和操作指导》整合了不同的方针政策、程序以及实践。EAP组织机构应在不同任务、活动和文化背景基础上，遵循该标准的规范和专业指导来制定EAP项目。

### 二、架构

《EAP标准和操作指导》大纲如下：

(1) 标准：本文所介绍的EAP标准是保证EAP有效的基本要素。一项全面的EAP服务必须符合本文描述的所有标准。

(2) 目的：每一条标准都有利于提高EAP的有效性。

(3) 主要因素：作为EAP项目必须满足的几个基本标准。

(4) 其他因素：这些因素也是EAP项目会涉及的，但并没有一定的标准。

(5) 例子：例子用于说明实践中对标准、主要因素或其他因素的特定应用。但例子所述并非标准，也不是对EAP标准的刻意迎合。

### 三、历史和背景

《员工戒酒和帮助计划标准》是1981年制定的，参与制定该标准的组织有：

(1) 劳动管理及酗酒顾问组织（Association of Labor/Management Administrators and Consultants on Alcoholism，ALMACA)；

(2) 国家酒精中毒委员会（National Council on Alcoholism，NCA)；

(3) 职业规划咨询协会（Occupational Program Consultants Association，OPCA)；

(4) 国家酒精滥用和酒精中毒学会（National Institute on Alcohol Abuse and Alcohol-

ism，NIAAA)；

（5）美国劳工和工会联盟（American Federation of Labor and Congress of Industrial Organizations，AFL-CIO)。

1981年，约2800位EAP专家代表8000个机构成为ALMACA的成员。到了1991年，ALMACA成立了EAP行业协会——EAPA，为不同个体提供约20 000次EAP服务；同时，EAPA的成员增加到7000多人，并拥有80多个地方分会。

1988年，EAPA意识到需要设定更为详细的标准来推动EAP行业的进步。EAPA指定了一个项目标准委员会来制定行业标准。标准制定过程主要分为五个阶段：

第一阶段，EAP标准在1990年出版，并设定了较为明确的标准，每个标准都附带说明。这些标准确定了EAP的核心内容，包括六个基本环节：①设计；②评估；③执行；④管理和运营；⑤直接服务；⑥联系。

第二阶段，EAP标准的第二部分“操作指导”，最初是在1992年出版的。其内容在1990年版的基础上，加入了主要因素和其他因素。EAPA意识到项目、组织和国家间的差异性。本文的操作指导主要基于美国模式。

第三阶段，1994年，“EAPA词汇和条例”出版。

第四阶段，也是在1994年，“EAPA的自我评估工具”发布。

第五阶段，1996年，“EAPA国际EAP操作指导”出版，这个操作指导是由14个国家的代表共同研发完成的。该项目组成员代表了世界各地的EAPA成员，标志着第一次由国际性组织来制定EAP操作指导，并使其可以广泛适用于各种文化和环境。

1996年，EAPA标准委员会对EAP标准和操作指导进行了全面回顾，并做了修订。最后在1998年，更新版的《EAP标准和操作指导》问世，新版本反映了EAP服务的重要变化，以及法律和监管对工作场所要求的影响。

## 四、现行标准

本版《EAP标准和操作指导》介绍了EAP的定义及核心技术。这个标准主要由七部分组成：①项目设计；②管理和执行；③保密和监管对权利保护的影响；④EAP的直接服务；⑤工作场所无毒品和药物滥用服务；⑥战略伙伴关系；⑦评价。

请大家注意，为使之更具可读性，有些单词已被通俗化。

“组织”指的是组织（如公司、工会、专业公司或其他类型的组织)，其雇员或成员享有EAP服务。这并不是指EAP供应商或供应商的组织。

“雇员”是指有权享受EAP服务的员工，或一个组织的成员。

“领导”是指主管、经理、工会代表、官员和组织内的领导责任人。

本版《EAP标准和操作指导》凝聚了许多EAP专业人士的努力。EAPA标准工作团队成员付出了辛勤汗水，在过去文件的基础上，用新颖的方式阐述了EAP标准和操作指导。其中，EAPA董事会成员认真阅读了草案，并提出了许多宝贵建议。感谢他们对EAP这个行业做出的重大贡献。

## 第二部分 EAP 的定义及核心技术

EAP 是一个以工作场所为背景的帮助计划：①EAP 可以处理与生产有关的问题；②EAP为“员工客户”确定和解决个人问题，包括健康、婚姻、家庭、财务、酗酒、吸毒、法律、情绪、压力或其他个人的可能会影响工作表现的问题。

EAP 的核心技术是 EAP 的重要组成部分。这是一种独特的处理工作效率问题的方式，还可以解决影响“员工”工作表现和执行力的个人问题。EAP 的核心技术有：

(1) 咨询、培训和帮助组织领导（经理、主管以及工会领导）帮助有困扰的员工，改善工作环境，提高员工的工作业绩；向员工及其家属宣传，并引导他们接受 EAP 服务。

(2) 保密，及时发现/评估员工可能存在的问题，包括影响其工作表现的个人问题。

(3) 使用认知疗法、动机强化疗法和焦点解决短程咨询帮助员工解决影响工作表现的问题。

(4) 帮助员工进行相应的治疗转介，继续对其进行追踪并提供后续服务。

(5) 为组织提供治疗，也为组织提供其他服务机构的信息，帮助组织与其他相关机构建立并维持有效的合作关系，并管理服务提供者的合同。

(6) 鼓励员工使用 EAP 服务，包括但不限于医疗和行为问题的治疗，如酗酒、吸毒、心理和情绪障碍。

(7) 评估 EAP 服务对组织和个人工作绩效的影响。

### 一、项目设计

1. 需求评估

**标准**：项目设计应基于对组织和员工需求的全面评估。

**目的**：基于特定的组织结构和文化特点，提供具有针对性的最合适的 EAP 服务方法和模式。

**核心内容**：项目设计必须考虑的问题有 5 点。

(1) 必须考虑到组织的一些问题，包括：①组织的类别；②工作种类/产品种类；③组织的使命；④劳动力规模和人口组成，包括种族、民族、性别和文化多样性；⑤工作场所的类型和分布，包括遥控和远程办公的工作员工；⑥劳资合作协议。

(2) 必须考虑到该组织员工和其他有资格享用服务者的需求。

(3) 必须考虑到组织领导的需求和目的。

(4) 必须符合该组织的其他政策，在某些情况下可能需要修改这些政策。

(5) 评估过程必须是连续的，以使程序设计适应不断变化的需求。

2. 规范

**标准**：EAP 项目的设计，必须了解组织的规则和有关法律内容。

**目的**：EAP 会涉及法律上的权利和义务问题。无论是 EAP 项目，还是与组织有关的活动，其设计必须严密，以避免财务纠纷或其他纠纷。

**核心内容**：EAP 项目必须适应并遵守所有有关法律和法规中有关 EAP 经营和/或许可的条文。

**其他内容**：必须定期了解新的立法和规章，以确定它们是否对 EAP 项目的设计和实施产生影响。

3. 顾问的职能

**标准**：应在组织内部设立代表所有关键部门的顾问团。

**目的**：设立顾问团是为了保证 EAP 项目得到组织各部门的理解和支持。

**核心内容**：顾问团包含的代表必须来自：①该组织的领导；②一线员工；③关键部门、朋辈团体或组织的其他部门；④公司工会。顾问必须反映员工的性别、种族和文化多样性。

这些内部顾问必须接受一定的教育和培训，了解 EAP 的目的和实施方法，以使他们能够和组织中的其他人进行有效沟通。必须设立一个有效机制，确保做到这一点。

顾问必须能提供意见和建议，其中包括：①EAP 的目的和具体目标、设计、开发、执行、计划、推动、实施和评估；②EAP 服务的利用；③EAP 的保密问题和保密限制；④考虑组织及其员工的独特性。

在顾问咨询过程中，必须倡导资源的有效分配，以达到 EAP 的目的和目标。

**其他内容**：顾问委员会要由正式、固定的人员担任，并符合该组织的文化。

4. 服务传输系统

**标准**：EAP 服务应由一个明确的、可识别的传输系统提供。

**目的**：EAP 服务系统，与其他组织（如人力资源部）的程序和功能有所不同，它是为了保证 EAP 服务由适当的渠道传输。

**核心内容**：该服务传输系统必须反映本组织及其员工的独特需求。

例子：

(1) 一个大公司雇用 EAP 咨询师组成内部服务传输系统，为公司提供 EAP 服务。

(2) 大型连锁企业总部使用内部服务传输系统，但在分支机构与当地的 EAP 供应商签订服务合同。

(3) 一个中型公司与 EAP 公司签订服务合同。

(4) 一个工会为服务于不同雇主的会员提供 EAP 服务。

(5) 基于劳资合作协议的工会会员同时使用基于组织和工会双方提供的 EAP 服务。

(6) 几个小组织组成一个集团从 EAP 公司购买 EAP 服务。

(7) 一个中型公司与一个 EAP 供应商签署合同，提供 EAP 服务和行为健康综合服务，形成一个无缝衔接的服务传输系统。

该服务传输系统必须使该组织的每个部分都能平等地获得所有服务。

该服务传输系统的设计必须消除重复的服务与管理行为，如行为健康服务的相关程序。

该服务传输系统必须分配足够的资源，使EAP实现其目标和宗旨，达到EAP服务的行业标准。

组织使用外部服务传输系统，必须确定至少一个联络人与外部供应商联系。①应对EAP的联络职能进行明确界定。②EAP联络员监管EAP项目，包括数据分析评估，确定组织中有关EAP的培训和教育需求，并鼓励利用EAP服务协助解决生产问题和可能会影响工作表现的员工个人问题。

5. 其他服务

**标准：**EAP应对新出现的需求保持敏感性，必要时可以增加新的EAP服务，并保持其与EAP核心技术一致。

**目的：**若EAP服务人员或项目能及时发现新需求并给予满足，则该EAP人员或项目能对组织及其员工产生显著作用。这些新服务可以加入到EAP项目中，并要保证EAP的有效性和价值中立。当确定新需求之后，即使这部分内容在EAP项目之外，EAP专业人员也可协助组织设计和寻找相关服务提供者。

**核心内容：**在考虑任何新的服务时，首先必须确定EAP的新服务是否会损害EAP的核心功能、目的和目标。

例子：

在将药物滥用治疗（SAP）加入EAP之前，EAP咨询委员会，EAP咨询师和组织领导都要尝试从监督、自我分析的角度，预测SAP的影响、员工对EAP项目的看法、EAP的资源等。如果没有负面影响，SAP就可加入。如果SAP可能损害对EAP的认知，EAP是一个寻求帮助的安全的地方，可由EAP专业人员安排SAP服务，但履行SAP服务的人员不能是EAP系统中的人员。如：①经过仔细分析，一个EAP专业人员为孩子和老年人提供了更多的健康信息转诊服务，支持该组织的残疾人管理工作，并就安全有关的问题提出建议。②若组织的政策和员工管理协议一致，那么EAP的任何服务都必须符合该协议。

EAP必须保持灵活性，并对组织外部事件，或者可能会影响到工作环境的事情做出适当反应。

例子：

为预防大流感爆发，EAP成员要考虑到组织的战略规划，从而实现组织业务的连续性。

EAP可调动外部资源，以协助因经济危机下岗的员工。

6. 组织的EAP声明

**标准：**接受EAP的组织应签订书面EAP协议，规定EAP与该组织的关系，这是一个有限保密的协议，会受到国家规范和法律的限制。

**目的：**书面协议的目的是保证EAP能被理解和应用到整个组织，并对它的作用和职能提供一个明确的定义。该协议不应与劳动程序或合同协议混淆。因为劳动程序，可能需要根据某些紧急情况进行调整。它们不应该被纳入政策文件，因为政策是很难改变的。

**核心内容**：项目实施之前，必须对当地的协议进行一个规划，清晰地分析组织引入EAP服务的理由，EAP内在的保护机制，EAP的业务领域。在政策声明中，至少应该包含以下几个方面的内容：

(1) 该组织应认识到，员工的精神和身体健康是组织的资产，合适的EAP服务对员工和管理者都是有益的。

(2) 酒精及其他药物滥用、情感、婚姻、家庭及其他有关问题可能会影响员工的工作绩效、健康和生活质量。这些问题应该是组织关心的，因为它们会影响组织的生产效率、绩效和安全。

(3) 员工可能自愿寻求EAP援助，也可能被转介到EAP服务。除了法律限制的特殊情况外，寻求或使用EAP服务不会影响到工作的稳定性。并且员工使用EAP是为了达到组织工作绩效的要求。

(4) EAP客户的所有记录都将被保密，不会向该组织的任何部门提供记录，包括员工的人力资源档案。法律和协议必须明确界定其保密性。

EAP协议必须界定EAP相关的角色，组织领导和员工的权利义务。

EAP协议必须符合有关法律政策，如涉及处分、工人补偿和与残疾人有关的法案。

7. 执行计划

**标准**：执行计划应明确活动的需求，建立一个有效的EAP项目，并就项目完成时间进行限定。

**目的**：执行计划是为了保证《EAP标准和操作指导》中的重要部分得以执行，并阐明组织和EAP的责任。它应包括现实的目标、评价标准，如有必要，还要包括计划的变动程序。为使EAP成功实施，需要鼓励所有部门的员工使用EAP。如果组织的某些分支机构远离总部，则需要为其制定特别规定。

**核心内容**：执行计划过程中必须确定各方的责任。执行计划必须包含所有的行业标准和职业操守中的重要部分，包括广泛和持续的宣传、培训和教育战略。

## 二、管理及执行

1. EAP执行和操作程序

**标准**：EAP的管理和运作的书面程序，应根据组织需要、项目目标、及该组织的EAP协议政策声明进行。

**目的**：明确规定的书面操作程序，有助于确保一贯和有效的传送服务。

**核心内容**：EAP项目的程序包含所有重要的程序，如：①获取EAP服务的途径。②问题的确定/评估、转介和短期问题解决。③EAP治疗计划的参与、联络、提供治疗、终止服务、追踪、监控和治疗不合作的报告。④EAP参与惩戒过程。⑤EAP内部的交流和组织领导的沟通。⑥为组织提供服务，如培训、咨询以及危机处理。

EAP项目必须包括职位澄清的说明，界定责任和任务，对EAP咨询师的资格、经验、技能和知识的要求。

项目必须明确界定的工作范围，行政和业务职责，包括定性和定量方面（因为什么、何时、为何及如何开展，以及每一项活动的预期等）。

程序必须定期审查和更新。

例子：

一个组织的 EAP 项目要求是，每一步惩戒过程中主管向员工引入 EAP，提供 EAP 专业人员的电话号码和相应资料，并就相应的信息进行交流讨论。①一个组织的 EAP 将会为组织解释 EAP 在药物检测项目中的作用。②一个组织的 EAP 需明确各自的责任，以及 EAP 和其他健康机构之间的关系。

2. 人员水平

**标准**：一个专业的 EAP 人员应具备实现承诺的目标和 EAP 协议的目标的能力。

**目的**：EAP 咨询师的编制及专业人员的人数，根据不同的类型计划和所提供服务的范围而定。无论 EAP 是由内部或外部承包的形式，EAP 专业人员的数量和专业资格应该与组织的情况相匹配。

**核心内容**：下列因素，是在安排 EAP 咨询师人员时必须考虑到的：①工作场所的大小和劳动力分布。②员工人口的多样性。③保险的种类及结构，和该组织提供的其他福利。④EAP 的范围和设计。⑤考虑到可能影响组织的特殊事件，如灾害、裁员、工厂倒闭或其他紧急事件。

3. 专职工作人员和签约人员标准

**标准**：EAP 人员必须保持其专业性，以更好地履行其职责。

**目的**：专业能力对计划的成功起着至关重要的作用。取决于具体提供的服务、经验、各级教育、认证、资格审查和可能需要的职业执照。EAP 咨询师都应具备 CEAP 的认证资格，这表明其对 EAP 知识掌握程度。EAP 咨询师应了解并认识到其能力的范围，以及所有的工作执行都要在其能力范围之内。那些尚未达到训练有素的人员，应接受经验丰富的咨询师的督导。

**核心内容**：提供 EAP 服务的所有人员包括签约人员，必须参加培训并了解 EAP 的实践、酗酒和吸毒问题、心理健康问题、人力资源和劳动关系问题、组织动力学等有关知识。

所有进行服务监督和协调的专业人员，必须持有 CEAP 认证或证明。

EAP 必须鼓励和促进签约人员和其他提供 EAP 服务的个体具备 CEAP 认证或证明。

每一位专业 EA 顶头上司，必须进行定期以个人和项目的目标为基准，对 EAP 专业人员进行绩效评估。

EAP 必须建立转介程序，对枯竭的 EAP 专业人员进行复原指导。

例子：

某 EAP 主管手下的一名 EAP 专业人员面临着资格认证方面的问题，他采取了适当的工作行动，让该专业人员去寻找一个外部的EAP机构就其进行鉴定/评估或转介，并追踪。

**其他内容**：所有其他人员，包括签约人员和提供EAP服务的人员，如目前不具备CEAP资质，应出示具备其他有关的资格证明。

4. 签约人员管理

**标准**：EAP应保证所有签约人员理解和接受相关的EAP政策、程序及其在EAP中应负的责任。

**目的**：签约人员往往不认为他们是EAP中的一分子，而是治疗者。他们接受EAP服务中某一部分的培训。他们只能从事他们具备资格的那部分项目。

**核心内容**：EAP必须确保所有签约人员理解和接受相关政策、程序，明白他们在EAP中应负的相应责任。

5. EAP案例咨询/督导

**标准**：专业的EAP咨询师为客户提供服务，应接受个案咨询/督导。

**目的**：是否提供/评估、动机面询、短期解决问题、个别协商或任何其他客户服务，EAP专业人士对他们的客户产生潜在而深远的影响。个案咨询和督导有助于维护客户的利益，保证客户的服务质量，并提高EAP的专业技能。

**核心内容**：为EAP成员或签约人员进行督导的人员必须是对EAP项目熟悉的。

例子：

(1) 一些EAP专业人员愿意每月举行会议讨论个案。

(2) 几个EAP专业人员会在每次EAPA例会后，聚集在一起讨论个案管理。

(3) 一个EAP专业机构会雇佣熟悉EAP团体咨询督导的专家帮助员工进行团体督导。

(4) EAP人员应具备相应法律知识。

**其他内容**：专家间的讨论会应该每月至少举行一次，并在CEAP资格人员的带领下进行，根据EAP成员和签约人员的需求进行。

EAP管理者有责任参加咨询讨论会。

在需要时应提供必要外部EAP咨询。

6. 专业发展

**标准**：EAP要求EAP专业人员保持和提升自己的专业知识和技能，并努力去提高服务质量。

**目的**：通过参与EAPA专业培训，提高EA的专业技能，丰富知识，并帮助确保他们意识到EAP服务的新发展，并了解卫生保健提供系统、人力资源和绩效管理技术的新变化。EA参与并提供专业支持，与其他EAP咨询师保持紧密的联系。

**核心内容**：EAP必须鼓励所有EAP咨询师努力，获得和维持CEAP的认证。

EAP必须鼓励所有EAP专业人员积极参与EAPA。

例子：

(1) 通过定期出席EAPA地区会议，一位专业的EA人员的专业技能得到发展，并且和其他专业人士建立了很好的关系。

(2) EAP专业人员发现，参与世界的EA会议可以减少专业孤独感，并获得支持他们的工作的动力。

(3) 参加EAPA地区会议和网上研讨会，有助于EA的专业人士跟上EAP服务和运作的最新趋势获得和学习关键信息。

EAP必须鼓励EAP咨询师参加EAP相关的专业会议及培训计划。

EAP必须鼓励EAP专业人员与其他EAP专业人员保持联系与互动。

**其他内容：**EAP应在可能的时候提供参与EAPA和其他EA活动的资金支持。

EAP应鼓励EAP咨询师参与下列学科的学习：人力资源，风险管理，劳动关系，培训和组织发展，福利和职业健康和安全。

例子：

EA的专业人士需学习美国社会的培训与发展（ASTD）的出版物和人力资源管理协会（SHRM）的出版物。

在EAPA会议上，EA的专业人士可以组织人力资源经理会议；在人力资源管理学会会议上人力资源经理可以组织EAP咨询师会议。

7. 档案管理

**标准：**EAP应建立和维护客户记录，包括服务传输系统、组织政策、计划的程序，并遵守恰当的道德和法律要求。

**目的：**EAP客户端记录促进问题的查明，行动规划、服务、连续性的关注和项目评估。记录保密是得到个人和组织信任的关键。

**核心内容：**主要有7点：①EAP必须管理好所有直接服务文件和项目内容的档案。②EAP档案必须符合所有相关的法律和法规。③EAP记录必须保持到由法律或法规所规定的最短的时间期限。④档案的储存，转移和销毁必须依据保密的原则进行处理。⑤必须尽一切努力防止EAP档案被非法滥用，或者引起其他争端。⑥EAP档案必须保存在一个安全的地方，并只有授权的EAP咨询师能接触到。⑦客户档案室必须锁起来，电子档案必须有一个安全的环境，EAP数据档案与其他记录分开。

例子：

纸质版的EAP客户档案都应保存在一个安全的EAP办公室内上锁的文件柜中。

电子版的客户档案，应被储存在一个非联网的设有密码访问的计算机上。

电子版的客户档案，应放在受保护的数据存储系统和设有防火墙保护，并和其他公司数据系统相分区。

EAP必须尽一切努力，以保证发出的信息的保密性，如电子邮件、传真、调制解调器、电子邮件或其他电子通信技术。在所有的通信系统中必须设定限制性声明。

所有电子邮件和传真传输，应声明：“文件所附机密信息，法律上属于发件人。资料的使用者是个人或上面命名的主体。如果你已经收到了错误的信息，或者不是收件人，你现在公布、披露、复制、分发或对信息进行任何处理都是被严格禁止的。若出现任何传输错误，请立即通知我们的工作人员。”

EAP在数据仓库服务的合约中，应指出供应商有维护客户保密的责任。

EAP档案的所有权，必须明确界定用词。

EAP档案的内容必须符合服务的提供范围。

**其他内容**：EAP应定期对客户资料进行审查，以确保提供的服务和结果记录的充分。

8. 风险管理

**标准**：EAP应采取一切合理的预防措施，以防止出现风险。

**目的**：EAP若能坚持执行职业标准和运作方式，那就能降低风险，实现其目标。

**核心内容**：所有EAP机构和EAP咨询师必须具备一定的专业和其他相关的保险。

EAP必须建立应对法律上的挑战的程序。

例子：

(1) 一个EAP经理在回应法律传票之前要咨询律师。

(2) EAP必须遵守相应的政府法规，如《卫生、保险流通与责任法案》(HIPAA)、《联邦法规法典》(CFR)、《美国残疾人法案》(ADA)、《家庭医疗休假法案》(FMLA)、《工人补偿法》、《平等就业机会条例》。所有EA人员必须在相应培训范围或持有执照或在认证范围内进行工作。

(3) EAP的相应文件必须规范化和保持恒定性，如保密弃权、理解和同意治疗等。

9. 职业道德

**标准**：EAP要求所有的EAP人员坚持EAPA道德标准。

**目的**：坚持遵守EAPA道德标准有助于确保项目的和专业人士对自己的行为负责并保持其专业性从而保护消费者、社区、专业和行业。

**核心内容**：①EAP必须确保所有专业人员已阅读、理解并同意遵守EAPA道德标准。②EAP必须确保所有CEAP专业人员已阅读、理解并同意遵守EACC职业行为守则。

例子：

要求所有获得CEAP认证的专业人士，签署EAP书面协议，表示他们已经阅读和理解，并同意遵守EACC职业行为守则。

**注意**：EAPA道德守则及EACC专业行为守则在附录中提供。

## 三、保密和监管对权利保护的影响

**标准**：EAP应编制和执行反映相应法律、专业标准和职业操守的书面保密协议，而且能清楚地阐明保密情况中的界限。

**目的**：项目的成功和EAP信誉取决于EAP尊重各方的隐私，并适当地保护他们释出的信息。

**核心内容：**EAP必须维护客户的保密权利和执行例如公司的保密政策、法规、规章或法院规定的界限。

例子：

在设计一个EAP项目时，EAP和该组织领导层决定保密内容会涉及：①州法律所规定的强制报告。②劳动协议。③是否涉及他人的安危。④公司政策。⑤药物测试法规。⑥应用性的法规（例如，联邦监管、42CFR不适用于没有直接联邦政府资助的EAP)。一个EAP报告倾向于组织的汇总数据，从中无法识别个人信息。

在特殊情况下，各类数据中会出现个人信息，EAP不报告这些数据。即使员工要求，EAP制度也限制某些信息的提供，如工人补偿或者ADA协议，除非雇员要求以书面形式提供。

在向家长提供其孩子的EAP咨询信息前，EAP专业人员应要求家长出示书面同意的要求。

EAP专业人员在从事药物滥用咨询时，应清楚地解释保密原则适用的不同。

该保密原则必须定期进行评估，以确保是否符合不断变化的要求。

EAP宣传活动和书面材料中，必须对所有接受者和领导者说明EAP保密原则。

EAP必须要求所有的客户阅读“阅读协议”，协议主要讲的是EAP中有关保密的内容。那些在电话中和EAP定下保密协议的客户，他们的保密协议将会记录在他们的EAP档案中。EAP必须告诉客户，他们是受到法规或条例或组织的政策保护的，有隐私权。

例子：

EAP咨询师在行使药物滥用的职责时，如果来访者的违禁药品反应呈阳性，那么她也可能不受《美国残疾人法案》或者《家庭医疗休假法案》的保护。

EAP必须明确相应的政策和程序，当员工工作绩效下降的时候，EAP就会被引入，组织领导层会需要知道他们转介员工后能得到什么样的EAP报告。

实际上EAP必须在保障客户的隐私的基础上进行设置、设计。

EAP必须经常对所有专业人员包括签约人员进行资料保密性原则方面的培训。

EAP的运作必须符合有关个人信息和EAP的保密性法规和规章的规定。

EAP在组织咨询中获得的信息，如督导或关键事件，必须得到保护和只在一个有限的和明确的“需要知道”的基础上共享。

该组织的专有信息必须得到保护，并对其要有专业审慎和诚信。

即使是适当的授权发布，EAP也必须就组织所处的环境给予一定的意见或建议，否则授权也可能是不适当的和/或有害EAP客户的。

例子：

一个组织询问EAP咨询师关于员工权利的事情，当员工有了精神方面的疾病，那么他是否受《美国残疾人法案》保护。EAP专业人员应建议该组织应搜集员工的信息，让外部独立的医疗/精神评估机构进行鉴定。

当一个组织要求EAP咨询师参与仲裁或法律案件作证。EAP专业人员会讨论作证是否可能会对员工对EAP中立性的感受有潜在的影响。

## 四、EAP的直接服务

**注意**：EAP为三个目标群体划提供直接服务：①员工和符合要求的员工家庭/家庭成员；②组织领导；③组织整体。

1. 问题的确定/评估及转介

**标准**：EAP应确定和/或评估来访者的问题，制订一个合适的计划，必要时为帮助员工解决问题，提出建议或转介到其他相应资源中。

**目的**：这样做的目的正是为了让员工的问题和服务类型相匹配。恰当的诊断问题和/或评估问题，问题得到很好的解决，从而促进工作绩效的提高和员工满意度的提高。问题的识别和适当的转介，有利于问题解决，改进工作业绩和提高员工福利。

**核心内容**：有6个方面。

(1) EAP必须对问题进行诊断和/或评估，以明确员工的优点、弱点、问题和需求，并制订适当的计划。

一个评估的基本要素包括：①员工对问题的陈述；②自己和他人的承受风险程度；③任何突发事件；④对工作绩效的影响；⑤对其他生命个体的影响；⑥过去的历史问题，包括解决的尝试；⑦酒精和药物使用/滥用历史；⑧有关健康的问题；⑨家庭史；⑩精神/情绪状态；⑪确切真实的数据；⑫最初印象。

(2) EAP根据员工特殊的需求或者所处的环境为其提供合适的转介服务，这些服务必须是员工可利用的，并能够确定问题和进行评估的服务。

(3) 当发现员工的需求超出了EAP服务的范围或者职业操守范围，那么EAP必须为员工转介到合适的服务机构。

例子：

一位EAP专业人员在一项项目中最多能提供5次咨询，但一位来访者在第一次咨询时就已被确定其需要超出EAP范围的服务，那么恰当的转介应该在这个时候出现。

(4) EAP必须保持对可以转诊的信息资源的了解。

例子：

一个EAP咨询师，会拥有一个有关治疗师和咨询项目接受保险报销的清单，以及可帮助季节工和临时工低等收入人群的社区服务资源。

(5) EAP必须向客户宣传合适类型和水平的保健医疗机构。

例子：

一位外部的EAP专业人员提醒一个家庭医生发生了紧急情况。一位EAP专业人员与一家急诊所联系，协调住院和治疗事宜。

(6) EAP必须利用外部的专家，必要时协助评估和转介。

例子:

一个同辈的咨询师将一个工人的儿子转介到一位具有心理咨询执业执照的咨询师处，以帮助该男孩测试和评估他的学习障碍问题。

2. 危机干预

**标准**：EAP应给予员工，员工家庭成员，组织危机干预服务。

**目的**：EAP必须时刻准备面对紧急情况，改善或尽量减少危机对组织和员工的影响。

**核心内容**：主要有两点。

(1) EAP必须建立24小时全方位的危机干预体系，并提供合格的服务体系和危机处理的专业人员。

例子:

EAP有7×24小时的全天候电话服务系统，在任何时候都有专业人员准备待命。EAP有7×24小时的移动联网系统，专家们在任何时候都准备待命。

(2) EAP必须为组织和员工提供一个对紧急情况及时应答的服务系统。

例子:

一个EAP咨询师在处理完紧急事件后，应对其他受到影响的员工或者管理者进行一个简短处理。

**其他内容**：EAP应通过咨询与培训，帮助管理者学会处理危机事件，如何利用EAP处理危机事件。EAP应是整个组织危机事件反应系统的一部分。

3. 短期问题解决

**标准**：EAP应制定程序，以确定何时提供短期问题解决服务，以及何时做出转介到外部专业机构和/或社区资源接受服务的决定。

**目的**：当区分好哪些问题可以用短程问题解决方法解决的，哪些问题应转介到外部资源得到解决的，EAP服务连贯性便得到体现。

**核心内容**：主要有3点。

(1) 基于EAP服务传输系统、组织政策和EAP的人员的能力，EAP必须制订一项程序，区分是应用短期解决问题方法，还是应交由外部机构处理。

(2) EAP必须要求EAP咨询师用书面形式制订客户个性化计划，共同商定短期解决问题方法的目标和时间限制。

例子:

一位上司对自己团队中的矛盾很伤脑筋，EAP咨询师为这位上司做了几次咨询，为他提供管理帮助。

一位员工在子女抚养方面有困难，EAP咨询师为她提供了几次支持和教育指导。

(3) 当EAP专业人员认为应该转介，而且转介适合客户的情况，他/她必须使用动机咨询和支持，鼓励客户到该机构接受咨询或治疗。

例子：

一位员工向EAP咨询师描述了一个历史较长的机能不健全的家庭系统，EAP专业人士认为短期问题解决不适合。这位员工被转介给外部咨询师。

4. 监督和追踪服务

**标准**：EAP应制定相应程序，以确保客户的服务得到监督和追踪。

**目的**：EAP对服务的监督和审查，使其符合实践的标准。提供后期服务，以得到员工和组织的认可。

**核心内容**：主要有4点。

(1) 在咨询中，EAP必须与客户和外部资源保持适当的接触，让其治疗计划的目标得到支持。

例子：

在完成一个阶段的治疗后，一位EAP专家出席这个案例的讨论会。

EAP的专业人士与客户讨论其咨询进展和对治疗的满意度。

一位EAP专家协调和参加因住院治疗而缺勤的员工重返工作岗位会议。

(2) 因为员工的工作业绩下滑，而被引荐到EAP专业人员处时，EAP必须通过EAP服务系统和引荐的组织进行交流，同时遵守保密协议。

例子：

EAP专家和工会进行交流，使治愈后的员工得到支持，重返工作岗位。

EAP规定，要从主管处获得员工治愈后和6个月后的工作绩效反馈。

(3) EAP必须建立病例管理和追踪服务体系。

(4) EAP必须记录所有客户的监督和追踪的资料。

5. 组织领导的培训

**标准**：EAP应为组织领导做培训，就EAP计划的目的和进度进行沟通，解释他们在其中的角色。

**目的**：该培训的目的是明确角色，掌握早期识别和澄清问题的技能，及时介入，并在合适的时候转介员工到EAP接受服务。

**核心内容**：主要有两点。

(1) EAP必须为组织领导提供的培训内容，包括：①参加EAP目的：解决员工工作绩效的相关问题；如何管理“麻烦员工”。②领导在EAP中的作用：了解员工在援助中的需求；EAP转介的方法；解决转介的障碍。③EAP与其他组织机构的关系：个人行为，保密性，雇员融入工作场所，EAP的监管要求。

(2) 必须对EAP的培训进行评价。

6. 对组织领导的咨询

**标准**：EAP应为组织领导提供个人咨询，主要是关于管理和员工绩效、行为精神健康方面的内容。

**目的**：咨询目的是 EAP 为管理工作绩效的领导提供支持和帮助处理好问题员工。

**核心内容**：主要有 3 点。

(1) EAP 必须鼓励组织领导就问题员工向 EAP 专业人员咨询。

(2) EAP 必须为组织领导提供领导教练，帮助处理陷入困境的员工，并坚持公平、一致的干预策略，并充分使用其他的组织资源，记录要求，以及确认劳动合同的适用。

(3) EAP 必须鼓励组织领导在整个 EAP 服务过程中支持员工。

例子：

领导就员工完成治疗即将重返工作岗位时引起其他同事的担忧等问题向 EAP 专业人员进行咨询。

工会代表就一个长期停职员工即将重返工作岗位时引起其他同事的担忧问题向 EAP 专业人员进行咨询。

7. 组织咨询

**标准**：EAP 应提供组织咨询服务，包括与组织有关的问题、政策、活动和事件等可能影响工作场所环境或员工的身心健康的事件。

**目的**：目的是确保 EAP 作为组织不可分割的一部分，做出它对实现组织的任务和目标的独特的贡献。

**核心内容**：主要有两点。

(1) EAP 必须对组织的问题迅速做出反应，并解决问题。

例子：

一个组织要求 EAP 培训管理人员，就如何应对在公司裁员时员工的情绪反应及如何回应问题对组织的管理人员进行培训。

(2) 如果可以，EAP 必须尽可能为组织提供解决影响工作场所和员工身心健康等问题的实践操作计划。

例子：

在组织政策发展中，EAP 帮助组织处理潜在的暴力事件。

EAP 帮助组织分析导致工作场所压力问题产生的因素。

**其他内容**：EAP 应采取积极的态度，尽量减少影响组织的因素，如员工的流动性问题、搬迁、精简机构、福利制度的改变、重组或重大创伤性事件。

8. 宣传和教育项目

**标准**：EAP 应与时俱进，使用宣传材料和活动，鼓励员工及其家人，组织领导使用 EAP。

**目的**：EAP 服务效果必须非常明显，并积极地鼓励尽早进行干预和预防。员工教育计划是项目促进的重要组成部分，应强调基础预防和自我保健。

**核心内容**：主要有两点。

(1) EAP必须通过多种方法宣传EAP服务，如新员工上岗前培训、组织公告板、网页、有关预防和自我保健的文献、通讯以及员工的工作会议。

例子：

EAP设计了每季度为员工提供的已付费的信封，以便帮助他们表达对EAP服务的要求与期望，鼓励员工尽量多接触EAP。

EAP为员工组织关于某些工作场所中工作压力的研讨会。

(2) EAP的促进活动，必须根据组织和员工的独特特点设计和提供宣传工作。

## 五、工作场所无毒品和药物滥用服务

1. 无毒品工作场所

**标准**：EAP应支持组织发展与执行无毒品的工作场所政策、程序、方案、倡导和支持的相应服务。

**目的**：这个目的是为了强调EAP服务在支持、帮助组织维护安全、健康、高效和无毒品的工作环境，甚至在没有法律或法规要求的情况下的关键作用。

**核心内容**：主要有3点。

(1) EAP中必须确保所有EAP专业人员掌握强制性或非强制性工作场所中酒精和药物使用和滥用行为的知识、相关问题及处理方式。

(2) EAP为组织及其领导提供有关强制性或非强制性工作场所中酒精和药物使用和滥用行为的处理程序和服务的咨询和教育。

例子：

EAP与人力资源、法律、安全、医疗合作、工会和其他有关各方协作，发展和规定组织的规章制度，遏制有关在工作场所的酒精和药物使用。这些监管机构、政策、程序和服务要服从相应的法规。

(3) EAP必须提倡和保证教育和培训是提供给关心工作场所有关酒精和毒品使用的组织领导和员工，这些会影响到他们绩效和安全。

2. 交通运输部规例

**标准**：EAP应了解交通运输部（DOT）关于药物测试的法规，并区分清楚EAP专业人员和滥用药物专业人员的角色。

**目的**：许多组织对EAP和SAP服务之间的界限和区别感到困惑。EAP必须界定清楚与SAP的区别，明确EAP在组织中的特殊作用。

**核心内容**：EAP必须了解交通运输部有关药物测试法规，并了解不同管理机构中的具体规定的不同。EAP必须让组织领导意识和了解EAP和SAP的作用。

3. EAP专业人员在SAP中的作用

**标准**：EAP应保证所有执行SAP的EAP专业人员，都根据交通运输部法规（49CFR，第 40）进行 SAP 服务。

**目的**：对那些同时履行 SAP 职责的 EAP 的专业人员，这一标准的目的是澄清 SAP 的服务是受不同政府部门管理的不同的服务。

**核心内容**：EAP 必须建立程序，以保证 EAP 人员进行 SAP 服务时必须遵守所有 SAP 的职责和活动的具体规定。在 EAP 中进行 SAP 服务，首先必须向该组织澄清 SAP 和 EAP 角色的不同、法规和标准的差异。

## 六、战略伙伴关系

### 1. 内部组织活动

**标准**：EAP 应被定位在组织的水平上，使其能最有效地沟通，并影响组织的行政阶层。

**目的**：当 EAP 完全进入组织内部的活动时，EAP 最能发挥作用。密切参与并与行政阶层协作，EAP 能明显地影响整个组织。组织内的伙伴关系让 EAP 效果最大化，并减少潜在的责任风险，应对组织可能的变化。

**核心内容**：主要有 5 点。

(1) EAP 必须建立与组织各部门人员间的工作关系，例如：行政高级管理人员；人力资源；工会；安全部门；风险管理部门；法律部门；福利部门；培训部门；安全部门；组织发展部门；员工平等机会部门；员工关系部门；精神、健康卫生部门；公共关系与交流部门。

(2) EAP 必须让其成为组织中一些部门的资源，并鼓励他们利用 EAP。

例子：

EAP 为人力资源部门提供有关问题员工和困难经理之间问题的咨询。

EAP 和医院领导小组合作，促进 EAP 服务的使用。

EAP 经理为员工提供健康促进、工作/生活计划、精神健康和滥用药物计划的服务。

(3) EAP 必须确保一切 EAP 人员了解或掌握任务有关的政策、环境和组织文化。

例子：

EAP 很熟悉组织内部的 EEO 资源，并帮助员工解决内部问题。

一个 EAP 咨询师很熟悉组织的病假、残疾的政策和介绍员工接受合适的帮助。

EAP 熟悉一个组织的劳动合同的基本条款与工会代表成员的责任。EAP 帮助员工向其工会团体寻求帮助。

(4) EAP 必须在组织内部划分适当的界限，保护 EAP 的中立性，确定 EAP 的作用，促进团队合作。

例子：

EAP 澄清其与组织的医生关于保密性、咨询的责任和个案管理权力的问题。

(5) EAP 必须促进整个组织的案件发现，鼓励进行适当的转介和使用 EAP。

例子：

EAP 与雇员关系部协商起草一份关于倡导使用 EAP 的管理和惩戒条例。如果出现以下的现象，应转给EAP处理：①残疾多年；②遭到性侵犯；③遭到惩罚；④对工作不满意；⑤参与过重大事件。

2. 保健系统管理

**标准：** EAP应与所有为组织提供服务的医疗保健系统合作，包括行为医疗保健（MBHC）、疾病管理和残疾管理制度，建立和界定EAP和这些系统的关系。

**目的：** 必须明确地为组织和员工进行界定EAP和管理医疗保健之间的角色和责任的差异。即使是一个综合EAP模式，工作重点仍然聚焦在EAP与工作场所之间的关系。

**核心内容：** 主要有5点。

(1) EAP必须与所有卫生保健系统服务的组织努力建立和保持建设性的工作关系，以便员工能够方便地找到治疗的资源。

(2) EAP必须协助组织确定EAP和MBHC之间的作用、责任，并协助员工和组织领导获得这些信息。

(3) EAP必须了解MBHC和其他医疗和伤残津贴的有关规划。

(4) EAP必须作为员工医疗系统和重返工作场所的重要资源，使问题得到合理的解决，并引导其后续工作。

(5) EAP必须了解所有为组织和员工提供MBHC服务的供应商。

3. 工作/生活，健康促进及相关服务

**标准：** EAP与工作/生活、健康促进和其他相关服务应进行协作，建立和界定EAP与这些系统之间的关系。

**目的：** 对EAP和其他服务系统的责任进行明确界定和区分，同时必须充分沟通，以促进员工很好地利用这些资源。

**核心内容：** EAP在组织中必须与所有其他相关服务系统努力建立和保持建设性的关系。

必须协助组织界定EAP和其他服务系统之间的角色和责任，并协助将这些资料传递给员工和组织领导。

4. 外部社区组织和资源

**标准：** EAP应确定并利用医疗和其他社会资源，为员工以及员工家人和组织提供优质的帮助。

**目的：** 提供高质量的服务，以适应员工、员工家人和组织的需要，同时这也需要EAP与外部资源发展、建立和保持良好的关系。

**核心内容：** 主要有5点。

(1) EAP必须与基础保健医疗机构和其他相关机构紧密联系，以保证员工获得及时和适当的医疗服务。

(2) EAP必须识别、评估，并选择潜在的资源，例如使用符合以下标准：可利用性；

保密；愿意配合EAP；提供服务；服务获得的无障碍；地理位置；工作环境的知识；专业资格；反应性；成本与支付系统；客户权益的维护；医疗管理和保险计划。

例子：

一名EAP咨询师与其他的服务团队和可靠的专业机构就相关的社区资源进行讨论。

EAP根据确定的标准散发书面问卷，发掘潜在的资源提供者。

(3) EAP必须成为一名员工获取所需治疗的倡导者。

(4) EAP必须与相关的医疗保健提供者和社区资源保持直接和经常的联系。

例子：

EAP定期访问服务提供者，收集目前的信息、服务的类型，以保证工作人员或签约人员和提供商的质量。

EAP与私人执业医生进行通话，以评估医生的专业性。

EAP定期为提供者开展网络研讨会，就服务提供的方向、培训和机会进行探讨。

(5) EAP必须设立相关机制，以便让客户的需求和供应能力匹配。

例子：

EAP建立一个信息系统，提供对员工特殊领域服务需要的数据，这些是服务提供者需了解的，如员工的民族、语言、性别认同、性虐待情况。

5. 外部机构

**标准**：EAP应保持对外部机构的了解和认识，因为它们可能会影响EAP。外部机构包括监管机构、立法机构、法院、宣传团体、专业协会、商业团体和学术中心。

**目的**：通过保持与规范、法律、经济和商业等其他新出现的问题的了解，EAP咨询师可以采取积极主动的方式，因为这些了解会让EAP活动和员工福利受到影响。

**核心内容**：主要有3点。

(1) EAP必须确定可能影响EAP活动的外部机构。

例子：

一名EAP咨询师为对安全敏感的组织（如核工业工人）服务时，他对这个组织上级监管机构变得熟悉。

(2) EAP必须从相关外部机构收集有效、准确的信息。

例子：

一名专业的EAP咨询师了解法院的判决、改变或仲裁案件的法律领域知识，包括骚扰、歧视和残疾人的居住问题等。

(3) EAP提供的咨询，必须遵守有关与EAP相关的法律法规。

例子：

一名EAP咨询师为组织提供工作场所中有关毒品、运输部有关毒品测试的咨询。

## 七、评价

**标准：**应评估 EAP 项目服务和运作的针对性、实效性和效率。可衡量的结果，应在项目进程和结果中表现出来。

**目的：**一个有意义的 EAP 评估取决于有可衡量的结果和计划数据收集机制。这些工作应当尽早在项目初期规划好。除了指导实施和操作 EAP，可衡量的结果让该组织判断项目的进展情况和实用性，并确定需要修改的程序。这个程序应定期检查，以确保目标是可以实现的。对每一项目标测量出的有效数据应定期收集和分析评价。

对活动或该项目的效用的审查，并不一定能衡量或评估其对组织的影响和履行其任务的成效。因此，一个运行良好 EAP 项目应不断地根据该组织的需要，对 EAP 服务重新评估，并相应调整 EAP 的目标。

**核心内容：**主要有 6 点。

(1) EAP 必须制订一个书面评估计划，其中至少包括以下内容：①该程序的目的和目标声明。②评价说明，将被用来确定项目是否达到其目标和宗旨。方法一般应是可接受的、有效的、可靠的。③完成一个完整项目的计划，包括时间表等。

(2) EAP 项目必须每年至少根据评估计划进行评估一次。

(3) EAP 项目必须每两年至少审查和更新评估计划一次。

(4) 作为正在进行的评估的一部分，EAP 必须收集所有项目内容和服务数据。

(5) 评估过程中必须包括：利益相关者就有关该计划的反馈机制，其服务、组织和员工对项目的目标的支持。

例子：

得到参与者的同意，EAP 就服务结果进行满意度的调查。

EAP 组织一项关于组织领导层对 EAP 服务的效用的调查。

EAP 征求 EAP 服务提供网络，关于他们参与 EAP 活动的感受。

(6) EAP 必须建立一个机制，以纳入所有项目的评估结果并不断改进工作。

例子：

EAP 制作和发布每年评估结果报告。该报告包括：①在今年项目的目标和计划总结；②在年内使用的评估方法的说明；③评价结果；④在评估结果基础上的后续行动计划，包括采取推动进程和成果的具体的步骤。

**其他因素：**EAP 应制定一个评价方式，以衡量该项目的影响和成本指标，其中包括：①卫生保健要求和费用；②伤残索赔和费用；③旷工；④事故和伤害；⑤工伤赔偿要求；⑥工作绩效和生产率。

**EAPA 十分感谢 2009～2010 年制定 EAP 行业标准的团队成员，他们为 EAP 行业协会和 EAP 行业的发展做出了巨大贡献。**

# 附录二　美国 EAPA 专业人员协会章程

地址：4350 North Fairfax Drive，Suite410，Arlington，Virginia，22203

电话：(703) 3871000　　　传真：(703) 5224585

电子邮件：mbrmgr@eap-association. org

网址：www. eap-association. org

EAPA 已经成为全球 EAP 咨询师的重要力量，EAPA 向其会员提供大量的资源，使他们在职业成长的同时，提升 EAP 专业知识的价值。

## 一、成为 EAPA 会员的好处

个人、预备、组织和退休会员都可以获得：

(1) 在线的《EAPA 交流》(EAPA 的在线电子季刊)；

(2)《EAP 杂志》，EAPA 的季刊；

(3) 参加 EAPA 的项目、会议、活动或购买 EAPA 的出版物，均享受一定比例的折扣；

(4) 参加 CEPA 考试和 EAPA 会员续费均享受一定折扣；

(5) 在 EAPA 的特别通讯录上刊登信息享受一定折扣；

(6) 会员的信息可以作为 EAPA 在线可搜索通讯录（会员可以无限使用）的一个条目。

## 二、EAPA 会员的类别

(1) 美国 EAPA 和国际 EAPA 的会员：面向在多于 50%的工作时间（每周大于 20 个小时）内使用 EAP 核心技术的人。个体会员有资格在协会的本地、本国以及国际组织中投票，也有资格被选举为本地分会的主席或者官员、区域负责人、特别负责人或者协会的官员。以上是全部的权益。

(2) 美国 EAPA 和国际 EAPA 的预备会员：面向在少于 50%的时间内（每周少于 20 小时）内使用 EAP 核心技术的人。预备会员同样可以是那些非 EAP 专家、不会使用 EAP 核心技术、但是对 EAP 感兴趣的人。选举权限仅限于本地分会。以上是全部的权益。

(3) 美国 EAPA 和国际 EAPA 的组织会员：面向对 EAP 感兴趣的公司、办事处、协会和团体。组织中仅有 1 名联系人能够享受每次注册时的权益。当联系人符合个体会员的标准时，他会享受同样的投票权益。

(4) 美国 EAPA 和国际 EAPA 的预备会员［更多内容参见第 (2) 条］：组织成员的名字可以在 EAPA 通讯录上出现两次，一次在联系人的名字下面，一次在组织的名字下面。以上是全部权益。

（5）国际 EAPA 分会会员：面向居住在美国以外的对 EAP 感兴趣的人。分会会员在分会投票，也可以出任除了分会主席之外的分会官员。条件是，在其所居住的国家必须有 EAPA 的分会，这是一种受限制的会员，不能转让其会员资格。

（6）美国 EAPA 和国际 EAPA 的学生会员：这是一种没有投票资格，且权益受到限制的会员。学生必须参加了本国或者当地教育机构认可、学位允许的相关项目，这些项目要包括 EAP 的开发和实施、员工管理、咨询或者人力资源开发，并且在最初或者续会申请中，必须提供每学期修读了 7 个以上学分以及全日制学生的资格证明。

（7）退休会员：面向最近退休的、仍然在 EAP 领域担任义工的 EAPA 会员。退休会员在协会的本地、本国以及国际组织中有投票资格，并能被选举为主席或者官员。以上是全部权益。

## 三、EAP 的核心技术

（1）对组织领导（经理、主任、干事）的咨询、训练和协助。这些领导想要应对存在问题的员工，改善工作环境，并提高员工的工作业绩。扩大 EAP 服务的范围。

（2）对因个人问题而可能影响工作表现的员工提供保密的、及时的问题确认和评估。

（3）对因个人问题而有可能影响到工作的员工提供建设性的对策、激励和短期干预。

（4）为员工进一步的诊断、治疗和帮助提供建议，并提供个案监控和后续服务。

（5）帮助组织履行管理合同，为转介服务需求与供应商之间提供联系和监督，管理医疗护理、保险等方面的支付状况。

（6）维护员工在健康、行为方面的权益，包括获得酗酒、滥用药品、情绪障碍的治疗。

（7）确认 EAP 在组织、个体层面上的效果。

## 四、EAPA 的会员章程

（1）协会任何会员不得因性别、年龄、民族、残障、种族和性取向而被拒绝。协会欢迎不同背景的人，并且致力于促进他们的融合和对协会活动的参与。

（2）会费不能因为降低个人所得税的目的而进行的慈善捐款而获得减免，但可能因正常而必需的运营花销而减免。

（3）会员费用缴纳后概不退还。

（4）期满 60 天前将给即将到期的会员发送付款通知。

（5）公司付费的会员可以进行会籍转让。会员每两年期可以进行一次会籍转让，只要转让时至少还有 90 天剩余。

（6）会费中的 20 美元将被用于订阅《员工帮助计划师》季刊。

（7）会员资格编号和会员有效期会写在杂志邮寄的证明上。

（8）EAPA 的联邦税号是 23-736-4481。

（9）EAPA 要求其会员加入当地的 EAPA 组织。